만유의 으뜸이신 그리스도

만유의 으뜸이신
그리스도

설대위 지음 | 김원경 옮김 | 정인숙 감수

In All Things CHRIST Pre-Eminent

좋은씨앗

In All Things CHRIST Pre-eminent

Copyright ⓒ 2011 by The Estate of Mary B. Seel
Supervised Korean language edition translation by Dr. Insook Chung,
rights licensed to GoodSeed Publishing Company, Seoul, South Korea
2010. All other rights reserved

이 책의 한국어판 저작권은 The Estate of Mary B. Seel과 독점 계약한
도서출판 〈좋은씨앗〉에 있습니다. 신저작권법에 의하여 한국 내에서
보호받는 저작물이므로 무단전재와 무단복제를 금합니다.

만유의 으뜸이신 그리스도

초판 1쇄 인쇄 | 2012년 10월 22일
초판 1쇄 발행 | 2012년 11월 3일
지은이 | 설대위
옮긴이 | 김원경
감수인 | 정인숙
펴낸이 | 신은철
펴낸곳 | 좋은씨앗
출판등록 | 제4-385호(1999. 12. 21)
주소 | (137-886) 서울시 서초구 양재동 2-30 덕성빌딩 4층
편집부 | 전화 (02)2057-3043
영업부 | 전화 (02)2057-3041 팩스 (02)2057-3042
www.gsbooks.org

ISBN 978-89-5874-195-4 03230   Printed in Korea

전주 예수병원을 섬기며(1954-1990년)
의료선교사, 외과의사, 종양전문의, 병원장,
아버지, 남편, 그리스도의 제자로 살았던
설대위 박사의 영적 순례에 관한 기록

차례

추천의 글 ...8
서문 ...13
머리말 ...15
프롤로그 ...17
1장 고요한 성소, 은밀한 피난처 ...23
2장 고통을 함께한다는 것 ...38
3장 하나님의 약속을 따라 모험하는 삶 ...45
4장 긍휼을 넘어 자비로 ...61
5장 보이지 않는 것을 보는 믿음 ...76
6장 그리스도의 부활에 동참함 ...97
7장 주님의 남은 고난 ...116
8장 미래에 던진 닻 ...124

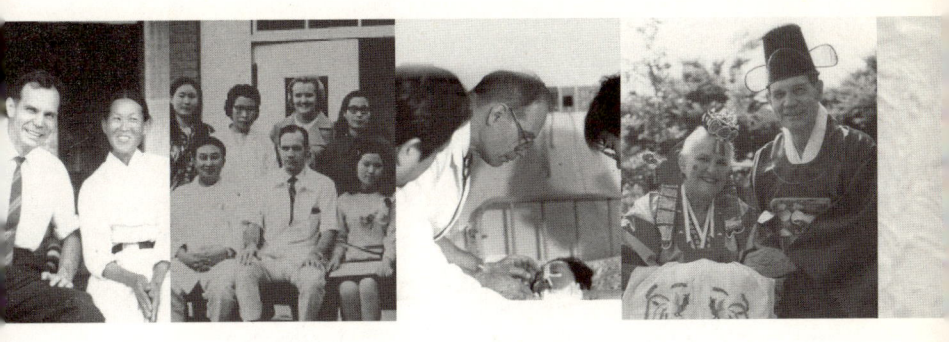

9장 보이지 않는 그분 ...140
10장 그리스도의 고난에 동참함 ...161
11장 하나님의 말씀에 사로잡힌 양심 ...178
12장 책임의 신학 ...185
13장 걸인에서 왕의 아들로 ...203
14장 진리의 메스 ...218
15장 그리스도를 명예롭게 하다 ...235
16장 부활한 몸에 대한 해부학 ...244
17장 삶의 심포니 ...261
18장 목자 견습생 ...278
19장 상한 갈대를 꺾지 아니하며 ...301
감수인의 글 ...316
주요 연표 ...320

추·천·의·글·1

권창영 (예수병원장)

예수병원에 몸담고 일하는 의사들 중에 설대위 선교사님을 삶의 지표로 삼지 않는 이는 없을 것이다. 설 선교사님을 추억할 때마다 그분이 보여주셨던 진리를 떠올리며 환자에 대한, 사람에 대한 사랑을 되새기게 된다.

설 선교사님은 큰 사랑을 가슴에 품고 혼란했던 시기의 한국에 와서 36년간 우리를 위해 봉사하셨다. 그 긴 세월 동안 자신이 알고 믿는 것을 한결같이 실천해온 모습에 언제나 경외를 느낀다. 그분의 기도와 예수 사랑의 실천을 통해 당시 힘든 시절을 보내던 우리 국민들은 고통을 덜 수 있었고, 우리나라 의료계에도 큰 변화와 발전이 있었다. 한국 최초로 예수병원에 종양진찰실 개설, 암 등록사업 시작, 두경부종양학회 창립, 농촌 보건사업 시작, 소아마비 퇴치사업 등 수많은 업적을 남겼고, 전 생애를 바쳐 예수병원을 사랑하고 사랑과 희생으로 그리스도의 인술을 펼치셨다. 설 선교사님이 실천했던 하나님 경외사상과 복음을 위한 삶은 우리 병원의 의료역사에 이유가 되고 있다. 그분처럼 하나님 앞에서 살 수 있기를 다짐해본다.

추·천·의·글·2

김민철 (한국 누가회 이사장, 샘 통합암병원장, 전 예수병원장)

"상한 갈대를 꺾지 아니하며 꺼져가는 등불을 끄지 아니[하시는]"(사 42:3) 하나님의 마음! 평생 '상처받은 하나님의 형상'들을 섬기며 살아온 설대위 선교사님의 묘비에는 이 말씀이 기록되어 있다. 평생을 그렇게 살고도 아직 부족하셨던 것일까? 아니, 묘비에 새겨진 그 말씀은 우리 기독의사들에게 남겨주는 유언 같은 메시지일 것이다.

설 선교사님과 함께 일했던 시간은 내게 큰 축복이었다. 그는 거인이었다. 두경부암을 위시한 종양외과 분야를 개척하여 우리나라 외과영역에 기여한 의사로서의 삶만 말하는 게 아니다. 선교의료에 대한 깊은 신학적, 철학적 이해와 하나님의 시각으로 바라보는 폭넓은 세계관, 자신의 삶에 이르기까지 그는 기독의사들의 매우 드문 스승이었다.

이 책에는 한국전쟁으로 피폐했던 우리나라에서 그분이 사역하며 일관되게 추구한 삶과 철학과 신학이 녹아 있다. 거인인 그분은 분명 이 책의 메시지를 통해 우리 기독의사들이 그의 어깨 위에 서서 더 멀리 바라보게 되길 기대하고 있을 것이다.

추·천·의·글·3

주보선 (1967-1988년 예수병원 의료선교사 재직)

1965년 일리노이 주 위튼에서 개최된 의료선교 대회에 참석했다가 옷장에 외투를 나란히 걸게 된 인연으로 설 박사와 처음 통성명을 하게 되었다. 당시 내과의사였던 나는 한국에서 내과 의료선교사를 구한다는 소식을 듣고, 몇 개월간 집중 기도한 끝에 1967년 한국에 의료선교사로 부임했다.

그 후 20년이 넘는 세월 동안 설 박사는 내게 진정한 동료요 사랑하는 친구였다. 그는 해박한 지식과 특출한 의술을 지녔고 환자에 대한 연민과 사랑이 넘치는 훌륭한 의사였다. 또 의료 및 비의료 전문분야에서 모두 주목받는 논문과 글을 남긴 과학자였다. 무엇보다도 한국의 젊은 의사들에게 비할 데 없는 스승이었다. 인내심, 공명정대함, 침착함, 지혜로움을 발휘한 재능 있는 행정가이기도 했다. 더불어 뛰어난 바이올린 연주가이자 성악가였다. 무엇보다 생각나는 것은 예수님에 대한 그의 사랑이다. 그것은 그의 삶을 주관했던 가장 중요하고 유일한 원동력이었다. 설 박사는 위대한 업적을 이룬 사람으로 기억될 뿐만 아니라 다른 이들을 보살피고 하나님께 지극히 헌신한 사람으로 우리 가슴에 남아 있다.

추·천·의·글·3

서요한 (1972-1984년 예수병원 의료선교사 재직)

전주 예수병원 원장이었던 설대위 선교사는 누구에게도 견줄 수 없는 탁월한 지도자였다. 그는 그리스도의 헌신된 제자로서 진료받으러 예수병원을 찾는 환자들 한 명 한 명에게 정성을 다했던 의사였고 선생이었으며 글을 쓰는 작가이자 음악가, 아버지, 남편이었다. 그의 책 중 하나인 「상한 갈대」에는 예수님의 사랑으로 환자들을 감동케 했던 그의 삶이 잘 드러나 있다. 그의 글과 가르침 그리고 지도력은 한국인들에게 복음이 절실히 필요하다는 것을 일깨워준 동시에 한국 의료계에도 지대한 영향을 끼쳤다.

예수병원이 환자들의 마음에 하나님을 심어주는 기독병원이 되어야 한다는 비전을 펼치는 데 결코 물러서지 않았던 설 박사가 있는 병원, 하나님의 사업으로 무르익은 결실을 추수하는 예수병원에 근무했던 것은 내게 큰 축복이었다. 예수병원은 직원들에게 주님의 제자가 되고 신앙을 키우는 데 비옥한 땅이었다. 그리스도의 대사인 설 박사의 글들을 읽으면서 정신적으로 큰 힘을 받고, 각 개인의 삶 속에서 그리스도를 만날 수 있는 용기를 얻게 될 것이다.

추·천·의·글· 5

김명호 (연세대학교 명예교수, 정다운요양병원장)

1970년 연세대학교 재직시 설대위 박사를 처음 만났다. 예수병원에서 주변 농촌지역을 위한 보건사업을 시작했는데, 우리 의과대학과 기술, 지도 협약을 맺고 싶다는 취지였다.

　어떤 책이든 저자에 대해 잘 알면 내용과 더불어 인품을 알기에 오는 감동이 크게 마련이다. 66년간 의료업에 종사해온 나이지만 이 책을 읽으며 의학교육, 병원운영, 환자진료, 의료선교 등에서 너무나 부족했음을 발견하고 뼈아픈 반성을 했다. 하나님께서 내게 마지막 소명으로 주신 노인요양병원장이 지녀야 할 운영정신과 정신적, 신앙적 자세를 가르쳐주는 글이기에 두렵고 떨리는 마음으로 읽었다.

　설 선교사의 삶은 사랑의 언약을 바탕으로 그리스도를 위한 자기소진, 자기희생을 통해 그리스도에 다가가는 길이었다. 이제 그 선택의 길을 간절히 권고하는 글을 읽고 그 마음이 우리 마음을 움직이는 동력이 됨을 느낀다. 우리나라 10만여 명의 의사와 40여 개 의과대학의 3천여 명에 이르는 재학생들, 그리고 선교사, 특히 의료선교사로 파송된 이들에게 이 귀한 설교집을 읽어보라고 권하는 까닭이 여기에 있다.

서 · 문

1946년 당시 만 스물한 살이었던 의과대학생 설대위 청년은 일기에 이렇게 썼다. "내가 애초에 기독교인이 아니었다면 의사가 되려 하지는 않았을 것이다. 기독교에는 가르침과 지혜, 위로와 능력이 있으며 더 나아가 주님은 내가 감당해야 할 고통을 피할 수 있는 은신처 그 이상이 되어주셨기 때문에 나는 의사가 되고자 한다."

예수병원이라고 알려진 다소 지방에 위치한 병원에서 선교 사역을 하기 위해 전쟁으로 피폐해진 한반도의 부두에 도착하기 7년 전에 쓴 글이다. 그 후 그는 36년이라는 긴 세월 동안 한국을 고향이라 여겼고, 예수병원에서 동료들과 더불어 봉사함을 '큰 영광'으로 생각했다.

수년이 흐른 후 나는 병원으로 찾아가 회진하는 아버지의 모습을 지켜보았다. 그때 가서 아버지를 관찰하는 것이 나에게는 그분의 헌신과 긍휼의 사역을 들여다볼 수 있는 창이었다.

"아버지의 하루는 치유를 받고자 찾아온 암 환자들로 꽉찬

좁은 지하의 종양진찰실과 병원 행정 집무실 사이를 오가기엔 턱없이 부족한 시간이었다. 환자들은 여기저기 흩어진 시골마을 좁은 길을 지나와 희망을 찾아보려고 내원한다. 그들은 아버지를 처음 대면하자마자 한국말로 "살려주세요"라고 인삿말을 건넨다. 아버지는 질병의 징후로 불뚝 불거져 나온 환자의 몽우리를 조심스러운 손길로 검진한다. 그리고 어떤 희생이나 고통이 따를지도 모르는 전투에 환자와 함께 싸우기 위해 뛰어든다. 이 환자들의 이름은 인간이 쓴 영웅전에서는 찾아볼 수 없을지 모르지만, 육체를 치료할 뿐 아니라 영혼을 되찾기 위해 싸우는 생애 최후의 전투에서는 이들이 그야말로 대장이 된다. 아버지에겐 이들 환자 하나 하나가 중요하고 그 이름 또한 소중하기만 하다."

암 환자를 다루는 외과의사와 병원장으로 한국의 형제자매들과 함께 전주 예수병원에서 사역하던 시절을 회고하면서 의료선교사 설대위가 쓴 글들을 모아 여기 책으로 내게 되었다. 우리 모두가 어느 곳에서 어떻게 자신의 삶을 드리며 일하고 있든 위대한 의사이신 예수님의 사랑을 다른 사람들과 나누는 것이 생애에 지대한 사명이 되길 기원한다.

2012년 9월
제니퍼 실 크로마티(설대위 선교사 장녀)

머·리·말

이 책은 통틀어 인간의 상황에 대해 얘기하고 있습니다. 공중보건의 관점에서 볼 때, 어떤 사람은 지극히 무지하고 비생산적이어서 인류가 기억하지 못할 작은 자 한 명을 치료하기 위해 엄청난 노고와 정신적 압박감을 감내하는 것이 과연 가치 있는 일인지 의문을 제기합니다.

"이런 일들이 인류의 역사와 대체 어떤 관련이 있단 말인가?"

"인간이 항성(亢星)을 탐구하는 데는 무슨 의미가 있는가?"

없습니다.

그러나 여기 인간을 대표하는 사람, 인류의 원형, 인류의 공통분모, 대중의 구성단위가 있습니다. 환자라는 이름으로 제가 기억하는 최병호, 강정자, 이상환… 그들은 영웅과 전혀 상관없어 보이지만 저는 그들의 삶에서 영감을 얻어 이 글을 쓰게 되었습니다. 그들을 만나 그들의 위기와 절망, 그리스도와의 만남, 망설임과 고통, 믿음을 지키기 위한 필사적인 결단, 최후

승리를 위한 믿음의 행보를 알게 된 것은 제게 큰 특권이었습니다.

혜택과 만족을 누리며 모든 것을 갖추고 살아가는 '성문 안'의 소수는 '성문 밖'에서 이름 없이 살아가는 사람들을 결코 잊어서는 안 됩니다. 우리가 그들에게 가까이 다가가 희망을 향한 그들의 처절한 의지와 비애와 절망을 직접 경험하지 않는 이상 그들의 존재는 먼 해변에서 잠깐 찰싹이다 스러지는 파도처럼 우리와 무관해질 뿐입니다.

설대위

프·롤·로·그

디트리히 본회퍼는 나치 수용소에서 이런 글을 남겼습니다. "그리스도인을 그리스도인답게 하는 것은 어떠한 종교적 행위를 통해서가 아니라 이 세상에 사는 동안 하나님의 고난에 동참함을 통해서다." 이 책은 1948년에서 1990년까지 한국의 전주 예수병원에서 이뤄진 사역에 관한 보고서입니다. 장로교 의료센터인 예수병원의 설립 과정도 순서대로 간략하게 정리했습니다.

예수병원은 남 캘리포니아 주 록힐에서 온 여의사 마티 잉골드가 설립한 병원입니다. 잉골드는 본래 록힐에서 어느 의사의 자녀들을 가르치는 가정교사로 섬기다가 이것이 계기가 되어 본인의 소원대로 장로교단의 승인 하에 여자의과대학에서 4년제 의료 프로그램을 수료하고 남 장로교회의 파송을 받아 1897년 한국의 전주 주재 의료선교사로 왔습니다. 그로부터 1년 뒤인 1898년에 여성과 부인, 어린이를 위한 외래진료를 개설했는데, 이것이 오늘날 예수병원의 모태가 되었습니다.

이후 수년 동안 닥터 잉골드를 비롯해 닥터 와일리 포사이스, 닥터 토마스 다니엘, 간호사 에스더 케슬러, 닥터 L. K. 보그스 등이 예수병원에서 봉직했습니다. 1935년 다가산에 위치한 본관이 화재로 소실되어 닥터 보그스와 동료들이 병원을 재건축했지만 결국 일제에 의해 모든 미국인들이 추방되었습니다. 역사상 가장 잔인했던 전쟁 기간 중에 한국인들은 일본으로 강제 징집된 사람들을 제외하고 모두 유혈사태를 견뎌내야 했으며 종전까지 모두 261만 6천 900명이 강제노동에 동원되었다고 했습니다.

1945년 8월 15일, 한국이 해방되고서야 미국인들은 남서 지방으로 하나둘씩 복귀할 수 있었습니다. 한국인들은 해방의 기쁨에 겨워 미 해군의 복귀를 반겼지만 이내 국토분단의 현실을 깨닫고 좌절과 분노에 휩싸였습니다. 한편 서방 열강은 일본을 패퇴시키는 데 들어간 비용의 부담을 안고 있었기에 독일을 물리친 후 소련의 도움을 얻으려고 전전긍긍했습니다.

얼마 뒤 미국과 소련은 "38선 이남에서 미국이 일본군의 항복을 수용하는 한편 38선 이북에서는 소련이 일본군의 항복을 수용한다"는 내용의 '한반도 분할점령 군사분계선' 협정을 체결했습니다. 역사학자 김영흠 박사의 말을 빌리자면, 민주주의와 공산주의라는 서로 다른 이념이 병치하여 우위를 다투다가 '임시적' 구분선이 '영구적' 휴전선으로 되어버린 것입니다.

의료선교에 대한 문호가 점차 열리게 되자 닥터 폴 S. 크레인(한국 이름은 구바울) 부부와 간호사 마가렛 프리차드는 남 장로교회의 요청을 받고 한국으로 복귀했습니다. 그들은 병원을 재건하여 의료인 양성을 위한 교육센터를 증축하고 1948년 4월에 진료를 시작했습니다. 또 미국에서 의료진을 데려옴으로써 전주의 장로교 의료센터는 '예수병원'으로 알려지게 되었습니다.

그러나 1950년 공산군의 침공으로 가공할 전쟁이 발발하자 고통스럽고 절망적인 위기가 찾아왔습니다. 폴 크레인의 부인인 소피 몽고메리는 당시의 상황을 이렇게 기록했습니다.

1950년 6월 20일, 남북간 충돌이 일어날 것이라는 소문이 퍼졌지만 남 장로교회 선교단은 전주에 신축한 간호학교에서 연차회의를 열었다. 분위기는 낙관적이었다. 정치적으로나 경제적으로 한국 사회의 전반적인 분위기는 비교적 안정되었고 교회 역시 놀랍도록 성장하고 있었기 때문이다. 새로 부임한 선교사 22명이 전쟁 전부터 활동하고 있던 기존 선교사들과 자리를 함께했다… 그러나 6월 25일 주일 예배를 마칠 무렵 북한군이 남한에 대대적인 공격을 감행했다는 전갈이 왔다. 또 미국대사관에서도 선교단을 후송할 항구로 지정된 부산으로 철수시키라는 훈령을 보내왔다. 한국전쟁에 대한 역사적인 공문서에는 다음과 같은 기록이 남아 있다. "1950년 이른 새벽 아무런 사전경고나 전쟁선포 없이 북한군이 대대적으로 38선을 넘어와 방위 태세를 갖추지 못한 남한을 휩쓸고 남진했다. 남한 공화국의 국군은 용감하게 싸웠으나 중무장을 한 공산군과 소련제 T-34 탱크를 필적하기에 역부족이었다. 정부가 부산으로 밀려 내려갔으며 서울 시민 수천 명이 진군하는 침략자를 피해 도망쳤다."

1950년 당시 두 살이 넘은 한국인이라면 모두 1953년 휴전협정이 체결될 때까지 무수한 생명을 앗아간 이 가공할 전쟁을 기억할 것입니다. 100만 명 이상이 죽고 250만 명이 집을 잃었으며 도시와 산업 시설, 통신과 교통 시설이 초토화되었습니다.

강제로 망명을 해야 했던 장로교회 소속 선교사들은 피난처를 찾거나 일본에 있는 군병원에 임무를 배정받아 떠났습니다. 닥터 오비드 부시와 닥터 크레인은 군의관 신분으로 오사카의 한 병원에서 근무하다가 맥아더 장군의 상륙 작전으로 전세가 역전되고 선교사의 한국 복귀가 허용되었다는 소식을 접하자 한국의 사역지로 돌아왔습니다.

그들은 전주가 입은 광범위한 참화를 목도하고 몸서리를 쳤습니다. "소련제 탱크를 포함한 차량들이 대로변에 어지럽게 널려 있었다. 다리란 다리는 모두 사라지고… 언덕마다 참호가 파여 있었으며… 불에 탄 기차와 파괴된 철로가 곳곳에 있었다. 전주는 아직도 충격에 사로잡혀 있다." 닥터 폴 크레인과 오비드 부시는 감옥에 갇혀 있던 사람들 약 3천 명이 공산군에 의해 모조리 살육당한 사실도 알게 되었습니다.

수백만의 사람들이 분단국의 고뇌를 느꼈고 한국에 파송된 장로교회 소속 선교사들은 남과 북의 팽팽한 긴장 속에서 현지의 기독교 지도자들과 더불어 전쟁의 고통을 느끼며 치유책을 고심했습니다. 한국 기독교의 리더십이 성장하고 사역의 연합이 이뤄지는 중이었습니다.

저는 복음을 위하여 기꺼이 목숨을 내어놓고 그리스도의 발자취를 따라간 사람들의 용감하고 헌신적인 정신을 기록하고자 합니다. 그들이 붙잡았던 '소명'은 단지 믿음에 대한 반응이 아니라 보이지 않는 하나님, 모든 피조물보다 먼저 나신 분이요, 모든 것을 연합하게 하시는 분에 대한 확신에 찬 선언이기도 합니다.

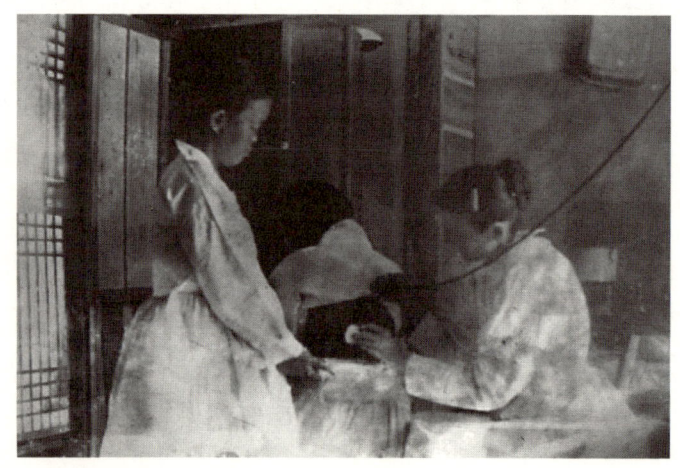
예수병원 설립자 닥터 마티 잉골드가 환자를 진찰하고 있다.

하 · 나

고요한 성소,
은밀한 피난처

아버지께서 내게 주시는 자는 다 내게로 올 것이요 내게 오는 자는 내가 결코 내쫓지 아니하리라(요 6:37).

어느 주일 아침, 예수병원 옛 건물 안으로 들어가고 있을 때 간호사들이 부르는 노랫소리가 들려왔습니다. 울려 퍼지는 화음은 신선하고 순결하고 맑았습니다. 한적하고 단조롭기만 하던 복도가 일순간 커다란 예배당으로 변했습니다.

나 주를 멀리 떠났다 이제 옵니다.
나 죄의 길에 시달려 주여 옵니다.
나 이제 왔으니 내 집을 찾아

주여 나를 받으사 맞아주소서
(윌리암 커크패트릭, 찬송가 '나 주를 멀리 떠났다')

치료의 집이 예배의 집도 될 수 있을까요? 불편하고 소란스러운 숙소가 고요한 성소, 고통 받는 영혼의 은밀한 피난처로 변하는 것이 가능할까요?

하지만 우리는 이를 비전의 일부로 품고, 아시아의 어느 도시 외곽 언덕에 위치한 이곳이 절망에 빠진 사람들에게 하나님의 임재가 이루어지는 집이요 유일한 교회요 피난처가 되기를 소망했습니다. 또한 사람들이 모여 유기적으로 얽혀 일하고 기도하고 비전을 품고 고민하고 기뻐하고 고통을 감내하고 섬기고 찬양하는 공동체가 되기를 꿈꾸었습니다.

'탁상공론만 일삼는' 선교학자들이 병원은 선교현장에서 교회의 짐이 될 뿐이라고 말하지만, 우리는 그리스도의 제자들로 이루어진 병원 역시 그리스도의 교회라는 사실을 믿고 선포해야 합니다. 우리는 결코 외면하거나 소멸시켜서는 안 될 사역을 위임 받았습니다. 이를 외면한다면 믿음에서 가장 소중한 무언가를 잃어버리는 셈입니다. 우리는 하나님이 살아서 일하시며 그리스도가 우리 생애의 가장 어두운 시기에 영원한 소망이 되신다는 사실을 선포해야 합니다. 이러한 선포는 우리의 긍휼이 현실 속에서 드러날 때 가능할 것입니다.

한국의 전주에 있는 장로교 의료센터는 1898년 닥터 마티 잉골드에 의해 설립되었습니다. 당시 외국인을 배타하는 분위기가 지배적인 한국 사회에서 부인과 어린이를 위한 진료소가 설립된 것은 상상을 넘어서는 잉골드의 용기 덕분이었습니다. 의료사역이 활성화되면서 남자들을 위한 진료의 필요성이 제기되었고 이를 위한 보강 작업이 진행되었습니다.

모든 것이 불투명한 여건 속에서 닥터 포사이스와 닥터 다니엘, 닥터 티몬즈, 닥터 보그스 등 일단의 개척자들이 의료현장을 맡아주었는데 이것이 오늘날 '예수병원' 입니다. 당시 본관은 1935년에 화재로 전소되어 재건되었다가 일본 식민당국의 강제폐쇄 조치로 1940년에 문을 닫았습니다.

1947년, 존스홉킨스에서 수련을 마친 외과의사 폴 크레인과 그의 아내 소피아는 폴의 부모가 선교사로 활동했던 한국 땅으로 돌아왔습니다. 그는 애초의 비전대로 1948년 4월 1일 예수병원에 수련의 대학원 과정을 개설하고 뒤이어 마가렛 프리차드의 책임 하에 간호학교도 열었습니다. 하지만 1950년 북한 공산군의 도발적인 침공이 일어나자 크레인 부부와 마가렛 프리차드, 마리엘라 탈마지, 의료기사인 진 린들러, 내과의사인 오비드 부시 부부 등 선교사들은 병원에서 철수하여 부산 근교로 내려갈 수밖에 없었습니다. 공산당은 전주 시를 함락하여 신축된 병원을 모조리 약탈하고 감옥으로 바꾸어놓았습니다.

1950년 9월, 맥아더 장군의 인천상륙작전이 성공하여 전세가 역전되자 닥터 크레인 부부와 간호사 마가렛 프리차드, 마리엘라 탈마지는 복귀하여 병원 문을 다시 열고 간호학교 기숙사를 가득 메운 수백 명의 피난민들을 돌보기 시작했습니다.

이후 몇 년 동안 병원은 필요에 따라 임의로 확장되고 지하 병동까지 합해 환자 140명과 유모차 10대를 들여놓을 만한 규모가 되었습니다. 의료진 양성의 비전을 품고 있었던 폴 크레인은 전문의 밑에서 단계별로 책무를 배워가는 수련 프로그램을 신설하여 인턴과 레지던트의 역량을 강화하고 예수병원을 국내의 선도적 병원으로 만들어가는 데 주력했습니다.

한편 저와 매리는 동경에서 6개월 동안 언어연수를 마치고 1954년 한국에 부임했습니다. 한국어 회화와 동양의 사고방식 그리고 연령과 성별, 사회적 지위에 기초한 한국 고유의 행동규범도 배웠습니다. 우리는 한국인들이 매우 상냥하고 정중한 사람들이라는 것도 알게 되었습니다.

인턴, 레지던트, 일반직원, 간호사들은 아침 일찍 지하실이나 병동, 개인 사무실에 모여 환자들과 함께 기도했습니다. 그리고 다음과 같은 찬양으로 주님께 헌신을 거듭 다짐했습니다.

소망이 없어 죽을 수밖에 없는 저희가 주님 앞에 나왔사오니 은혜를 베풀어주시옵소서. 오, 주님! 저희는 일을 감당할 자격이 없습니다. 실수하지 않도록 저희의 손을 붙들어주시옵소서. 주님의 뜻대로 말하고 생각하며 살아갈 수 있도록 도와주시옵소서. 병원에 누워 있는 환우들에게 복을 내리시고 치료하셔서 주님의 사랑과 은혜를 깨닫고 이 병원을 나서게 해주시옵소서. 병상을 둘러볼 때마다 저희에게 지혜를 허락하시옵소서. 아무 공로 없는 죄인이 우리 주 예수 그리스도의 이름으로 기도드리옵나이다.

우리는 보통 지하실 한쪽 구석에서 회진을 시작합니다. 대부분의 병실이 협소한 편이라 수련의들이 한꺼번에 들어가기가 쉽지 않습니다. 수석 레지던트가 환자의 병세를 설명한 뒤 최근 경과와 임상 결과를 보고하면 저는 환부를 검진하고 환자와 대화를 나누며 몸을 직접 만지며 살펴보는데, 그건 동양의 풍습이라기보다 제 개인의 원칙에 따른 것입니다.

평범한 병명을 진단받는 환자도 있고 가슴이 찢어질 만큼 비통한 진단을 받는 환자도 있습니다. 정밀검사를 위한 연구실과 방사선 장비가 제대로 갖춰지지 않은 실정인지라 임상적 진료가 무엇보다 중요했습니다. 근원적인 문제가 무엇인지, 중요한 단서를 놓치고 있지는 않은지, 검사 결과가 왜 이상 소견을 보이는지, 어떤 선택을 내려야 하는지, 어떤 위험을 감수해야 하는지, 가망 없는 상황을 얼마 동안 붙들고 있어야 하는지, 오늘은 환자에게 무엇을 제공할 수 있을지 등의 문제를 놓고 우리는 여러 번 숙고한 끝에 결정해야 했습니다. 주여, 우리와 함께하시고 지혜를 주옵소서!

환자들은 대부분 회진 때 잠을 깨우면 병상에 다리를 꼬고 누워서 기대에 찬 표정을 보입니다. 여럿이 공유하는 병실이지만 환자 개개인의 영역이 암묵적으로 구축되어 있습니다. 병상 옆 탁자에는 두루마리 화장지와 보리차 주전자가 놓여 있고 바닥은 청소부가 막 다녀갔던 터라 청결합니다. 사람이 앉을 자리나 음식 담는 그릇은 모름지기 깨끗해야 하지만 발로 밟고 다니는 곳은 더러워도 괜찮게 여기는 것이 한국의 풍습인 듯합니다. 환자는 2평방미터 남짓한 자리에 점잔을 빼고 앉아서 쓰레기를 바닥에 던지곤 하는데 이런 습관 때문에 하루에도 몇 번씩, 심지어 회진 직전에도 병실 바닥에 쌓인 휴지와 달걀 껍질을 치워야 합니다.

우리는 여자 병동을 거쳐서 두경부종양 환자들이 기다리고 있는 102호실로 갑니다. 기관절개 부분의 흡입을 실시하고, 목 절개면 상처의 피부판을 점검하고, 구강과 흡입배농 상태를 검사합니다. 인공후두기(후두 적출 수술 후 성대를 잃은 환자가 발성할 수 있도록 도와주는 기구-옮긴이) 사용법을 몰라 전혀 말을 하지 못하는 환자도 있는데 그러한 환자들과는 간단한 메모를 교환하여 의사소통을 합니다. 기관절개 수술을 앞둔 환자에게는 치료 일정을 일러주면서 "어제는 얼마나 걸으셨어요? 오늘은 부드러운 음식만 드세요. 아주 잘하고 있습니다" 등의 말을 덧붙입니다.

그런 다음 골절환자를 위한 견인치료 병실이 있는 2층으로 올라갑니다. 우리는 환자들의 체중을 재고 얼라인먼트를 점검하고 욕창이 생겼는지 살펴봅니다. "다시 걸을 수 있어요. 포기하지 마세요. 당신이 여기에 온 데는 하나님의 목적이 있습니다!' 우리는 격려하고 또 격려합니다.

이제 회복실에 들러 어제 수술한 환자를 만나봅니다. 생체징후, 숨소리, 체액평형, 배뇨량, 상처, 각성도 등을 파악한 뒤 환자를 앉혀 놓고 기침을 시키며 다리를 움직여 보게 합니다.

이번에는 소아과 병동으로 갑니다. 그곳에는 신생아 파상풍에 걸린 아기들이 산소통과 흡입 기재에 둘러싸인 채 가로로 줄지어 누워 있습니다. 경련성 발작으로 머리가 뒤로 젖혀지는 신생아는 없는지 살피고, 수술을 받은 신생아의 경우 정맥주사의 속도를 조절하고 탈수증이나 피하조직의 부종 여부를 살피고 폐를 검사하고 기저귀를 들여다봅니다. 이곳에서는 닥터 프랭크 켈러와 그의 부드러운 지시에 귀 기울이는 여러 소아과 의사들을 만나게 됩니다. 나중에 한국에서 태어난 닥터 존 윌슨이 우리와 합류했습니다.

그 다음 우리는 중환자실로 갑니다. 이 중환자실은 여러 장비가 넉넉하게 구비된 미국의 시설과는 비교할 수준이 아니지만 흡입기, 소생 장비, 응급 간호 체계를 갖추고 있어 혼수상태에 빠진 응급환자와 불안징후를 보이는 환자, 극도로 쇠약한 환자를 받고 있습니다. 의사들은 그날의 전투 전략을 수립하고 토론을 벌인 후 각자 직무를 할당합니다.

마지막으로 부속병동에 가보겠습니다. 여기에는 결핵환자, 전염성 질환자, 만성 배농 상처를 안고 있는 환자들이 입원해 있습니다. 이렇듯 1960년대 질병과의 투쟁은 폴 크레인과 프랭크 켈러, 주보선, 박영훈 등의 의사들과 권익수(본명은 메릴 그럽스)와 같은 동료들, 간호사들의 충성스러운 헌신으로 전개되었습니다.

오전 8시마다 우리는 조립식 건물로 지어진 예배실에 모여 찬양을 드리고 영원한 하나님의 말씀에 귀 기울이며 예배를 드립니다. "어떤 사람이 예루살렘에서 여리고로 내려가다가 강도를 만나매… 네 생각에는 이 세 사람 중에 누가 강도 만난 자의 이웃이 되겠느냐… 이와 같이 이 작은 자 중의 하나라도 잃는 것은 하늘에 계신 너희 아버지의 뜻이 아니니라… 내가 보낸 자를 영접하는 자는 나를 영접하는 것이요… 너희도 서로 발을 씻어주는 것이 옳으니라."

악기도 제대로 갖춰지지 않은 초라한 건물이었지만 탑에 달린 종이 울릴 때면 사람들은 너 나 할 것 없이 처소로 모여들었습니다. 얼마 뒤 담임 목회자가 부임했고 강사를 초빙한 특별집회가 열리고 성가대의 특별 찬양도 있었습니다.

저는 20년 가까이 동역한 마취과 주임 마취사 김도수 장로의 간증을 잊을 수 없습니다. 그가 일어나 기도할 때면 그에게서 풍겨나는 겸손과 굳건한 믿음으로 예배당 전체가 진동하는 듯했고, 비록 영어와 어순이 반대이긴 했지만 그의 한국어 기도가 더 절절하게 마음에 와 닿았습니다.

죄로 말미암아 죽을 수밖에 없는 우리를 살리시려고, 십자가에 달려 피 흘린 예수 그리스도를 보내주신 하나님의 은혜에 감사드립니다!

한자리에 모여 예배하던 회중은 예배가 끝나면 각자의 업무를 위해 중앙공급실, 세탁실, 의무기록실, 수술실, 임상병리실 등을 향하여 줄지어 나갑니다. 이때쯤 되면 간호사들은 의사들에게 받은 처방전 지시를 따르느라 정신없이 뛰어다니고 진료소 접수창구에는 외래환자들이 순식간에 밀려듭니다. 이동식 침대에 몸을 눕힌 환자는 수술실에 들어가 마취과, 외과 의사들의 기도를 들으며 그들에게 몸을 맡깁니다. 이제 병원에 있는 모든 장비가 힘차게 가동되고 이 방 저 방에서 울려나는 힘

찬 기도의 일부가 하나님의 치유 역사로 이어집니다.

　오랜 풍습에 젖은 한국인 농부가 검사실에 들어왔습니다. 가족들이 증상을 설명하는 동안 그는 꼿꼿한 자세로 의자에 앉아 있었습니다. 저는 가족들에게 진료실 밖에서 대기하라고 이르고 환자에게 직접 병력을 설명해달라고 했습니다. 가만히 들어보니 문제가 걷잡을 수 없이 복잡해진 데는 엉터리 한방 시술자들의 무분별하고 무지한 의료 행위가 한몫을 한 것 같았습니다. 침술과 약초, 담배 뜸 때문에 도통 병명을 파악하기 힘들게 된 것입니다.
　우리는 처음 나타난 증상부터 차근차근 캐묻기로 했습니다. "찾으라 그리하면 찾을 것이요." 드디어 병력을 완전히 파악하고 검사를 시작했습니다. 직장(直腸) 검사를 하기 위해 검사대에 앉으라고 권했더니 농부는 검사대에 올라 자기 집 안방에 있는 것처럼 양반다리를 하고 앉았습니다. 누우라고 하자 이번에는 양팔로 자기 몸을 껴안는 자세를 취하더니 얼굴을 숙이고 몸을 한껏 움츠렸습니다. 한국인 농부라면 동서남북 방향을 파악하는 데 누구보다 익숙하기 때문에 창문 쪽을 향하게 하려면 '창문' 대신 '남쪽'이라고 말해야 했습니다.
　이곳에서는 환자에게 잘 설명해주는 것이 검사만큼이나 중요합니다. 그래서 의사들은 환자에게 확신을 심어주기 위해 수 차례 설명해주며 궁금증과 불안한 마음을 달래줍니다. 여기에 상당한 시간을 들이는 것은 당연하고 또 그렇게 합니다만, 이제부터가 난감한 순간입니다. 바로 '비용이 얼마나 드는지' 환자가 물어오는 순간입니다.

방금 이 환자처럼 암이 어느 정도 진행된 데다 예후가 좋지 않고 별다른 치료책을 찾을 수 없는 상황에서 가난하기까지 한 경우에는 더욱 그렇습니다. 잔고가 얼마 되지 않은 예금통장을 들고 그가 예수병원을 찾아왔을 때 예수님께서 말씀하셨습니다. "아버지께서 내게 주시는 자는 다 내게로 올 것이요 내게 오는 자는 내가 결코 내쫓지 아니하리라"(요 6:37). 이제 실제적인 문제는 '병원이 감수하려는 희생만큼 농부의 가족도 기꺼이 희생을 감수하겠는가'입니다.

하루하루 시간이 흘러갑니다. 그만큼 병원도 변화무쌍한 상황에 부딪힙니다. 수술을 집도하고 의료진과 회의하고 방사선과 혹은 임상 병리과에 들러 결과를 확인하는 등 분주하게 시간을 보내야 할 때, 결정적인 순간 환자가 주도권을 행사하는 바람에 긴장과 스트레스로 마음의 평정이 무너질 때가 있습니다. 이런 혼란 속에서도 '쉬지 않고 기도하며 우리 곁에 있는 하나님의 능력을 느끼는 것'이 가능할까요? 네, 가능합니다. 하지만 걷잡을 수 없이 밀려드는 긴장 속에서 이를 실천하기가 쉽지만은 않았음을 고백합니다.

동양이든 서양이든 환자들의 처지는 비슷합니다. 물론 언어와 문화와 경제적 수준에 따라 제각기 다른 인성이 형성되겠지만, 자신의 병에 대해 알게 된 순간 어이없다는 듯 웃음을 터뜨린다거나 투병의지를 불태운다거나 지나친 의심에 빠져 체념하는 등의 모습을 공통적으로 찾아볼 수 있습니다. 환자들이 보여주는 웃음과 절망과 당혹감을 통해 우리는 케이준의 어부들처럼 소외된 사람들, 이스트강 부두의 막노동자들, 미국 남부의 소작농들, 동유럽의 난민들, 한국의 농부들이 서로 동일한 인간적 정서를 지니고 있음을 보게 됩니다.

그럴 때면 기시감, 즉 과거 어디에선가 보았음직한 인간의 정서를 다시 경험하는 기분이 듭니다. 이러한 인간의 희열과 슬픔의 한복판으로 그리스도의 형언할 수 없는 사랑이 뚫고 들어오며 하나님의 능력이 상황을 다스리고 성령님께서 우리가 갈망하던 말씀을 주실 것입니다.

마지막 외래환자의 진료를 마치고 수술 환자들의 병동과 응급실을 둘러보며 환자 가족들과 간단한 상담을 마친 후에야 우리는 비로소 집에 돌아갈 준비를 합니다. 황혼이 깃들 무렵 간호학교 건물을 지나칠 때면 축복기도와 찬송가가 흘러 나옵니다. 간호사들이 드리는 저녁 예배는 언덕을 예배당으로 바꿔놓습니다. 그 소리를 듣노라면 다시 한 번 우리가 왜 여기에 와 있는지, 소명은 무엇인지, 우리가 최우선으로 여겨야 할 것은 무엇인지 떠올리게 됩니다.

주의 은혜로 대속 받아서
피와 같이 붉은 죄 눈같이 희겠네.
(E. M. 마이어스, 찬송가 '이 세상 험하고')

한국에서 두 번째로 맞은 겨울은 매우 길었습니다. 매리와 소피아가 실험실을 확장하고 매리는 조직병리학과를 활성화했으며, 저와 폴 크레인은 환자 돌보는 일에 매진했지만 몇 가지 사건이 일어나는 바람에 우리의 의료사역은 약간의 차질을 빚게 되었습니다.

우선 11월, 매리는 유산의 위험이 있어서 거의 누워 지내야 했습니다. 또 정기적인 방사선 검사를 받던 중 저는 6개월 내지 8개월의 격리가 필요하다는 폐결핵을 진단받았습니다. 아마도 환자와 접촉하다가 병이 옮았던 모양입니다. 저는 진료 일선에서 잠시 물러나 방사선 촬영 결과와 조직 슬라이드를 판독하고 한국어 회화 능력도 보충하면서 요양하는 시간을 가졌습니다.

게다가 매리의 부친이자 제 장인어른인 알렉스 R. 배첼러 박사가 폐암으로 돌아가셨습니다. 그는 남 장로교회 담임목사로 시무하면서 주일학교 행정 책임자로도 교회를 섬겼고 청소년

들을 위해 열정적으로 사역한 지도자였습니다. 무엇보다 장로교회 소속 미국 흑인협력단체의 대표로서 로렌스 바텀즈 목사와 귀한 동역을 해왔습니다.

장인어른은 우리가 떠나기 2년 전 폐암이 발병하여 옥스너 병원에서 제 옛 상관의 집도로 수술을 받았습니다. 그는 여생이 얼마 남지 않았음을 알면서도 우리를 기꺼이 한국에 보내주면서 "자네들이 우리 하나님 아버지의 사업에 종사해야 한다는 걸 잘 알고 있네"라고 말했습니다. 또 마지막 유언이 되고 만 편지에 이렇게 썼습니다. "기억하게, 데이브! 십자가가 없었다면 부활도 없었을 걸세."

그리스도의 제자가 되려면 그리스도의 십자가에 동참해야 합니다. 그분이 받으신 수치까지 받아들여야 합니다.

그러므로 예수도 자기 피로써 백성을 거룩하게 하려고 성문 밖에서 고난을 받으셨느니라 그런즉 우리도 그의 치욕을 짊어지고 영문 밖으로 그에게 나아가자 우리가 여기에는 영구한 도성이 없으므로 장차 올 것을 찾나니(히 13:12-14).

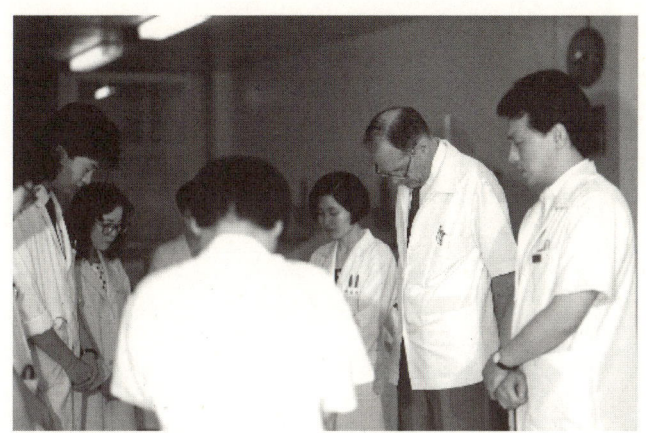

회진하기 전 예수병원 의료진과 함께 기도하는 설대위 선교사

한복을 차려입은 어린 자녀 존, 제니퍼와 함께
(사택 앞마당에서)

 둘

고통을
함께
한다는 것

1973년 동양의 어느 번잡한 도시 외곽에 있는 산허리로 가봅시다. 용머리 고개에 올라서서 보면 좁은 골목을 사이에 두고 기와지붕을 얹은 집들이 옹기종기 몰려 있고, 그 한가운데 현대식 건물 하나가 우뚝 솟아 있습니다. 이 건물은 바로 하나님께서 이 땅의 백성들과 함께하신다는 증거를 보여주기 위해 80년이 넘도록 진력했던 개척 선교사들과 한국인 동역자들의 꿈을 품은 예수병원입니다.

270개의 병상을 갖춘 이곳은 현대적인 진단과 의료체계를 한국 땅에 보급하는 병원인 동시에 630명의 그리스도 제자들이 주님을 증거하는 공동체이기도 합니다. 교단을 초월한 그리스도인들과 다양한 의과대학 출신의 의사들이 연합하여 공동의 목표를 추구하며 고국을 섬기고 있습니다. 또 간호학 교육 과정을 개설하여 간호사의 존귀한 직업적 가치를 바로잡는 데 공헌한 곳이기도 합니다. 과학과 신앙의 조화로운 연합을 통해 하나님의 진리를 드러내는 예수병원은 매년 10만 명에게 의료 혜택을 제공하며 복음을 소개하고 있습니다.

예수병원은 예수님의 이름으로 위로를 전하라고 부름 받은 사람들의 교제가 있는 곳입니다. 물론 우리는 여전히 부족한 자들입니다. 일에 눌리고 급한 일에 내몰려 중요한 것을 잊어버릴 때도 많습니다. 그러나 우리에게 맡겨진 가장 중요한 과제는 고통 받는 이들에게 위로를 건네는 것입니다. 그리스도의 이름으로 행하는 모든 긍휼 사역에 근거가 되는 말씀이 고린도후서 1장에 나옵니다.

찬송하리로다 그는 우리 주 예수 그리스도의 하나님이시요 자비의 하나님이시요 모든 위로의 하나님이시며 우리의 모든 환난 중에서 우리를 위로하사 우리로 하여금 하나님께 받는 위로로써 모든 환난 중에 있는 자들을 능히 위로하게 하시는 이시로다 그리스도의 고난이 우리에게 넘친 것 같이 우리가 받는 위로도 그리스도로 말미암아 넘치는도다 우리가 환난 당하는 것도 너희가 위로와 구원을 받게 하려는 것이요 우리가 위로를 받는 것도 너희가 위로를 받게 하려는 것이니 이 위로가 너희 속에 역사하여 우리가 받는 것 같은 고난을 너희도 견디게 하느니라 너희를 위한 우리의 소망이 견고함은 너희가 고난에 참여하는 자가 된 것 같이 위로에도 그러할 줄을 앎이라(고후 1:3-7).

여기서 '위로'에 해당하는 헬라어는 '파라클레시스'(paraklesis)로 직역하면 '곁에 부름받다'(called alongside)라는 뜻입니다. 즉 파라클레시스란 먼 곳에 따로 떨어져 봉사하는 게 아니라 환난을 겪는 사람과 함께하면서 그를 격려하고 지지하고 도와준다는 것을 의미합니다.

안타깝게도 영어의 '위로'(comfort)는 '강함을 준다'는 뜻의 라틴어 'cum fortis'에서 나왔음에도 본래의 의미를 잃고 말았습니다. 위로란 무거운 짐을 진 사람이 비틀거릴 때 동료가 달려와 그 짐을 나누어 지는 것입니다. 잔해에 깔려 옴짝달싹 못하는 사람이 있으면 얼른 달려가 잔해를 들어올리는 것입니다. 응급실에 실려온 환자를 살리기 위해 밤새도록 고군분투하는 것입니다.

파라클레시스란 고통당하는 사람 곁으로 달려가 그를 고통에서 끄집어내기 위해 그와 고통을 함께하는 것입니다. 이러한 위로는 하나님께서 하시는 일입니다. 우리는 자신의 힘으로 누군가를 위로할 수 없습니다. 궁극적인 '위로자'는 바로 하나님입니다. 하나님은 고난을 받는 분인 동시에 보혜사(Paraclete)가

되십니다. 하나님의 위로를 경험하지 못한 사람은 그 위로를 전하는 '도구'가 될 수 없습니다. 살아가는 동안 하나님의 도움을 간절히 구한 적이 없다면, 절망과 고통과 두려움과 회한에 사로잡혀 하나님의 자비를 절박하게 부르짖은 적이 없다면 우리는 누구에게도 그리스도의 위로를 전할 수 없습니다.

하나님은 '위로하는 분'이며 동시에 '고난을 당하는 분'입니다. 그 누가 자녀들에게 배신당하는 '아버지'의 고통을, 인류의 죄를 대속하기 위해 독생자 예수를 십자가에 매단 하나님 아버지의 고뇌를 헤아릴 수 있겠습니까? 우리는 하나님의 고난에 참여한 만큼만 하나님의 위로에 참여할 수 있습니다. 고난과 위로는 모두 같은 잔에서 나오기 때문입니다. 보혜사 하나님, 궁극적인 위로가 되시는 성령님께 순종하지 않는 한 우리는 결코 자비의 도구가 될 수 없습니다.

1974년 말에서 1975년 초까지 심각한 겨울 가뭄을 지나는 동안 우리 병원에서는 용수가 부족하여 물을 위층까지 끌어올릴 수 없었습니다. 당시 6층에는 화상을 대수롭지 않게 보던 걸인 한 명이 덧난 상처와 욕창 때문에 입원해 있었습니다. 목욕 용수가 없었기 때문에 우리는 그를 매일 지하실 물리치료실로 데려가 몸을 씻기고 드레싱을 해야 했습니다.

수석 물리치료사인 미스 구는 환자 한 명을 목욕시키며 치료하는 데 이만큼의 시간과 노력을 기울인다는 게 낭비가 아닌가 하는 생각을 했습니다. 하지만 예수님께서 제자들의 발을 손수 씻기며 본을 보이셨던 모습, 마리아가 예수님의 머리에 향유를 부어드린 모습을 기억하며 다른 물리치료사들과 함께 걸인을 정성껏 목욕시키고 짓무른 상처를 닦아주었습니다. 결국 걸인은 패혈증으로 세상을 떠나기 전에 그리스도를 구세주로 영접했습니다.

미스 구는 병원에서 예배를 드리며 곰곰이 생각해보았습니다. '무엇이 낭비란 말인가?

하나님께서 그 죄인을 구원하여 지극히 크고 영원한 영광으로 이끌지 않으셨습니까? 주님이 그분의 영화로운 몸으로 걸인에게 옷 입히지 않으셨습니까? 보잘것없어 보이는 인간이라도 자비로운 하나님의 존전에서 영원히 찬양하게 되지 않았습니까? 그런데 무엇이 낭비란 말입니까?

하나님께서 어떻게 이 가련한 인생을 찾아오셨는지 생각해봅시다. 우리는 전문의라는 특혜를 뒤로하고 남을 위로하기 전에 먼저 겸손한 마음을 품어야 합니다. 환자의 얼굴을 일일이 기억하며 고통을 나누어 지고 짓무른 상처를 손수 싸매주어야 합니다. 환자를 돌보면서 붕대 안에 감춰진 그의 고통과 두려움, 자비의 말씀을 간절히 붙잡으려는 마음을 발견할 수 있어야 합니다. 예수병원에 있는 의료진들의 부드러운 손과 연민

가득한 눈빛, 사랑이 담긴 말을 통해 위로자인 하나님이 환자들에게 찾아오시기 때문입니다.

걸인처럼 고통 받는 사람들이 전 세계에 5억은 족히 넘을 것입니다. 아시아, 아프리카, 남미 등지의 작고 초라한 집에서 흘러나오는 가난한 사람들의 흐느낌에 귀를 기울입시다. 눈물을 삼키며 살아가는 그들을 향한 하나님의 고뇌에 찬 사랑을 한번 생각해봅시다.

예수병원은 그들에게 소망의 등대가 될 것입니다. 하지만 그리스도의 제자로서 누군가에게 소망의 등대가 되려면 우선 성문 밖으로 나아가 어둡고 궁벽한 곳에서 고통 받으며 살아가는 사람들을 '찾아가야' 합니다.

"하나님의 고난에
참여한 만큼 하나님의
위로에 참여할 수 있습니다.
고난과 위로는 모두 같은
잔에서 나오기 때문입니다."
(예수병원 옛 건물 현관 앞에서)

예수병원 신축 낙성식 전경(1971년)

셋

하나님의
약속을 따라
모험하는 삶

지붕 위의 바이올리니스트라… 미친 짓이죠? 하지만 작은 마을 아나테프카에 온다면 이곳에 사는 우리 모두가 지붕 위의 바이올리니스트임을 알게 될 것입니다. 모두들 목이 부러지지 않도록 조심하면서 단순하고도 유쾌한 선율을 뜯으려고 애쓰거든요. 그렇게 위험한 곳에 우리가 왜 올라가 있냐고요? 아나테프카가 우리의 고향이기 때문이에요. 그럼 어떻게 균형을 잡느냐고요? 그건 한마디로 설명이 충분합니다. 바로 전통이니까요!'
- 뮤지컬 〈지붕 위의 바이올린〉의 주인공 테브예의 프롤로그

지금까지 어떤 여름들을 보내셨습니까? 나른하고 무덥고 끈적끈적한 여름, 시원하고 여유로운 여름, 신나는 여름, 몹시 분

주한 여름…. 저는 '위태로운 여름'이라 부르고 싶은 어느 여름만 제외하고 이 모든 형용사에 부합하는 여름을 한두 번쯤 보냈습니다. 대천해변에서 뮤지컬 공연을 할 당시 저는 '지붕 위의 바이올리니스트'였습니다. 가설무대 위쪽 서까래에 제법 편안한 자세로 바이올린을 연주하고 있었는데 총연습이 시작되자 스포트라이트만 제외하고 모든 조명이 꺼졌습니다.

저는 마치 공중에 매달려 있는 것처럼 보였지요. 말 그대로 칠흑 같은 어둠 속에서 입을 크게 벌린 채 행여 아래로 떨어져 목이 부러지지 않을까 조심하면서 단순하면서도 유쾌한 선율을 뜯으려고 무척 애썼습니다.

그해의 여름을 위태로웠다고 기억하는 건 이러한 이유 때문만은 아닙니다. 한번은 2미터짜리 외돛배를 타고 제법 멀리까지 나갔는데 갑자기 하수용골(옆으로 미끄러짐을 방지하기 위해 선체중심 하부에 설치하는 접이식 용골-옮긴이)이 위쪽으로 고정되는 바람에 난데없이 불어닥치는 돌풍을 옆으로 받으며 견뎌내야 했습니다. 그날 우리가 탄 배가 어떻게 뒤집히는 것을 면할 수 있었는지는 주님만이 아십니다.

또 한번은 바람이 잦아들어 우리가 탄 범선이 움직이지 않게 되자 시속 10킬로미터로 밀려오는 밀물에 실려 북쪽으로 30킬로미터쯤 끌려가 목숨이 위태로웠던 여름도 기억납니다. 키가 바위에 부딪혀 좌초될 위기도 있었지요. 비바람이 몰아치는

부인 설매리 여사의 피아노 반주에 맞춰 바이올린을 연주하는 설 선교사

날 서울에서 차를 몰며 귀가한 적도 있었고요. 방사선 치료사 펠릭스 믹이 사다리 위에 올라서서 코발트 방사선원을 원격치료기에 밀어 넣고 나서 2000큐리 방사선 슬러그가 납으로 차폐된 컨테이너 사이의 중간도관에 끼지 않기를 바라다가 우리 모두 방사선에 심하게 노출된 적도 있었습니다.

무엇보다 1972년의 위태로웠던 여름이 생생하게 기억납니다. 소중한 사람들이 갑자기 세상을 떠나는 것보다 더 우리의 삶이 부초같이 여겨지는 적도 없는 것 같습니다. 사랑하는 친구이자 동역자인 신경외과 의사 박영훈 박사가 갑자기 세상을 떴을 때가 바로 그랬습니다. 아끼던 동료가 갑자기 곁을 떠나고 우리의 유한한 생명이 궁극적으로 끝나버린다는 확실성을 대할 때만큼 우리의 운명이 불확실하다는 사실을 절감할 때가 또 있을까요? 하나님께서 그렇게도 열심히 헌신하며 풍성한 결실을 맺고 있던 박영훈 장로(그는 그리스도를 많이 닮은 사람이었습니다)를 갑자기 데려가셨다면 하나님의 임재를 박 장로만큼 체험하지 못하고 그보다 유쾌하지도 못하며 주님의 영원한 목적을 이루는 데 결정적인 기여를 하지 못하는 우리 중에서 어느 누구라도 갑자기 데려가시지 않겠습니까?

박영훈 장로는 사람을 낚는 그리스도의 어부였으며 좀처럼 화를 내지 않았고 주 예수님에게 진정으로 충성한 사람이었습니다. 그가 우리와 함께할 수 있었던 것은 신비로운 필연이었습니다. 그는 우리 곁에 21년간 머물렀지만 나그네로, 방랑자로, 추방자로, 이방인으로 살았습니다. 유일하게 뿌리를 내리고 안착한 곳이 예수병원과 시온교회 성도들의 마음이었기에 그는 주님처럼 이 '빌린' 땅에 묻히게 되었습니다. 그야말로 부초 같은 삶을 온몸으로 살아낸 가장 순례자다운 사람이었습니다. 그러했기에 박 장로는 하나님의 섭리 가운데 우리에게 홀연히 나타난 것처럼 동일한 모습으로 전주를 떠났습니다.

우리는 언제나 불안과 위험, 실패에 부딪히며 좀처럼 통제할 수 없는 환경에 맞서 살아야 합니다. 왜 그래야 하느냐고 반문하는 사람도 있겠습니다만, 우리는 위태롭게 살아가는 법을 배워야 합니다. 이것은 지극히 당연하고도 절박한 도전입니다. 하나님의 손에 과감히 자신을 맡기고 새로운 가능성과 변화, 실패와 고난, 죽음까지도 두려워하지 않는 게 그리스도인의 바람직한 태도입니다. 경기가 하나님께 속해 있으며 승리는 하나님의 것이므로 우리도 그 승리에 참예하게 될 것입니다.

이런 이유로 바울도 그리스도를 위한 모험가, 자유기고가, 영원한 용병이 되었습니다. 바울이 자신에 대한 고린도 사람들의 비판을 반박하면서 자기 삶에 대해 쓴 구절을 살펴봅시다.

나는 우리가 약한 것 같이 욕되게 말하노라 그러나 누가 무슨 일에 담대하면 어리석은 말이나마 나도 담대하리라 그들이 히브리인이냐 나도 그러하며 그들이 이스라엘인이냐 나도 그러하며 그들이 아브라함의 후손이냐 나도 그러하며 그들이 그리스도의 일꾼이냐 정신없는 말을 하거니와 나는 더욱 그러하도다 내가 수고를 넘치도록 하고 옥에 갇히기도 더 많이 하고 매도 수없이 맞고 여러 번 죽을 뻔하였으니 유대인들에게 사십에서 하나 감한 매를 다섯 번 맞았으며 세 번 태장으로 맞고 한 번 돌로 맞고 세 번 파선하고 일 주야를 깊은 바다에서 지냈으며 여러 번 여행하면서 강의 위험과 강도의 위험과 동족의 위험과 이방인의 위험과 시내의 위험과 바다의 위험과 거짓 형제 중의 위험을 당하고 또 수고하며 애쓰고 여러 번 자지 못하고 주리며 목마르고 여러 번 굶고

춥고 헐벗었노라… 그러므로 내가 그리스도를 위하여 약한 것들과 능욕과 궁핍과 박해와 곤고를 기뻐하노니 이는 내가 약한 그 때에 강함이라(고후 11:21-29, 12:10).

바울이 이처럼 말할 수 있었던 이유는 무엇입니까? 감옥 안에서 찬송할 때, 가라앉는 배 위에서 기도할 때, 돌로 치려는 폭도 앞에서 자신을 변호할 때 바울은 어떻게 마음의 평정을 유지할 수 있었을까요? 그것은 〈지붕 위의 바이올린〉에서 아나테프카 주민들을 결속시켰던 전통이라는 접착제 덕분이 아니었습니다. 그것은 제가 바이올린을 연주하기 위해 딛고 섰던 서까래보다 훨씬 견고하고 단단한 그 무엇, 인간이 쌓아 놓은 어느 기초보다 튼튼한 그 무엇, 인간이 세운 어느 제국보다 영원한 그 무엇이었습니다.

제가 말하고자 하는 바는 우리가 그리스도를 위해 때로는 위태로울 만큼 모험하는 삶을 살아야 한다는 것입니다. 우리는 자신의 인간적 연약함과 불안과 의존성과 유한성을 직면해야 합니다. '하나님의 약속'이라는 더 깊은 실체를 확고히 붙잡음으로써 그렇게 할 수 있습니다. 겁먹고 꿈꾸기를 두려워하는 사람들, 그리스도를 위하여 바보가 되기를 주저하는 사람들, 두려워서 주 예수님을 좀처럼 선포하지 못하는 사람들, 두려워서 상상력을 펼치지 못하는 사람들, 미래에 투자하기를 두려워하는 사람들, 미지의 세계로 들어가기를 두려워하는 사람들에게는 그리스도의 소명이 주어지지 않습니다.

꿈을 찾아나서는 그리스도인들은 라만차의 돈키호테와 같지 않습니다. 돈키호테는 기사도의 숭고한 비전을 쫓아 환상과 광기의 영역으로 빨려 들어갔다가 결국 풍차를 거인으로 착각하는 지경에 이르렀지만 모험을 감행하는 그리스도인은 결코 하나님의 말씀과 목적에서 이탈하지 않습니다. 그리스도인은 선포되고 기록되고 경험된 신실한 약속을 찾아나섭니다. 위태로운 모험을 감행하며 창조주 하나님의 손에 자신을 맡기는 사람, 그를 붙잡아주는 것은 그의 믿음이 아닙니다. 바로 하나님의 약속입니다. 예수님은 이렇게 말씀하셨습니다.

> 천지는 없어질지언정 내 말은 없어지지 아니하리라(마 24:35).

예수님은 또한 제자들 각 사람에게 그분의 영원함과 신실함을 강조하셨습니다.

> 내가 너희를 고아와 같이 버려두지 아니하고 너희에게로 오리라 (요 14:18).

바로 여기에 불확실한 우리 삶을 위한 반석, 발등상, 기반이 있습니다. 하나님의 약속은 신실합니다. 물질적이고 과학적인 현실 너머에 하나님의 약속이 존재합니다. 이 약속들이야말로 바로 하나님의 실재입니다. 궁극적인 진리의 저자되신 하나님은 결코 번복되지 않는 말씀을 하십니다.

솔직히 고백할 게 있습니다. 사실 저는 하나님의 약속을 토대로 산다는 이 개념이 상당히 위험스런 거래로 여겨집니다.

하나님께서 이미 행하신 일에 대하여 그분께 감사를 드린다고요? 네, 물론 언제나 그렇게 생각하는 이도 있을 겁니다. 하지만 대부분의 사람들은 하나님께서 그 다음에 무슨 일을 하실지 알지 못합니다. 심지어 우리는 우리가 결정하고 계획하는 것들에 대해 그분이 승인해주실지조차 알지 못합니다. 그런데 어떻게 미리 감사할 수 있겠습니까? '닭이 알을 품기도 전에 병아리 수를 세는 것'과 유사한 일 아닙니까?

그러나 이것이 바로 하나님께서 우리에게 원하시는 바입니다. 그렇다면 이제 불확실한 세상에서 궁극적 보호막이 될 뿐 아니라 우리가 매일 내리는 의사결정에 실제적, 지배적 요소가 되는 '하나님의 약속'에 대해 알아보겠습니다. 하나님의 약속은 세 가지 범주로 나눌 수 있습니다. 즉 기업에 대한 약속, 영광에 대한 약속 그리고 성령의 능력에 대한 약속입니다.

첫째, 약속된 기업입니다

믿음으로 아브라함은 부르심을 받았을 때에 순종하여 장래의 유업으로 받을 땅에 나아갈 새 갈 바를 알지 못하고 나아갔으며 믿음으로 그가 이방의 땅에 있는 것 같이 약속의 땅에 거류하여 동일한 약속을 유업으로 함께 받은 이삭 및 야곱과 더불어 장막에 거하였으니 이는 그가 하나님이 계획하시고 지으실 터가 있는 성을 바랐음이라(히 11:8-10).

하나님께서 우리 조상들에게 주신 이런 약속들에는 공통적으로 '소망'이라는 개념이 강조되어 있습니다. 히브리서에는 다음과 같은 약속의 말씀이 있습니다.

하나님은 약속을 기업으로 받은 자들에게 그 뜻이 변하지 않음을 충분히 나타내시려고 그 일을 맹세로 보증하셨나니 이는 하나님이 거짓말을 하실 수 없는 이 두 가지 변하지 못할 사실로 말미암아 앞에 있는 소망을 얻으려고 피난처를 찾은 우리에게 큰 안위를 받게 하려 하심이라 우리가 이 소망을 가지고 있는 것은 영혼의 닻 같아서 튼튼하고 견고하여 휘장 안에 들어가나니(히 6:17-19).

하나님은 많은 메시지를 통하여 그분의 영원한 신실함과 완전하심을 보여주셨는데, 특히 아브라함과 그의 후손들에게 세상을 유업으로 주리라는 말씀 속에 이러한 뜻이 잘 나타나 있습니다(롬 4:13). 이 소망이 있었기에 이스라엘 백성들은 주님이 오시기까지 2천 년 동안 결속할 수 있었습니다. 이 소망 안에서 그들은 사자의 입을 봉하고 풀무불을 끄고 칼날을 피하고 연약한 중에 힘을 얻었으며 고문과 조롱을 감내했습니다.

또 어떤 이들은 조롱과 채찍질뿐 아니라 결박과 옥에 갇히는 시련도 받았으며 돌로 치는 것과 톱으로 켜는 것과 시험과 칼로 죽임을 당하고 양과 염소의 가죽을 입고 유리하여 궁핍과 환난과 학대를 받았으니 (이런 사람은 세상이 감당하지 못하느니라) 그들이 광야와 산과 동굴과 토굴에 유리하였느니라 이 사람들은 다 믿음으로 말미암아 증거를 받았으나 약속된 것을 받지 못하였으니 이는 하나님이 우리를 위하여 더 좋은 것을 예비하였은즉 우리가 아니면 그들로 온전함을 이루지 못하게 하려 하심이라(히 11:36-40).

둘째, 약속된 영광입니다

첫째 범주에 속하는 약속들은 하나님께서 이스라엘 백성과 처음 맺은 율법이 되었습니다. 이 약속들이 있었기에 이스라엘 백성은 하나로 결속하여 그들의 역사를 형성하고 유배된 땅에서 귀환하여 예루살렘을 재건하고 메시아를 고대할 수 있었습니다. 그리고 이 약속들은 실제로 이루어졌습니다! 세례 요한의 아버지 사가랴의 말을 기억하십니까? 사가랴는 앞으로 올 일을 알고 있었습니다.

찬송하리로다 주 이스라엘의 하나님이여 그 백성을 돌보사 속량하시며 우리를 위하여 구원의 뿔을 그 종 다윗의 집에 일으키셨으니 이것은 주께서 예로부터 거룩한 선지자의 입으로 말씀하신 바와 같이 우리 원수에게서와 우리를 미워하는 모든 자의 손에서 구원하시는 일이라 우리 조상을 긍휼히 여기시며 그 거룩한 언약을 기억하셨으니 곧 우리 조상 아브라함에게 하신 맹세라 우리가 원수의 손에서 건지심을 받고 종신토록 주의 앞에서 성결과 의로 두려움이 없이 섬기게 하리라 하셨도다(눅 1:68-75).

다음은 기쁨의 충만함이 잘 나타나 있는 놀라운 말씀입니다. 여기에는 이스라엘 민족의 열망과 기다림뿐 아니라 자비로운 하나님의 약속이 눈앞에서 성취되었을 때 그들이 느꼈던 환희와 영광이 잘 드러나 있습니다. 연로한 시므온은 아기 예수를 품에 안고 하나님을 찬송하며 이렇게 말했습니다.

주재여 이제는 말씀하신 대로 종을 평안히 놓아주시는도다 내 눈이 주의 구원을 보았사오니 이는 만민 앞에 예비하신 것이요 이 방을 비추는 빛이요 주의 백성 이스라엘의 영광이니이다 하니(눅 2:29-32).

하나님은 첫 번째로 영원한 기업을 약속하셨습니다. 그런 후 영원한 영광을 약속하셨습니다.

하나님의 약속은 얼마든지 그리스도 안에서 예가 되니(고후 1:20).

그리스도의 영광스러운 부활은 모든 사람을 해방시키고 하나님의 모든 약속을 가능케 했습니다. "하나님의 모든 약속이 그리스도 안에서 '예'가 되느니."

셋째, 약속된 성령입니다
마지막으로 세 번째 범주에 속한 하나님의 약속을 알아보겠습니다. 우리의 조상들에게는 소망이 있었습니다. 그 소망은 역사를 만들어낸 실제적이고도 살아 있는 소망이었습니다. 아브라함과 구약시대의 모든 역대 족장들에게 주어진 약속과 서약에 근거를 두고 있었기 때문입니다. 그러나 구약은 더 좋은 약속에 기초를 둔 신약으로 대체되었습니다. 하나님은 자기 백성을 '선택'하겠다는 약속에 그치지 않고 그 백성에게로 '오겠다'는 약속까지 해주셨습니다. 그리고 이 약속은 그리스도 안에서 성취되었습니다. 처음에는 소망, 다음으로 성취, 그리고 이제 마지막으로 보증인 것입니다.

> 모든 일을 그의 뜻의 결정대로 일하시는 이의 계획을 따라 우리가 예정을 입어 그 안에서 기업이 되었으니 이는 우리가 그리스도 안에서 전부터 바라던 그의 영광의 찬송이 되게 하려 하심이라 그 안에서 너희도 진리의 말씀 곧 너희의 구원의 복음을 듣고 그 안에서 또한 믿어 약속의 성령으로 인치심을 받았으니 이는 우리 기업의 보증이 되사 그 얻으신 것을 속량하시고 그의 영광을 찬송하게 하려 하심이라(엡 1:11-14).

하나님은 창세 전에 우리를 '선택하셨습니다.' 그분은 우리의 역사 가운데 '오셨습니다.' 그리고 현재 우리 안에 '거하십니다.' 처음에는 소망을 주시고 그 다음으로 성취하게 하시며 마지막으로 보증하셨습니다. 우리가 날마다 모험을 감행하며 살아갈 힘을 얻을 수 있는 것은 그분이 우리의 미래를 보증하시기 때문입니다. 지금 제가 나누고 있는 이 진리는 저 자신도 어렴풋하게만 이해하고 있을 뿐입니다.

신약성경에는 내주하는 성령님이 우리의 보증되신다는 말

쏨이 세 번 나옵니다. 헬라어로 '아르하본'(arrhabon)은 보증(surety) 또는 담보(pledge)라는 뜻인데 전에는 진심(earnest)으로 번역을 했습니다. 미래가 보장된다면 현재에 대해서도 능력을 발휘할 수 있습니다.

하나님은 이렇게 말씀하십니다. "너희는 나의 자비에서 벗어날 수 없다. 너희는 결코 넘어지지 않으리라. 너희의 기업은 나의 안전한 금고 안에 있다. 언제든 인출해도 좋다. 그것이 부패하지 않도록, 오염되지 않도록, 퇴색되지 않도록, 너희를 대신하여 내가 보관하겠다. 너희 안에 내주하시는 성령이 너희의 보관증이 되신다."

다시 한 번 기억합시다. 하나님의 약속은 얼마든지 그리스도 안에서 '예'라는 사실을!

그리스도에게 소망을 둔 우리는
예, 기업의 분깃을 소유하게 되었습니다.
그리스도의 진리를 듣고 믿게 된 우리는
예, 그리스도의 영광을 찬양하게 되었습니다.
그리스도 안에서 연합된 우리는
예, 그리스도의 모든 능력 되신 성령님
곧 우리 기업의 보증을 받았습니다.

그렇다면 이제 우리는 하나님의 가치체계를 따라 살아야 하지 않겠습니까? 시작하십시오. 그분을 위해 모험을 감행하며 삽시다. 하나님의 바이올리니스트가 되어 하나님께서 주시는 곡조를 '가장 어울리지 않는 장소'에서 연주하십시오.

  미친 소리처럼 들립니까? 그러나 하나님의 질서 안에서 그분이 우리 각자에게 기대하시는 것은, 세상 사람들이 다 보겠지만 목이 부러지는 위험을 기꺼이 감수하며 살아가는 것입니다. 세상이 보기에는 위태로워 보일지라도 사실상 그런 삶에는 아무런 위험이 없다는 것을 우리는 알고 있습니다. 하나님의 약속 위에 서 있기 때문입니다. 그분은 그리스도의 십자가를 통하여 우리에게 우주를 허락하신 분이니까요.

"경기가 하나님께 속해 있으며 승리는 하나님의 것이므로 우리도 그 승리에 참예하게 될 것입니다."(예수병원 옛 건물 앞에서 직원들과 함께)

넷

긍휼을
넘어
자비로

한국에 '김'이라는 성을 가진 농부보다 더 흔한 이가 있을까요? 어느 날 김 씨 성을 가진 남자가 병원으로 찾아왔습니다. 수년 전에 있었던 일이라 기억이 희미하지만 그가 남해안 육지에서 멀지 않은 어느 섬 출신이라는 것과 자녀들 중 막내가 다섯 살 난 변균이라는 것은 지금도 뚜렷이 기억합니다.

  변균이에게서 종양이 발견되었습니다. 횡문근육종이라고 부르는 비관에 생기는 무서운 악성종양이었습니다. 횡문근육종에는 몇 가지 유형이 있습니다. 변균이가 갖고 있는 악성종양은 태아성이었습니다. 태아성 악성종양은 매우 미성숙한 세포로 구성되기 때문에 신속하게 자라고 퍼지는 특성이 있기는 하지만 치료가 불가능하지는 않습니다.

저는 1973-1974년 안식년을 활용하여 미국 휴스턴에 있는 M. D. 앤더슨병원 암센터에서 근무하면서 이런 종류의 종양을 다루는 원리를 배워둔 적이 있었습니다. 수술은 국부절제 혹은 부분절제로 제한되어 있기는 했지만, 우리는 세 가지 종류의 약품을 사용하는 화학요법을 즉시 시작하고 1단계를 끝낸 후 방사선 치료를 병행했습니다. 이 어린이는 완치됐습니다. 완치판정을 받을 즈음에 변균이는 더 이상 작은 꼬마가 아니었습니다. 변균이 아빠는 매년 또는 격년으로 변균이를 데려와 제게 절을 하게 합니다. 변균이는 이제 교복을 입고 학교에 다니는 어엿한 학생이 되었지만 장난기 가득한 표정만은 변하지 않았습니다.

과연 무슨 일이 일어났는지 진료보고서가 아닌 한 작은 휴먼 드라마 형식으로 얘기해보겠습니다.

농부인 김 씨는 막내아들 변균이를 사랑합니다. 그래서 아들의 얼굴이 퉁퉁 부어오르고 증식된 세포로 코가 막히는 것을 볼 때면 가슴이 까맣게 타들어갔습니다. 아빠는 아들 녀석을 데리고 해안 도시의 의사들을 찾아갔습니다. 대기실에서 한참을 기다린 후 의사에게서 받은 최종 판단은 "꼬마를 예수병원으로 데리고 가세요"였습니다. 규모가 꽤 큰 예수병원 건물을 보고 김 씨는 주저했습니다. 이런 곳에서 가난에 찌든 타지인과 그의 아들을 돌봐줄 사람이 과연 있겠는가? 쌀과 보리농사로 겨우 생계를 이어가던 그는 진료소 몇 군데를 돌아다니며 이미 꽤 많은 시간과 이웃에게 빌린 돈을 모두 써버린 상황이었습니다.

병원 원장실에 찾아왔을 즈음 농부는 돌아갈 기차표를 살 돈 말고는 무일푼이었습니다. 원장은 조직검사를 한 결과 고가의 약품과 방사선 치료가 필요한 암이라는 진단이 나왔다고 농부에게 설명해주었습니다.

"돈은 얼마나 있습니까?" 하고 원장이 물었습니다.

"아이를 집으로 데려가야겠소. 돈이 없으니… 안녕히 계시오!" 절망과 수치에 사로잡힌 농부가 버럭 화를 내며 대답했습니다.

그는 벌써 일주일이 넘게 논과 밭을 돌보지 못한지라 다른 식구들이 제대로 끼니를 이어가는지 걱정되었습니다. 감정에 북받친 농부는 몸을 돌려 문을 나서려 했습니다.

하지만 외국인 원장은 "고칠 수 있는 암입니다. 여관비를 드릴 수도 있습니다. 돈이 정 없으시다면 변균이를 무료로 치료해드리겠습니다. 아이를 오늘 당장 입원시킵시다!"라며 계속 말을 건넸습니다.

파란 눈을 한 의사의 말에 농부는 당황스럽고 복잡한 심경이 되었지만 요행을 바라고서라도 한번 해보자는 원장의 제의를 심사숙고하다가 결국 받아들였습니다. 그 순간 전쟁은 승리로 끝났습니다(이로부터 3년 후 정부는 의료보험제도를 통해 지역 병원의 진료비 일부를 부담하기 시작했습니다).

어언 40년이 흘러 이제 창설자는 한국에 남아 있지 않지만 추억은 살아 있고 예수병원의 깃발도 펄럭이고 있습니다. 예수병원은 진료와 학술적 성과를 초월하여 긍휼의 집으로 우리에게 기억되고 있습니다.

영국의 작가 오스 기니스는 「사망의 진토」(The Dust of Death)에서 놀라운 분석력을 보여줍니다. 이 책에서 그는 예수님이 일생 동안 긍휼을 실천하시는 데 있어 세 가지 중요한 요소를 발견할 수 있다고 말합니다. 세 가지 요소란 진정한 이해, 분노, 동일시입니다.

첫째, 그는 "긍휼은 진정한 이해에서 출발한다"고 말합니다. 기니스에 따르면 긍휼은 '모든 사람이 자신에게 잘 해줄 것이라고 기대하는 순진한 태도'가 아니며 '인간의 모든 행동이 이기적이고 비열한 동기에서 비롯될 것이라는 냉소적 태도'도 아닙니다. 긍휼은 인간이 아닌 하나님께 신뢰를 둔 채 인간에게 열린 마음을 품는 것입니다.

그는 긍휼을 가리켜 우리가 두 개의 선으로 십자 형태를 마음속에 그린 뒤 두 선이 만나는 중심에 초점을 맞추고 바라보는 것과 같다고 설명합니다. 즉 인간이 하나님의 형상대로 지음 받았음을 가리키는 하나의 선과, 인간이 타락하여 비정상적인 환경에서 살고 있음을 가리키는 또 다른 선이 교차하는 것입니다. 이 두 개의 선이 한가운데서 교차하는 곳이 바로 긍휼의 구심점입니다.

긍휼은 결코 쉬운 덕목이 아닙니다. 그것은 단순히 자발적인 호의나 동정, 인간적인 애정에서 나오지 않습니다. 긍휼은 죄인과 버림받은 자와 고통 중에 있는 환자를 조건 없이 사랑하시는 그리스도에 대한 우리의 사랑에 뿌리를 내리는 덕목입니다. 하나님은 진실로 하나님이시며 그분의 사랑은 우리의 이해를 초월하기 때문입니다.

기니스는 긍휼의 두 번째 요소를 '분노'라고 꼽으며 다음과 같이 말했습니다. "그리스도인의 분노란 하나님의 관점에서 불의를 보고 그것에 반응하는 도덕적 분노다. 신약에 자주 나오는 긍휼이라는 단어는 헬라어로 '스플라그니조마이'(splaghnizomai)인데 이 말은 희생자를 동정하면서 본능적으로 느끼는 감정적 반응인 동시에 희생자를 그렇게 내몰았던 곤경 내지 비극적 상황에 대해 느끼는 분노의 반응이다."

긍휼에 해당하는 또 다른 헬라어는 '엠브리마오마이'(embrimaomai)로 요한복음 2장 33-38절에만 나옵니다. 예수님은 나사로가 일어날 것을 알았음에도 눈물을 흘리셨습니다. 단순히 슬픔이나 애통함을 느끼셨기 때문이 아니었습니다. 왜 그렇게 우셨을까요?

'엠브리마오마이'의 본래 의미는 '영적으로 분노를 뿜어내다'입니다. 예수님의 눈물은 격렬한 내적 분노였던 것입니다. 예수님은 하나님의 아들로서 아버지가 창조한 세계에 들어오셨지만 '질서, 아름다움, 조화, 성취'가 아니라 '혼란, 무질서, 발가벗은 추악함, 난잡함' 등 곳곳에서 하나님의 계획이 무산되는 것을 보셨습니다. 나사로의 죽음은 악과 고통, 슬픔, 고난, 불의, 잔인함, 절망을 총체적이고도 상징적으로 드러낸 것이었습니다. 물론 예수님은 슬퍼서 우셨지만 그에 못지않게 죽음이라는 가공할 변칙성을 통감했기 때문에 우셨습니다.

저도 악성종양과 맞서면서 이와 같은 분노를 느꼈기에 주님의 분노를 이해할 수 있습니다. 악성종양은 악의 의인화이며 사탄의 전형입니다. 그래서 저는 의료진에게 악성종양이라는 대적과 싸울 때는 생사를 걸 만큼 분노의 긴장감을 유지하라고 늘 말합니다.

오스 기니스에게 이 개념을 알려준 사람은 프란시스 쉐퍼였습니다. 쉐퍼는 하나님의 분노에 대해 설명했을 뿐 아니라 세상의 악한 세력에 대하여 하나님께서 분노하신다는 사실을 앎으로써 우리가 안도할 수 있다는 점을 분명히 이야기했습니다. 그러므로 우리가 세상에서 악에 대항하여 싸우는 것은 하나님의 뜻에 대항하여 싸우는 것이 아니며 오히려 주님과 연합하여 거룩한 싸움을 하는 것입니다. 분노는 긍휼의 일부이므로 용납될 뿐만 아니라 고통과 잔인함, 폭력, 불의가 있는 곳에서 반드시 필요한 것입니다.

오스 기니스가 마지막으로 언급한 긍휼의 요소는 '동일시'입니다. 라틴어 '컴패션'(compassion)과 헬라어 '심파토스'(sympathos)는 모두 '함께 느끼다' 혹은 '나란히 느끼다'라는 뜻입니다. 긍휼이란 상대방의 몸이 되거나 그와 동일한 상황에 처할 때 진정한 것일 수 있습니다.

기독교 신앙의 핵심은 '하나님이 인간이 되어 동행하셨다'는 것입니다. 하나님은 몸소 인간이 되어 인간의 모든 연약함을 아시고 인간의 감정과 유혹, 아픔을 낱낱이 경험하셨습니다. 기니스는 "동일시는 성육신의 핵심이다… 몸소 상처를 입은 신은 하나님밖에 없다. 예수님은 극한의 고독 속에서 '나의 하나님 나의 하나님 어찌하여 나를 버리셨나이까?'라고 외치며 어떤 인간도 다다를 수 없는 절망의 심연으로 내려가셨다"라고 말합니다.

어떻게 하면 적당히 흉내만 내는 차원이 아니라 진정으로 상대방의 입장이 될 수 있을까요? 이 문제는 동일시하려는 상대방이 나와 다른 문화권에 속해 있거나 다른 언어를 사용하거나 전혀 다른 사고방식을 갖고 있을 경우에 한층 어려워집니다. 그래서 이러한 선교사적 사명은 성공 사례가 드물고 방해를 많이 받습니다.

저는 전주 시내가 내려다보이는 언덕 위 막다른 골목길 끄트머리의 허름한 움막에 살던 어느 할머니의 눈에서 잠시나마 희망의 빛을 본 적이 있습니다. 때때로 한겨울에 빨래하는 아낙네의 두 손을 꽁꽁 얼어붙게 할 것 같은 한기를 느껴보기도 했습니다. 밥솥에서 모락모락 김이 피어나는 농가에서 잠시나마 양반다리를 하고 앉아보기도 하고, 시골길을 달리는 초만원 버스 안에서 승객들과 온갖 짐 꾸러미 틈에 끼어 균형을 잡으려고 애쓰며 한국인들과 연대감을 느끼기도 했습니다. 또 두개골로 파고드는 암 세포, 복막염의 통증, 신앙 없이 죽어가는 환자의 절망 섞인 얼굴 등에서 고통의 현장을 목도할 때면 바쁜 일정 중 단 몇 분만이라도 그 고통과 절망을 제 것으로 느껴본 경험이 있습니다.

한국에서는 고통과 절망에 허덕여 알아듣기 어려운 탄식을 내뱉는 것, 앓는 소리를 내는 것을 '신음'이라고 부릅니다. 예수님의 사람이라면 고통에 찬 세상 사람들의 울음소리를 자신의 것으로 듣고 여기고 느끼기 원해야 합니다. 예수님의 긍휼에는 진정한 이해, 악에 대한 거룩한 분노, 고난 받는 백성과의 동일시가 모두 존재했습니다.

그렇다면 이제는 자비(mercy, 인자)에 대해 알아보겠습니다. 성경적 관점에서 볼 때 자비는 긍휼과 일맥상통합니다. 긍휼과 마찬가지로 하나님의 진리와 밀접한 관계에 있고, 성경 전반에 걸쳐 '자비와 진리'가 유기적 관계를 맺고 있으며 하나님의 속성으로 제시됩니다. 하나님의 진리를 제거하면 하나님의 자비 자체도 무의미해지는 것이지요.

그렇다면 자비와 긍휼의 차이는 무엇일까요? 한마디로 자비는 긍휼을 초월하는 개념입니다. 긍휼이 하나님에 대한 진정한 이해에서 비롯된 것이라면 자비는 하나님의 선하심을 증명하는 것입니다. 시편 기자는 다음과 같이 기록했습니다.

그는 선하시며 그 인자하심이 영원함이로다(시 136:1).

둘째, 자비는 긍휼처럼 도덕적으로 악한 것에 대하여 매우 민감합니다. 자비는 잘못된 것, 하지 말아야 할 것에 대해 분개합니다. 우리는 악한 것에 분노하고 인자해지기를 원하지만 우리 자신이 악에 깊이 연루되어 있음을 알기에 타협해버릴 때가 많습니다. 우리는 예수님께서 다음과 같이 말씀하시는 음성을 듣습니다.

너희 중에 죄 없는 자가 먼저 돌로 치라(요 8:7).

셋째, 자비는 긍휼과 마찬가지로 온갖 문제와 고통으로 허덕이는 모든 사람들을 자신과 동일시합니다. 자비는 "보세요, 나도 당신과 같은 상처가 있어요"라고 말합니다. 그리고 한걸음 더 나아가 "이 상처는 당신을 위한 것입니다"라고 말합니다. 우리의 연약함을 체휼하신 대제사장은 단순히 우리가 측은해서가 아니라 그분이 몸소 죽음을 겪으셨던 까닭에 우리에게 은혜와 자비의 근원이 되어주시는 것입니다.

모든 점에서 자비는 긍휼을 초월하는 개념입니다. 진리라는 측면에서 말하자면, 자비는 주님에 관한 진리와 함께 시작됩니다. 도덕적 열정이라는 측면에서 말하자면, 자비의 궁극은 겸손과 맞닿아 있습니다. 동일시라는 측면에서 말하자면 자비는 대속적인 고통을 수반합니다. 즉 하나님께서 우리를 위해 죽으심으로 우리의 고통을 짊어지셨습니다. 이처럼 자비는 긍휼과 동일한 것 같지만 긍휼 위에 한 가지 요소가 더 추가되므로 긍휼을 초월합니다.

자비는 자비에만 속하는 네 번째 요소가 있습니다. 그것은 '공로 없는 용서'입니다. 자비는 언제나 분에 넘치는 것이며 값을 매길 수 없습니다. 긍휼은 고귀하고 인간적으로 베풀기 어려운, 그리스도를 닮은 속성입니다. 반면 자비는 하나님께 속한 것으로 인간적으로 불가능하며 그리스도 자신입니다. 왜 그렇습니까? 성경에 나타나는 자비는 항상 하나님의 거룩하심에 닻을 내리고 있으며 또한 하나님의 겸손에서 나오는 행위이기 때문입니다.

자비를 사랑한다는 것은, 소멸하는 불이지만 목동처럼 자기 품속에 양들을 모으고 돌보시는 우리 하나님의 존전에 경외심을 갖고 서는 것입니다. 이 만유의 창조주 하나님께서 아기로 태어나시고, 아이에서 어른으로 성장하시고, 조롱받으시고 사람들에게 거절당하시고 나를 위해 돌아가신 것입니다.

> 웬 말인가 날 위하여 주 돌아가셨나
> 이 벌레 같은 날 위해 큰 해 받으셨나
> (아이삭 와츠, 찬송가 '웬 말인가 날 위하여')

그러나 자비라는 속성을, 우리가 머리를 조아리며 경외심을 표해야 하는 하나님의 속성으로만 이해해서는 안 됩니다. 자비는 하나님께서 우리에게 요구하시는 덕목이기도 합니다.

> 여호와께서 네게 구하시는 것은 오직 정의를 행하며 인자를 사랑하며 겸손하게 네 하나님과 함께 행하는 것이 아니냐(미 6:8).

그러므로 우리는 변화산에서 내려와 절망의 골짜기로 들어가야 합니다. 거리와 시장, 사무실, 가정, 병원에서도 예배가 계속 되어야 한다는 것을 배워야 합니다. 이것이 바로 예수병원이 받은 소명입니다. 우리는 예수병원에서 하는 사업 결정과 임상지침, 교육적 우선순위, 우리의 일상적 삶에 영향을 미칠 수 있는 자비에 대한 사랑이 무엇인지, 하나님의 자비가 무엇인지 발견하기 위하여 긍휼을 초월해야 합니다.

병원은 분주한 곳입니다. 긴장 속에 살다보면 우리에게 있던 최상의 자원들이 소진될 수 있습니다. 그러나 자비를 사랑하라는 주님의 명령이 있습니다. 모든 장소, 모든 목적, 모든 개인에게서 하나님의 형상을 발견하고 넘치는 사랑으로 사람들을 대하라는 주님의 명령이 있습니다. 사랑하려면 시간이 걸립니다. 우리가 사는 시대는 워낙 분주해서 사랑을 완성하기가 불가능한 것처럼 보입니다.

시간을 들여 사랑하고 친절을 베풀고 섬세하게 섬기는 것은, 오늘날 옥합을 깨뜨리고 예수님 머리에 향유를 부어드린 여인의 행위처럼 낭비라는 비난을 받을 수 있습니다. 제자들은 그러한 낭비를 묵과하지 못했습니다. 그러나 주님은 이렇게 말씀하셨습니다.

> 그가 내게 좋은 일을 하였느니라(마 26:10).

앞서 걸인 환자를 목욕시키며 치료하는 것에 대해 우리 병원의 한 물리치료사가 '무엇이 낭비란 말인가'라고 자문했다는 얘기를 했습니다. 그 질문처럼 하나님의 시각에서 봅시다. 우리는 지금 하나님의 속성을 살펴보고 있으니까요. 지금껏 말한 주제는 이렇습니다. 하나님의 자비란 측량할 수 없는 은혜로, 말로 다 할 수 없는 인간의 죄를 용서하시는 하나님의 넘치는 사랑입니다. 이런 자비는 너무도 지고하기 때문에 그저 바라보고 외경심을 품을 수밖에 없겠지요. 그러나 하나님은 우리에게 자비를 사랑하라고 하십니다. 자비를 베풀라고 하십니다. 종교성보다 자비를 보이라고 하십니다.

> 긍휼히 여기는 자는 복이 있나니 그들이 긍휼히 여김을 받을 것임이요(마 5:7).

그러므로 우리는 우리의 자존심과 안락함을 기꺼이 희생하여 용서를 베풀어야 합니다. 그리고 어려운 일이겠지만 결과가 어떠하든 용서하기를 즐겨야 합니다. 다그 함마르셸드는 다음과 같은 말을 했습니다.

> 용서는 인과관계의 쇠사슬을 부순다. 사랑을 바탕으로 '용서하는 자'는 다른 사람들의 행위에 따르는 결과를 자신이 감당하기 때문이다. 따라서 용서에는 항상 희생이 따른다. 타인의 희생으로

자유를 얻게 되었다면, 자유에 대한 값으로 당신이 본래 지불했어야 할 대가는, 당신에게 돌아올 결과와 상관없이 당신도 동일한 방법으로 자원하여 다른 사람에게 자유를 주는 것이다.

자비에는 희생이 뒤따릅니다. 긍휼이 고난 받는 자를 향한 신성한 아픔과 사악한 것에 대한 분노를 느끼게 한다면, 자비는 아픔과 분노를 느끼는 데 그치지 않고 행동을 요구합니다. 무조건적인 용서와 사랑, 대가를 바라지 않는 섬김의 행동을 말입니다. 자비를 사랑한다는 것은 자신이 받은 은혜를 감사하게 여겨 다른 사람에게도 동일한 은혜의 도구가 되어야겠다는 의무감을 갖는 것입니다. 그렇다면 자비는 교회와 선교단체, 예수병원 그리고 우리의 삶과 무슨 관계가 있을까요? 우리는 복음을 효과적으로 선포하기 위해 복음의 핵심인 사랑을 고아와 걸인, 피난민, 빈민 모두에게 들려주어야 합니다. 우리 가운데 누가 그리스도의 십자가를 높이 들겠습니까? 누가 긍휼을 넘어 자비를 베풀기 위해 나아가겠습니까?

사람아 주께서 선한 것이 무엇임을 네게 보이셨나니 여호와께서 네게 구하시는 것은 오직 정의를 행하며 인자를 사랑하며 겸손하게 네 하나님과 함께 행하는 것이 아니냐(미 6:8).

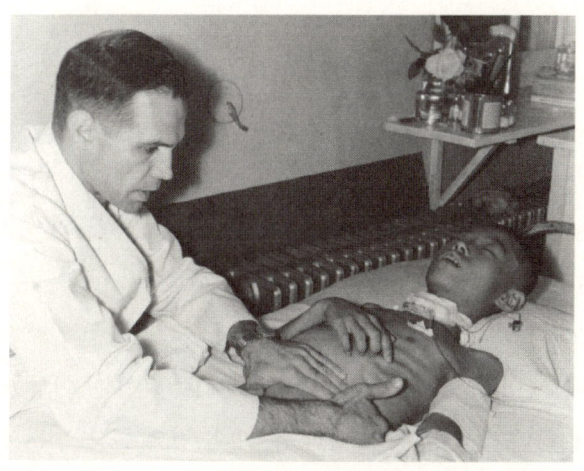

"자비를 사랑한다는 것은 자신이 받은 은혜에 감사해 다른 이들에게도 동일한 은혜의 도구가 되기 위해 나서는 것입니다!"(방사선 치료 환자를 진료하고 있는 설 선교사)

다·섯

보이지
않는 것을
보는 믿음

믿음은 바라는 것들의 실상이요 보이지 않는 것들의 증거니(히 11:1).

아내 매리와 함께 살아오면서 실제로 겪어본 이상한 경험 가운데 하나는, 하얀색 바탕에 두 개의 검은 줄을 두른 한국식 운구차를 타고 미8군 영안실을 출발하여 김포공항 화물청사까지 서울 시내를 통과해서 간 일이었습니다. 한국의 장례문화에 특별한 장식을 하고 의례를 갖추어야 한다는 게 있다면 우리는 무례한 실수를 범한 셈입니다. 부끄러운 일을 몰래 처리하는 사람처럼 낡은 차를 타고 뒷골목으로 빠져나갔으니까요.

그날 우리 부부가 차 안에서 함께 나눴던 생각을 시작으로 얘기를 나눠보겠습니다. 우리는 장모님(매리의 어머니)의 관을 미국으로 보내어 장인어른인 알렉스 배첼러의 옆자리에 안장하기 위해 시신을 위탁하러 가는 중이었습니다. 우리는 실재(實在)에 관해, 즉 대부분의 존재가 비본질적인 일부분만 강조한다는 주제로 대화를 나누었습니다. 그러면서 장모님이 인간의 육신이라는 물리적 실재 너머의 더 큰 영역에 들어가보고는 우리가 초자연적 진리와 존재의 영역에 관해 거의 무신경하게 살아가고 있다는 사실에 놀라실 것이라고 생각해봤습니다.

장모님인 진 분 배첼러가 우리와 함께 지내기 위해 한국에 온 것은 1976년이었습니다. 장인어른이 돌아가시고 당시 홀로 지내던 장모님은 매리에게 가장 가깝고도 유일한 혈육이었습니다. 장모님은 우리에게 미국으로 돌아와 자신을 돌보라고 요청하는 대신, 말이 잘 통하지 않고 친구들과도 멀리 떨어져 살아야 하는 불편을 감수한 채 말년을 한국에서 우리와 함께 지내기로 결정했습니다. 장모님은 우리 가정에 노래와 기쁨을 선사했으며, 예수님을 사랑하는 마음과 신실한 믿음에서 우러나오는 간증도 들려주었습니다.

우리는 하나님의 창조와 초자연적 우주를 믿는다고 말합니다. 우리는 자연의 인과적 순환고리를 초월해 계신 하나님의 실체적 존재를 믿는다고 말합니다. 우리는 죄에서 인간을 구원하기 위해 인간의 역사에 개입하시는 하나님의 섭리를 믿습니다. 우리는 하나님께서 그리스도 안에서 우리에게 약속하신 바, 육체적 실재를 초월하여 생명을 얻게 될 것과 하나님의 임재 안에서 영원한 영광을 누릴 것을 믿습니다.

그런데 우리는 매주, 매일, 매시간 이 초자연적인 진리 안에서 살아가고 있습니까? 우리가 숙고해보아야 할 몇 가지 질문이 여기 있습니다.

- 궁극적 실재의 본질은 무엇인가?
- 자연적인 것이 초자연적인 것보다 더 실재적인가, 덜 실재적인가?
- 자연과 초자연의 차이점은 무엇인가?
- 초자연적인 것은 시공간을 초월하는가?
- 초자연적인 것은 가능성이 희박한가? 그것은 무형적인가?
- 인격은 자연적 우주에 속하는가?
- 그렇지 않으면 둘 다에 속하는가?
- 그리스도인의 삶에서 자연적인 영역과 초자연적인 영역을 연결하는 것은 무엇인가?
- 그리스도인으로 죽은 자들은 어디에 존재하는가?
- 우리는 그들과 어떻게 접촉할 수 있는가?
- 영적 전투는 실제로 어디에서 일어나는가?
- 그것을 누가 보고 있는가?

- 영적 전투에 참여하는 방법은 무엇인가?
- 우리는 영적 전투를 위한 능력을 어떻게 받는가?

자연적 실재와 초자연적 실재

성경에는 두 개의 실재, 곧 두 영역의 진리와 실체가 존재한다는 사실을 뒷받침해주는 수백, 수천 개의 구절이 있습니다. 이는 유대-기독교적 사고방식의 핵심적 개념입니다. 이와 동일한 개념이 제한적이나마 헬라 철학(예를 들면 플라톤의 이데아 사상)과 다수의 원시종교에도 나타납니다. 하지만 오늘날 서구문화의 대부분은 자연론적이며 결정론적입니다.

자연론이란 자연의 세계가 실재의 전부라는 믿음입니다. 결정론이란 개인이 행동을 선택할 자유가 없으며 모든 결과는 개인의 의지와 관계없는 일련의 원인들에 의해 결정된다는 학설입니다. 만일 자연적 세계가 전부라면, 우리가 살아가는 우주 내의 가시적 원인과 결과들은 폐쇄계(閉鎖系) 내에서 일어나는 일련의 사건들 가운데 일부분임이 분명합니다.

이와는 다르게, 성경은 자연적 세계가 실재의 전부가 아니며 가시적 환경의 일관된 원인과 결과 외에도 진리와 실체가 있다고 말합니다. 다시 말해 원인과 결과의 통일성에도 불구하고 하나님은 자연 영역 밖에 계시고 하나님의 형상대로 지음을 받은 인간은 하나님과 소통할 수 있으며 만유의 초자연적인 차원에 참여할 수 있는 개방계(開放系)가 존재한다는 입장입니다.

바울은 이 두 실재 또는 영역을 고린도후서 4장과 5장에서 매우 예리하게 비교하고 있습니다. 하나는 가시적이고 다른 하나는 비가시적입니다. 하나는 현세적, 일시적이고 다른 하나는 영원합니다. 하나는 고통과 근심이 있는 물리적 존재를 말하고 다른 하나는 하나님께서 지으신 '생명 구조선', 즉 하나님의 아들을 인정하고 그의 영광에 참여하며 기뻐할 피조물을 위해 손으로 짓지 아니한 집과 관련이 있습니다.

신약에는 초자연적 실재를 묘사하는 에피소드가 많지만 그 중에서 가장 인상적인 것은 모든 공관복음에 나오는 변화산 기록입니다. 혹자는 그리스도의 부활을 꼽을지 모르겠습니다. 부활은 복음의 중심이 되는 사건이니까요. 혹자는 다메섹 도상의 바울 회심을 말할 것입니다. 초대교회의 성장에 매우 중요한 역할을 했기 때문이겠지요. 그러나 그리스도의 변용 사건이 보다 중요한 이유는 그 사건이 삶의 일상적인 경험들 사이에서 시공간적으로 일어난 막간극이기 때문입니다.

여기서 저는 자연적 세계와 초자연적 세계가 근접한 연속선상에서 상관관계를 형성하고 있음을 강조하고 싶습니다.

베드로, 야고보와 요한은 산꼭대기까지 함께 올라가자는 분부를 받았습니다. 예수님께서 기도를 드리시는 동안 자연적 세계와 영적 세계의 경계선이 용해되고 그 결과 제자들은 영광 중에 계신 주님을 보게 되었습니다. 그들은 문득 예수님 곁에 선 모세와 엘리야를 순간적으로 볼 수 있었습니다. 비가시적인 것이 가시적인 것으로 변한 것입니다. 이미 천 년 전에 죽은 세 사람이 예수님과 함께 서 있었습니다. 그것도 영광 중에 예수님과 대화를 나누면서 말입니다.

그들은 예수님이 예루살렘에서 완성하실 죽음과 부활, 승천, 즉 십자가를 논의하고 있었습니다. 사실 십자가보다 중요한 대화 주제가 어디 있겠습니까? 그들의 구원도 십자가에 의해서 완성될 테니 말입니다. 얼마 뒤 구름이 그들을 덮었고 소리가 들려왔습니다.

> 이는 나의 아들 곧 택함을 받은 자니 너희는 그의 말을 들으라(눅 9:35).

이를 경험한 제자들은 예수님과 함께 돌아왔습니다. 아마도 심히 놀란 모습이었을 것입니다. 자신들이 무엇을 경험했는지조차 분간하지 못할 만큼 두려움과 경외심에 압도되어 온몸이 땀으로 흠뻑 젖었을 것입니다. 베드로, 야고보, 요한은 이 사건을 직접 목도한 사람들이었습니다. 그것은 개인적으로 본 환상이 아니었습니다. 세 사람에게 시계라도 있었다면 그것이 물리적 시공간에서 일어난 사건임을 알았을 것입니다.

보이지 않는 세계가 항상 존재하고 있었다는 증거를 구약에서도 찾아보겠습니다. 천사와 씨름했던 야곱, 요단강 건너편에서 여호와의 군대장관을 만났던 여호수아, 불말과 불병거를 보았던 엘리사의 사환 등입니다. 엘리사가 무슨 말을 했는지 기억납니까?

> 우리와 함께한 자가 그들과 함께한 자보다 많으니라(왕하 6:16).

엘리사가 기도하자 사환의 눈이 열렸습니다. 그가 보니 산을 가득 메운 불말과 불병거가 엘리사를 두르고 있었습니다.

풀무불에 던져진 사드락, 메삭, 아벳느고 그리고 그들과 함께했던 '제4의 존재'가 생각나지는 않습니까? 또한 마리아에게 말을 건넸던 가브리엘 천사, 머리에서 발끝까지 베로 동인 채 무덤에서 나온 나사로도 떠오를 것입니다. 떡 다섯 덩어리와 물고기 두 마리로 5천 명이 먹고도 열두 광주리가 남은 일, 바울의 눈을 멀게 한 빛줄기도 생각날 것입니다.

이와 같이 자연적 영역과 초자연적 영역의 경계가 허물어지는 사건을 경험한 적이 있습니까?

성경에 기록된 말씀을 통하여 우리는 두 영역을 가시적-비가시적, 일시적-영구적, 고난-영광으로 대비할 뿐 아니라 두 영역 간의 연관성을 배울 수 있습니다. 초자연적 세계는 물리적 차원의 제약을 받지 않지만 반드시 시간과 공간 밖에 있어야 할 필요는 없습니다. 더 중요한 사실은 인간성이 명백하게 보존된다는 점입니다. 모세와 엘리야는 그리스도의 재림 후에나 받게 될 부활의 몸을 갖지 않았음에도 서로 알아보며 의사소통을 했습니다.

가장 중요한 사실은 자연적인 실체와 초자연적 실체 모두가, 존재를 통일시키는 위대한 실체인 만유의 창조주에게 종속된다는 점입니다. 따라서 그리스도인은 헬라인들처럼 특수성과 보편성을 구분하기 위한 법칙을 고안할 필요가 없고, 서구 철학자들처럼 자연과 은혜의 관계를 규정하려 애쓸 필요가 없습니다. 하나님은 온 우주만물을 창조하셨고 예수 그리스도를 기꺼이 우주의 중심으로 삼으셨습니다. 그러므로 예수 그리스도는 십자가의 보혈로 화평을 이뤄내시며 세상(자연적 우주)에서건 천국(초자연적 우주)에서건 만물의 으뜸이 되셨습니다.

비가시적 세계의 마지막 특성은 근접성에 있습니다. 보이지 않는 세계는 먼 곳에 있을 것이라고 생각하기 쉽습니다. 제자들이 체험한 변화산 사건을 우리는 브리가둔(100년에 한 번 나타난다는 스코틀랜드의 환상 속 마을-옮긴이)이나 이상한 나라의 앨리스처럼 별나고 신기한 경험쯤으로 잘못 생각할 수도 있을 것입니다. 하지만 그렇지 않습니다. 변화산 체험은 우리 입술의 기도처럼 가까이 있으며, 우리의 호흡처럼 친숙한 것입니다.

> 하늘에 있는 것이 아니니 네가 이르기를 누가 우리를 위하여 하늘에 올라가 그의 명령을 우리에게로 가지고 와서 우리에게 들려 행하게 하랴 할 것이 아니요… 누가 우리를 위하여 바다를 건너가서 그의 명령을 우리에게로 가지고 와서… 오직 그 말씀이 네게 매우 가까워서 네 입에 있으며 네 마음에 있은즉…(신 30:12-14).

초자연적인 실체를 해부한다는 것은 물론 용어 자체에 모순이 있습니다. 그럼에도 불구하고 초자연적인 영역에 속하는 것이 무엇인지, 그리고 초자연적 영역과 자연적 영역의 상관관계가 어떠한지 곰곰이 생각해보고자 합니다. 초자연적 영역에 속하는 것으로 우선 사랑을 꼽을 수 있습니다. 물론 사랑을 나타내고 전달하는 수단은 자연적 성격을 띠지만 사랑은 본질적으로 초자연적입니다. 사랑에서 초자연적인 요소를 제하면 그것은 인내 아니면 정욕으로 전락하고 맙니다.

둘째, 아름다움은 자연적인 이 세상 어디에나 있습니다. 그러나 아름다움을 감지하고 이해하고 감상할 수 있는 능력은 초자연적 영역에 속합니다. 우리가 아름다움에 반응할 수 있는 것은 하나님께서 우리에게 그분의 형상을 주셨기 때문입니다. 아름다움을 창조하는 것과 아름다움을 사랑하는 것은 동일선상에 있습니다. 이 두 가지는 모든 사람의 내면에 존재하는 '경건한 불꽃'의 증거입니다.

셋째, '진리에 대한 갈망'이 우리 안에 존재한다는 것은 우리가 의미와 영원성을 추구한다는 사실, 그리고 자연 저편의 세계가 분명히 존재한다는 사실을 증명해줍니다.

마지막으로 우리에게서 볼 수 있는 초자연적 요소는 소통입니다. 주고받고 나눌 수 있는 능력은 삼위일체 하나님의 속성을 반영합니다.

이처럼 우리 안에서 발견되는 초자연적 요소들은 원자와 분자, 세포, 유기물, 대류, 행성 태양계 또는 은하계 등의 자연 세계와 전적으로 다른 실체를 바탕으로 하여 진리를 희미하게 드러내주는 인간적 표현입니다. 사랑과 아름다움, 아름다움을 창조하고 감상할 수 있는 능력, 진리에 대한 갈망, 소통 등의 초자연적 요소는 어떤 단위로도 측정할 수 없습니다.

하나님은 인간 안에 인간이 육체 이상이라는 증거를 심어놓으셨습니다. 어거스틴은 이렇게 고백했습니다. "오, 하나님! 당신은 당신을 위해 우리를 만드셨습니다. 우리의 마음은 당신 안에서 쉼을 얻을 때까지 늘 방황합니다."

보이지 않는 믿음으로 걷기

지금까지 실재의 두 영역 사이의 연속성과 상관관계에 대하여 논해보았습니다. 그렇다면 이제 믿음에 대해 알아보겠습니다. 믿음이란 초자연적 실재를 받아들이고 이행하는 것입니다.

> 믿음은 바라는 것들의 실상이요 보이지 않는 것들의 증거니(히 11:1).

신약성경의 헬라어 사본에는 "믿음은 바라는 것들의 실상이요 보이지 않는 것들의 증거물"이라고 나와 있습니다. 여기서 '바라는 것'이란 하나님과 그분의 말씀에 근거하여 우리의 믿음이 목표로 삼는 바라고 말할 수 있습니다. 즉 우리가 '바라는 것'에 내용과 실재를 부여하시는 분은 하나님입니다.

> 이는 우리가 믿음으로 행하고 보는 것으로 행하지 아니함이로라(고후 5:7).

간단히 말해서 이것이 그리스도인의 삶입니다. 이것은 맹목적인 소망을 붙잡은 채 비틀거리며 따라가는 것과 완전히 다릅니다. 초자연적인 기준을 지침으로 삼고 날마다 그 지침에 따라 행동하는 것입니다. 이것은 단순히 믿음으로 의롭게 되는 것을 말하지 않습니다. (의인은) "믿음으로 말미암아" 살아가는 것입니다.

이 믿음에는 내용이 있습니다. 여기서 저는 친구 프란시스 쉐퍼의 도움을 받아 우리의 영적, 실제적 삶에서 죽음을 지나 부활로 들어가기 위해 우리가 인정하고 적용해야 할 여섯 가지 명제를 인용하겠습니다.

첫째, 그리스도는 역사 속에서 돌아가셨습니다. 여기에는 상징적 의미가 전혀 없습니다. 예수 그리스도는 특정한 시간과 장소에서 거친 목재 기둥에 매달려 피를 흘리며 육체적 죽음을 맞았습니다.

둘째, 그리스도는 역사 속에서 부활하셨습니다. 그리고 오늘날에는 영광 중에 살아 계십니다.

셋째, 우리는 그분을 구세주로 영접하면서 그분처럼 죽었습니다. 시간을 기억하는지의 여부와 상관없이 우리가 죄에 대한 하나님의 자비로운 해결책을 받아들임으로써 그리스도를 영접했다는 것은, 하나님의 눈으로 볼 때 우리도 그리스도와 함께 죽었다는 의미입니다. "그리스도 예수와 합하여 세례를 받은 우리는 그의 죽으심과 합하여 세례를 받은 줄을 알지 못하느냐"(롬 6:3).

넷째, 그리스도가 부활하신 것처럼 우리도 일어날 것입니다. 이것은 미래에 일어날 일입니다. "만일 우리가 그리스도와 함께 죽었으면 또한 그와 함께 살 줄을 믿노니"(롬 6:8).

다섯째, 현재의 삶 속에서 우리는 죽은 자처럼 믿음으로 행합니다. "이와 같이 너희도 너희 자신을 죄에 대하여는 죽은 자요"(롬 6:11).

여섯째, 우리는 지금 이곳의 역사에서 이미 죽었다가 살리심을 받은 자처럼 믿음으로 살아갑니다. "그러므로 우리가 그의 죽으심과 합하여 세례를 받음으로 그와 함께 장사되었나니 이는 아버지의 영광으로 말미암아 그리스도를 죽은 자 가운데서 살리심과 같이 우리로 또한 새 생명 가운데서 행하게 하려 함이라"(롬 6:4). 쉐퍼는 우리가 실제의 삶에서도 이미 죽었다가 부활한 사람처럼 살아야 한다고 말합니다!

누군가가 죽어서 천국에 갔다가 우리 앞에 다시 살아서 나타난다면 얼마나 놀라운 일이겠습니까? 우리가 바로 그런 사람들입니다. 우리는 영광 중에 계신 그리스도를 보았습니다. 하나님이 보시기에 우리는 죄에 대하여 죽었다가, 온 세상을 다니며 예수 그리스도의 부활을 전하기 위한 목적으로 다시 살리심을 받았습니다. 우리는 그리스도의 충성된 증인으로 살아야 합니다.

저는 성경에 나온 '증인'이라는 표현이 헬라어로 '순교자'

라는 의미인 것을 최근에야 알았습니다. 순교자는 믿음을 지키기 위해 물리적(육체적)으로만 죽는 사람이 아닙니다. 순교자는 영으로 죽고 영으로 다시 살리심을 받아 주님을 증거하는 사람입니다. 보이는 것을 따르지 않고 믿음으로 행한다는 것은 하나님의 관점을 내 관점으로 만들고 그분의 목적을 내 목적으로 삼고 그분의 말씀을 내 말과 행동의 지침으로 삼는 순교자가 된다는 의미입니다.

천국에서의 싸움

마지막으로 실재의 두 영역은 선과 악, 이 세상의 권세 잡은 자들과 주님의 군대 사이의 싸움이라는 관점에서 이야기할 수 있습니다. 싸움에 관한 논의를 시작하기 전에 우선 오해가 있을지도 모를 부분을 바로잡아야겠습니다.

지금까지는 초자연적인 영역의 특성을 말할 때 하나님의 존재와 그분의 속성으로부터 나오는 진리와 그분이 창조주라는 진리의 관점에서만 기술했습니다. 하지만 초자연적인 것에도 어두운 면이 있습니다. 이를테면 괴물과 용, 악마가 출몰하는 중세의 장면을 배경으로 사악한 영들이 존재하는 지하 세계보다 훨씬 더 어두운 면입니다. 우리가 얘기하는 평안이라는 것도 대부분은 테러(캄보디아), 증오(아프리카), 세뇌(중국), 오도된 헌신(이슬람), 인간적인 교만(서구 세계) 등으로 인류를 지배하고 있는 사탄과 관련이 있습니다.

> 우리의 씨름은 혈과 육을 상대하는 것이 아니요 통치자들과 권세들과 이 어둠의 세상 주관자들과 하늘에 있는 영들을 상대함이라 (엡 6:12).

위의 '하늘'은 원전의 헬라어에는 '하늘의 장소'(heavenlies) 라고 나오는데, 이는 인간을 노예로 가둔 영들이 머물러 사는 곳이 천체라는 당시의 관념에서 파생된 단어라고 생각됩니다. 오늘날에는 매일 수천 명의 사람들이 의사 결정을 위해 별점을 치는 천궁도(天宮圖)에서 그 흔적을 찾을 수 있습니다.

귀신들린 자들의 다양한 형상을 모두 예시하지 않는다 하더라도, 닉슨의 비극과 클린턴 시대는 악의 세력이 지성인들의 사고 속으로 파고들 수 있는 가능성을 예시해주는 사례입니다. 홍위병 중심으로 전개된 문화대혁명의 예를 보면, 악의 세력이 문명국가를 어느 정도까지 무너뜨릴 수 있는지 볼 수 있습니다. 크메르 루주(1970년대 후반 캄보디아를 통치한 급진적인 공산주의 운동단체-옮긴이)의 경우도 악의 세력이 권력을 획득한 후 대학살을 자행할 수 있는 가능성을 여지없이 보여줍니다.

그래도 이것들은 공공연하고 알아차릴 수 있는 악행입니다. 보다 위험한 악행은 지각할 수 없을 정도로 미묘하게 벌어지는데, 대개 자유주의와 민주주의 혹은 전통문화라는 거짓된 대의명분을 내걸고 그리스도인의 가슴 속에서 그리스도를 향한 사랑을 천천히 냉각시킵니다.

성경은 우리의 주된 싸움이 초자연적 세계에서 벌어지는 영적 싸움임을 명백하게 가르쳐줍니다. 현장에 뛰어들어 직접 대결해야 하는, 심각한 영적 싸움은 초자연적 영역에서 벌어집니다. 어찌 보면 기술이나 경제, 과학 등의 문제를 놓고 다투는 것은 일종의 '게임'이라고 해도 무방할 만큼 단순합니다.

하지만 제 생각에 암과의 싸움은 마귀와 마귀의 역사에 맞서 싸우는 전투로 여겨집니다. 그럼에도 저는 암 덩어리를 제거하는 데 긴 시간을 들이면서 환자의 영혼을 놓고는 채 5분도 싸우지 않습니다. 그런 걸 보면 제가 전투를 벌이는 게 아니라 전투를 흉내만 내고 있지 않은가 하는 생각이 듭니다.

신약성경은 우리가 벌이는 싸움과 관련된 적절한 스냅사진을 여러 장 보여주고 있는데 그중에서 두 장만 살펴보겠습니다. 한 장은 히브리서 12장 1-2절에 나오는 대경기장에서 찍은 사진이고, 다른 하나는 고린도전서 4장 9절에 나오는 원형경기장에서 찍은 사진입니다.

첫 번째 사진을 보면 구름 같이 허다한 증인들이 대경기장을 가득 메우고 있습니다. 이들은 몸소 모범을 보여주며 우리의 기운을 북돋워주고 우리가 뛰는 경주를 응원하는 사람들입니다. 이미 경주를 마치고 상급을 받은 선수, 아니 선수 이상의 사람들이지요. 사역을 충성스럽게 완수하여 생명의 면류관을 받은 순교자들입니다.

제 부모님인 에드워드와 미리암 실은 라틴아메리카에서 엄청난 군중들과 함께 있습니다. 매리의 부모님인 알렉스와 진 배첼러는 흑인사회의 선교사 선봉대를 이끌고 있습니다. 나의 동역자인 박영훈 장로와 프랭크 켈러, 서요한 의사가 거기에 있습니다. 성인들의 명단에는 존 R. 모트, 윌리엄 캐리, 성 프란시스뿐만 아니라 우리가 알고 있는 무수히 많은 사람들의 이름이 꽉 차고도 넘치게 적혀 있습니다.

이곳에서 우리는 하나님의 부름을 받고 신비스런 방식으로 연합하여 그리스도의 교회로 하나가 됩니다. 하나님은 그리스도와 더불어 영광 중에서 우리의 경주를 지켜보고 계십니다. 추측해보건데 그들의 환호가 방정식 상에 어떤 역학적인 차이를 만들어주고 있는 것 같기도 합니다.

두 번째 스냅사진은 어떤 면에서 좀 더 생생합니다. 우리는 검투사가 되어 원형경기장에서 야수와 싸우고 있군요.

> 내가 생각하건대 하나님이 사도인 우리를 죽이기로 작정된 자 같

장모 진 배첼러 여사와 설대위 선교사의 어린 두 자녀

이 끄트머리에 두셨으매 우리는 세계 곧 천사와 사람에게 구경거리가 되었노라(고전 4:9).

구경거리는 헬라어로 '테아트론'(Theatron)입니다. 우리는 온 우주의 관중이 지켜보는 경기장 한가운데 서 있습니다. 우리 중에 누가 합당한 싸움을 싸울 수 있겠습니까?

그러나 이것은 우리 자신의 힘으로 싸우는 싸움이 아닙니다. 많은 천사와 사람들이 지켜보는 가운데 경기장으로 걸어 나갈 때 우리는 성령님의 중보를 통해 그리스도의 소유가 됩니다. 자연적 영역과 초자연적 영역 사이의 경계가 사라집니다. 맞서 싸워야 할 대상이 교만이든 편견이든, 사나운 짐승이든, 첨단기술과 물질주의든, 정치세력 또는 야망이든 관계없이 우리는 믿음을 지키며 경주를 완주하기 위해 계속 달려야 합니다.

매리의 어머니가 돌아가시는 마지막 순간까지 우리에게 요한복음 14장 1-6절을 암송하여 들려주신 것처럼 말입니다. 허혈성 심부전으로 인한 흉부 통증으로 매우 괴로워했고 집중적인 응급처치에도 아무런 반응을 보이지 않았던 최후의 날에 매리의 어머니는 중환자실로 옮겨졌습니다. 아무리 애를 써도 소용이 없었지만 우리 두 사람과 사랑하는 친구들과 예수병원에 있는 믿음의 성도들이 서로 손을 잡고 주위에 둘러서서 사랑으로 지켜보는 가운데 우리는 그녀의 마지막 유언을 들었습니다.

친구이자 사랑하는 어머니였던 그분의 고통과 괴로움이 서서히 사그라져 마지막 숨을 거둘 때 우리에게 주신 마지막 말씀은 예수님의 십자가를 통한 구원의 확신을 증언하는 말로 우리 모두에게 주신 하나님의 선물이었습니다.

너희는 마음에 근심하지 말라 하나님을 믿으니 또 나를 믿으라 내 아버지 집에 거할 곳이 많도다 그렇지 않으면 너희에게 일렀으리라 내가 너희를 위하여 거처를 예비하러 가노니 가서 너희를 위하여 거처를 예비하면 내가 다시 와서 너희를 내게로 영접하여

나 있는 곳에 너희도 있게 하리라 내가 어디로 가는지 그 길을 너희가 아느리라

도마가 이르되 주여 주께서 어디로 가시는지 우리가 알지 못하거늘 그 길을 어찌 알겠사옵니이까 예수께서 이르시되 내가 곧 길이요 진리요 생명이니 나로 말미암지 않고는 아버지께로 올 자가 없느니라(요 14:1-6).

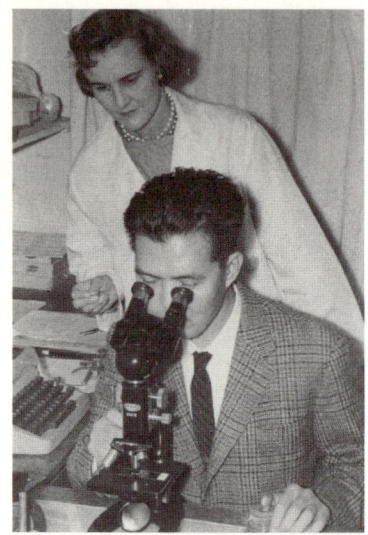

해부병리과 직원을
수련 중인 설매리 여사

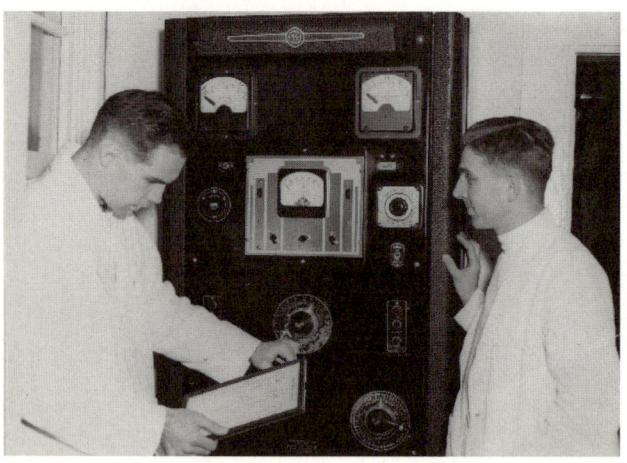

구바울 선교사와 함께 우리나라 최초의 방사선 치료기 앞에서

여 · 섯

그리스도의
부활에
동참함

"나사로가 죽었느니라"(요 11:14).

예수님께서 나사로를 일으키신 사건은 성경에서 가장 흥미로운 장면 중 하나입니다. 예루살렘에서 유대인들에게 하마터면 돌로 해를 당할 뻔했던 예수님은 요단강을 건너 피신하시던 길에 나사로가 병으로 위중하다는 전갈을 받았습니다. 하지만 이상하게도 예수님은 베다니에 사는 나사로 가족에게 곧바로 가지 않고, 그곳에서 이틀을 더 머무셨습니다. 제 생각에 예수님은 전갈을 받기 전에 이미 나사로가 죽었다는 사실을 알고 계셨던 것 같습니다. 베다니에서 요단강 동쪽까지 거리가 상당했기 때문이지요. 마르다와 마리아가 예수님께 아뢰었습니다.

주께서 여기 계셨더라면 내 오라버니가 죽지 아니하였겠나이다 (요 11:21).

예수님께서 대답하십니다.

네 오라비가 다시 살아나리라… 나는 부활이요 생명이니… 무릇 살아서 나를 믿는 자는 영원히 죽지 아니하리니(요 11:23, 25-26).

예수님은 "내가 부활을 일으키리라"고 말씀하지 않으셨습니다. "부활을 네게 주리라"고도 하지 않으셨습니다. 예수님은 "나는 부활이요 생명이니"(요 11:25)라고 말씀하셨습니다.

이는 사도 요한이 요한복음 전반에 걸쳐 강조한 주제입니다. "그 안에 생명이 있었으니 이 생명은 사람들의 빛이라"(요 1:4). "아들도 자기가 원하는 자들을 살리느니라"(요 5:21). "내 아버지의 뜻은 아들을 보고 믿는 자마다 영생을 얻는 이것이니 마지막 날에 내가 이를 다시 살리리라 하시니라"(요 6:40).

생명은 믿음에 대한 보상이 아니라 무조건적으로 주어진 은혜보다 더한 것입니다. 생명은 그리스도 자신이며 부활은 예수님의 생명에 동참하는 것입니다.

무릇 살아서 나를 믿는 자는 영원히 죽지 아니하리니 이것을 네가 믿느냐(요 11:26).

생명은 믿음에 달려 있습니다. 믿음이란 우리 마음속으로 그리스도를 모셔 들이는 것입니다. 생명은 인간의 활동이나 노력에 달려 있지 않으며 철학과 과학, 기술, 인공지능이나 우주탐험, 다르마(불교, 힌두교의 법), 환생이나 열반, 예술적 성취, 세속적 명예, 인간적 업적, 명성, 자아실현에 달려 있지도 않습니다.

무한한 영원은 믿음이라는 외줄에 매달려 있습니다. 예수 그리스도가 생명이라는 믿음에 달려 있다는 말입니다. 요한복음 11장의 말씀은 부활의 복음에만 국한된 이야기가 아닙니다. 그것은 믿음에 의한 부활을 넘어 슬픔, 연민이 가득한 장면으로 이어집니다. 또한 믿음으로 말미암은 부활을 넘어 눈물과 사랑, 하나님의 성품을 드러내는 능력으로 가득한 장면으로 이어집니다. 그것은 자신의 마음을 고스란히 드러내시는 하나님의 모습을 보여주고, 영광의 빛줄기를 흘끔 볼 수 있게 해줍니다. 요한복음 11장은 분노와 뒤섞인 긍휼의 이야기입니다.

분노와 뒤섞인 긍휼

나사로의 무덤 앞에 선 예수님의 감정을 주목해봅시다. "예수께서 눈물을 흘리시더라"(35절)는 헬라어로 '에다크루센'(edakrusen)입니다. 예수님은 또한 예루살렘을 바라보면서도 우셨습니다. 그분은 슬픔의 사람이었으며 비통함을 잘 아시는 분이었습니다. 그런데 나사로의 무덤 앞에 서신 예수님의 마음을 격동시킨 것은 사랑하는 친구를 향한 비통함만이 아니었습니다. 거기에는 전 우주적인 '영적 흐느낌'이 있었습니다. 33절과 38절에 나오는 단어는 (신약성경 헬라어 역본에 단 두 번만 나오는) '엠브리마오마이'로 '말이 화가 나서 콧김을 내뿜는 소리'라는 뜻입니다.

비록 나사로의 죽음에 대한 비통함과 마르다, 마리아를 향한 애틋한 슬픔이 있었다 할지라도 예수님의 긍휼은 분노에서 발동했습니다. 엠브리마오마이는 비탄과 긍휼의 슬픔, 그 이상의 것을 암시합니다.

프란시스 쉐퍼가 수년 전 이것을 주제로 말씀을 전하는 것을 들은 적이 있습니다. 그의 해석에 의하면 예수님께서 인간 타락의 결과물에 대하여 거룩한 분노를 느끼셨는데 그 타락의 결과 중 하나가 나사로의 죽음이었습니다. 온 우주만물을 손수 완전하게 지으신 하나님의 독생자인 예수님은 이 행성을 방문하여 악과 고난, 부패, 왜곡, 게다가 하나님의 창조 목적에 대한 반란까지 목격하셨습니다. 사랑하는 친구 나사로의 죽음은 인간의 타락과 이 세상에 임하는 저주의 전형이었습니다.

예수님은 회한과 슬픔 그 이상의 것, 즉 분노를 경험하셨습니다. 아름답기 그지없던 우주가 이제 타락하고 부패하여 하나님 아버지의 창조 목적을 좌절시켰기 때문입니다. 엠브리마오마이는 사탄과 악의 세력에 대한 인간의 굴복으로 인해 예수님의 마음이 격동된다는 뜻입니다. 인류 타락의 교리가 아니라면 나사로의 무덤 앞에 서신 예수님의 감정을 설명할 수 없을 것입니다. 아름답게 만들려고 했던 것들이 이제 악과 죄와 죽음으로 훼손되었기에 예수님은 분노가 뒤섞인 연민을 느끼셨던 것입니다.

우리도 때때로 분노의 감정을 억누르지 못할 때가 있습니다. 의사로서 전염병이나 암, 통증, 기형 등 온갖 범주의 절망적 질환을 다루다보면, 그것들이 생활양식이나 습관, 성격 등 인간의 잘못으로 생긴 것들도 있습니다만 그렇지 않은 경우가 더 많다는 걸 보게 됩니다.

저는 인간을 내부에서부터 파괴하는 사탄의 역사로 고통 받는 암 환자를 만날 때마다 특별한 분노를 느낍니다. 저의 임상적 경험의 대부분은 개인적 투쟁을 할 만큼 격한 반감을 갖고 있는 암과의 싸움이었습니다. 많은 종양전문의들이 환자의 몸을 휘젓고 다니는 악성세포라는 무정한 대적과 힘겨운 싸움을 벌이느라 기진맥진한 상태입니다. 그리스도가 비정상적인 세상에 분노를 느끼셨음을 보며 제가 이렇게 암에 대해 분노하는 것이 합당하다는 생각이 들면서 안심이 되고 용기가 솟습니다.

우리는 지금 정상 궤도에서 벗어나 오염된 세상에 살고 있습니다. 이런 세상에 살면서 악에 대한 분노, 죄에 대한 분노, 죽음에 대한 분노, 그리고 이런 것들에 희생당하는 사람들에게 연민을 느끼게 되는 것은 당연합니다. 반드시 분노를 느껴야 하는 것은 아니지만 말입니다. 예수님의 엠브리마오마이(콧김을 내뿜는 분노)는, "너로 말미암아 저주를 받고"(창 3:17)라는 창세기 말씀처럼 지구의 원천적인 부패와 오염 때문이든, '이 세상의 임금'이 진리와 사랑을 향해 감행한 공격 때문이든, 악에게 굴복해버린 인간으로 인해 예수님의 마음을 격동시킨 분노를 말합니다.

우리는 지금 비정상적인 세상에서 살고 있습니다. 전염병과 역병, 암과 같은 질병은 교만, 증오, 잔인성 등 모든 형태의 부패 원인이기도 한 인간 타락의 결과입니다. 의사인 제가 아이들에게서 생명을 빼앗고 어른들에게서 희망을 앗아가는 사탄의 세력에게 이 같은 분노를 느끼고 있다면 이는 하나님 보시기에 불의한 것일까요?

알베르 카뮈의 소설 「페스트」에 보면 흑사병이 알지에 시에 퍼져 인구의 10분의 1이 죽은 것을 놓고 성직자와 의사가 전적으로 상이한 대응책을 구사합니다. 성직자는 그 전염병을 하나님께서 하신 일로 간주하고 기도에 전념합니다. 의사는 하나님을 믿지 않는 사람이었기 때문에 일에만 몰두합니다.

여기서 우리는 질문하게 됩니다. 하나님에게서 등을 돌리고 인도주의자가 되는 것이 더 나은 선택인가? 아니면 전염병을 하나님의 뜻으로 돌리며 비인도주의 입장을 취하는 것이 더 나은 선택인가?

카뮈는 잘못된 분석을 통해 모든 것을 하나님의 탓으로 돌리고 있습니다. 그러나 성경은 우리가 지금 비정상적인 세상에서 살고 있으며 그렇게 된 것은 하나님께서 인류에게 자유의지를 주셨기 때문이라고 말합니다. 아담과 하와가 자율적으로 자유를 선택한 것처럼, 오늘의 인류도 니체의 권력의지를 선택한 결과 파괴와 대량학살, 공포와 폭력이 난무하는 20세기를 초래했으며 이러한 폭력으로 유대인 600만 명이 나치수용소에서 학살되고 제정러시아의 부농 2천만 명이 살육되었던 것입니다. 오늘날에도 이처럼 비도덕적이고 잔인한 행위가 소말리아, 르완다, 체첸공화국, 미국의 오클라호마시티에서 자행되었습니다.

다행스럽게도 예수님은 이러한 세상에 노하셨습니다. 하나님께서 사악함을 보고 격분하신 것입니다. 하나님, 감사합니다!

하나님은 소극적이거나 초연하게 저만치 떨어져 계시거나 중립만 지키시는 분이 아닙니다. 구약성경은 가난한 자들을 짓밟고 거짓말하고 무고한 피 흘리기를 즐겨하는 모든 사람들을 향해 하나님께서 분노하신 이야기로 가득 채워져 있습니다. 이사야는 이렇게 선포했습니다.

> 공의대로 소송하는 자도 없고 진실하게 판결하는 자도 없으며… 우리가 빛을 바라나… 캄캄한 가운데 행하며… 정의가 뒤로 물리침이 되고 공의가 멀리 섰으며 성실이 거리에 엎드러지고 정직이 나타나지 못하는도다… 여호와께서… 사람이 없음을 보시며 중재자가 없음을 이상히 여기셨으므로 자기 팔로 스스로 구원을 베푸시며 자기의 공의를 스스로 의지하사(사 59:4, 9, 14-16).

위 말씀에 나온 팔은 바로 하나님 자신, 곧 예수 그리스도의 팔입니다. 그분은 이사야서 53장 도입부에 언급된 대로 우리의 허물 때문에 찔림을 받고 우리의 죄악 때문에 상함을 받으신 중보자입니다.

또 하나님의 거룩함과 자비와 진노와 긍휼 가운데 중보자로 계십니다. 예수님은 친히 창조하신 이 세상에 오셔서 교만과 증오, 부패, 질병, 죽음이 지배하는 현실을 보셨을 뿐 아니라 친구 나사로가 모든 재앙의 상징과도 같은 죽음을 직접 당하는 것을 보셨습니다. 예수님은 나사로의 죽음에서 엠브리마오마이, 즉 슬픔의 눈물이 뒤섞인 분노를 느끼셨습니다. 저는 예수님이 눈물을 흘리며 분노도 느끼셨던 사실, 그리고 우리 역시 분노를 느껴도 된다는 사실에 얼마나 감사한지 모르겠습니다. 그것은 우리도 뱃속의 아기를 죽이거나 제멋대로 타락하고 마약에 빠지는 행위에 대해, 악에 대해, 암의 공격에 대해 엠브리마오마이를 느껴도 된다는 의미이기 때문입니다.

프란시스 쉐퍼는 이와 같은 진리가 가져다주는 엄청난 결과에 대하여 다음과 같이 말했습니다.

> 하나님은 모든 것을 사랑하지 않으시며 인격체이시므로 나는 하나님과 대항하지 않고서도 불의에 맞서 싸울 수 있습니다!

우리는 예수님이 구원의 능력을 지니셨을 뿐 아니라 슬픔과 긍휼과 분노로 눈물 지으셨다는 사실에 감사할 수 있습니다. 그리스도의 인성과 신성이 가장 분명하게 드러난 나사로 이야기를 통해서 우리는 예수님의 심령을 흔드는 사랑과 분노, 마음에 가득한 동정과 결단, 사랑하는 자의 죽음 앞에서 흘리는 눈물, 십자가를 감내하기로 한 결의, 모든 믿는 자에게 보여주시는 온전한 인성과 거룩한 신성, 자비로운 의와 값비싼 은혜의 의미를 알게 됩니다. 우리는 오직 믿음의 눈을 통해서만 예수 그리스도로 성육신하신 하나님의 영광을 맛보게 됩니다.

마리아와 마르다에게 말씀을 일깨우신 분은 바로 완전한 신이자 전적인 인간인 예수님이었습니다.

내 말이 네가 믿으면 하나님의 영광을 보리라 하지 아니하였느냐 (요 11:40).

그들이 돌을 치우고 예수님께서 큰 소리로 "나사로야 나오라"(43절)고 외치시자 죽은 자가 수족을 베로 동인 채로 나왔습니다. 부활을 분석적으로 살펴보기 전에 우리는 먼저 그리스도가 중심에 계시다는 점을 기억해야 합니다.

내가 곧 길이요 진리요 생명이니 나로 말미암지 않고는 아버지께로 올 자가 없느니라… 내 말을 듣고 또 나 보내신 이를 믿는 자는 영생을 얻었고 심판에 이르지 아니하나니 사망에서 생명으로 옮겼느니라… 아버지여 내게 주신 자도 나 있는 곳에 나와 함께 있어 아버지께서 창세 전부터 나를 사랑하시므로 내게 주신 영광을 그들로 보게 하시기를 원하옵나이다(요 14:6, 5:24, 17:24).

그렇다면 부활의 복음은 어떤 방법으로 우리에게 적용될까요? 부활의 복음 대부분이 믿음으로만 붙들 수 있는 신비로 남아 있지만 이 신비 중 일부는 구체적인 기록으로 조명되었습니다. 이제 이 기록들을 살펴보겠습니다.

부활의 해부학

나사로는 무덤에서 나흘이나 있었지만 몸이 썩지 않았습니다. 나사로는 부활에 대한 하나의 모델이 되는 것일까요? 우리에게 약속된 부활의 생명은 어떤 것일까요?

> 죽은 자의 부활도 그와 같으니 썩을 것으로 심고 썩지 아니할 것으로 다시 살아나며 욕된 것으로 심고 영광스러운 것으로 다시 살아나며 약한 것으로 심고 강한 것으로 다시 살아나며 육의 몸으로 심고 신령한 몸으로 다시 살아나나니 육의 몸이 있은즉 또 영의 몸도 있느니라(고전 15:42-44).

나사로와 같이 우리도 다시 살 것입니다. 그는 우리보다 먼저 세상을 떠났습니다. 더 중요한 것은 그리스도도 우리보다 먼저 가셨다는 사실입니다. 우리는 부활하신 그리스도의 몸과 동일하게 신령한 몸을 가질 것입니다. 우리는 육체에서 분리된 안개 같은 존재로 떠다니지 않습니다. 예수님의 몸은 신령하면서도 손으로 만질 수 있는 실제 육신이었습니다. 그분은 말하고 먹고 생각하고 베드로와 요한을 비롯한 제자들을 격려하셨습니다.

제자들도 그분을 알아보았습니다. 막달라 마리아는 예수님이 동산지기가 아님을 알아보고 "랍비여!" 하고 외쳤으며, 도마도 그리스도의 상처를 직접 만져보고 나서야 예수님이 '영'으로만 살아나신 게 아니라 살과 뼈가 있는 육신으로 부활하셨음을 인정했습니다.

성경은 우리가 그리스도와 같은 영화로운 몸을 가질 것이라고 말합니다. 우리는 사랑했던 사람들과 서로 알아보게 될 것이며 부활한 다른 성도들뿐 아니라 '천국의 명부에 등록된 장자들의 거대한 모임'(히 12:22-23)을 이룬 사람들과도 소통할 수 있을 것입니다.

부활에는 최소한 다섯 개의 핵심적인 특성이 있습니다. 이 중 네 가지는 바울이 기록한 고린도전서 15장에서 배울 수 있고, 나머지 하나는 시편과 히브리서 기자가 가르쳐줍니다.

불멸성

> 썩을 것으로 심고 썩지 아니할 것으로 다시 살아나며(고전 15:42).

우리의 몸은 부패의 가능성을 초월하여 영원할 것입니다. 믿음을 가진 환자에게는 참으로 소망이 되는 복음입니다. 화상을 입어 피부가 뭉개진 사람, 암으로 몸의 일부를 잃은 사람, 소아마비로 불구가 된 사람, 통증으로 고생하는 사람들에게도 큰 소망과 기쁨이 되는 복음입니다!

우리도 새 몸을 입을 것입니다. 500명의 증인들이 직접 목격한 부활의 주님처럼 영원히 썩지 않는 신령한 몸을 갖게 되는 것입니다. 신령하게 된 우리의 몸은 쇠약해지지 않으며, 우리의 인성은 그리스도의 인간성을 영원히 반영할 것입니다.

영광

욕된 것으로 심고 영광스러운 것으로 다시 살아나며(고전 15:43)

C. S. 루이스는 그의 책 「영광의 무게」(홍성사 역간)에서 영원한 상급의 개념을 깊이 고찰하며 결국 영광이란 명성이나 화려한 무언가가 아니라 하나님을 기쁘게 해드리는 경험임을 깨달았습니다. 그리고 이렇게 말했습니다.

"영광을 주시겠다는 약속은 오로지 그리스도의 공로로만 가능한, 실로 믿기지 않는 놀라운 약속이다. 하나님의 기쁨이 된다는 것, 그분에게 사랑받는다는 것, 그분이 행복해하시는 이유가 된다는 것, 단지 동정심의 대상이 아니라 작가가 작품을 대하듯, 부모가 자식을 대하듯 하나님으로부터 그러한 기쁨의 대상이 된다는 것… 이는 실로 인간이 감당할 수 없는 영광의 무게다. 불가능해보이지만 그것은 사실이다."

능력

약한 것으로 심고 강한 것으로 다시 살아나며(고전 15:43)

우리의 부활한 몸이 입게 될 영광이 그리스도의 공로로 말미암은 것처럼 우리를 의로 옷 입히시며 우리가 체험할 능력도 그리스도로부터 나옵니다.

그는 만물을 자기에게 복종하게 하실 수 있는 자의 역사로 우리의 낮은 몸을 자기 영광의 몸의 형체와 같이 변화하게 하시리라(빌 3:21).

이 능력은 썩어버릴 사슬에서 우리를 해방시키는 능력입니다. 사탄과의 대결에서 그리스도가 패배시킬 대적, 즉 죽음과 죄를 이기는 능력입니다. 그것은 그리스도가 우주의 통치자로 이 땅에 오실 때 우리를 그리스도와 함께 다스리는 자로 세워주는 능력입니다. 공간은 우리를 더 이상 속박하지 못합니다. 심지어 시간도 모든 피조물을 다스리는 그분과 함께하려는 우리의 자유로운 움직임을 속박하지 못합니다.

예수님의 십자가 죽음을 목격한 제자들이 부활하신 예수님을 마주쳤을 때 그 기분이 어떠했을까요? 게다가 그들이 모인 곳에 홀연히 나타나 함께 떡을 떼고 고기 잡을 곳까지 지시하실 때는 그분에 대한 경외심이 우리의 상상을 초월했을 것입니다. 부활하신 예수님은 물리적인 실체를 가진, 능력의 예수님이었습니다. 천지만물의 창조주가 갈릴리 해변에서 제자들을 위해 손수 아침상을 준비하셨습니다. 우리의 몸도 그분처럼 실제 육신으로 되살아날 것입니다.

영적 특성

육의 몸으로 심고 신령한 몸으로 다시 살아나나니(고전 15:44)

우리는 초인적이고 초자연적인 존재가 될 것입니다. 첫 번째 인간인 아담은 땅의 흙으로 지음을 받았습니다. 하지만 두 번째 사람, 즉 삼위일체 중 두 번째인 예수님은 하늘에 속하기 때문에 하늘의 형상을 갖고 계십니다. 하나님은 영이시므로 우리는 신령할 것이며 예수님이 인간의 몸을 입고 있기 때문에 우리도 신령한 사람일 것입니다.

저는 변화산상의 일화를 생각할 때마다 늘 경이로움을 느낍니다. 빛나는 영광의 옷을 입고 900-1500년 전에 이미 세상을 떠난 모세, 엘리야와 대화를 나누시는 예수님, 그들은 예수님이 예루살렘에서의 사역을 완수하고 이 땅에서 떠나실 것에 대해 이야기하고 있었습니다. 다시 말해 대속을 위해 예수님께서 십자가에 못 박혀 돌아가심에 이야기하고 있었던 것입니다. 그들도 그리스도의 십자가와 어떤 관련이 있다고 생각했습니다. 변화산 이야기는 영생을 향해 열린 문입니다.

변화산 못지않게 놀라운 이야기가 있습니다. 바로 부활하신 예수님이 엠마오 도상에서 제자들과 대화를 나누는 장면입니다. 예수님은 구약의 예언을 제자들에게 논리적이고 설득력 있게 해석해줌으로써 제자들의 가슴을 불타게 하셨습니다.

성경의 위대한 약속 가운데 하나는, 우리가 천국시민이 됨으로써 비천한 몸이 그리스도의 영화로운 몸처럼 변하게 되리라는 것입니다. 의사인 넬슨 벨의 비문에는 이런 간증이 쓰여 있습니다. "그분이 나타나실 때 우리가 그분과 같을 것임을 아는 이유는 우리가 그분의 모습 그대로 보게 될 것이기 때문입니다." 그리고 마지막 간증을 이렇게 끝냅니다. "당신을 닮은 모습으로 깨어난다면 나는 만족할 것입니다."

충만한 기쁨

사도 바울이 강조하지 않은 부활의 특성이 하나 더 있습니다. 우리는 기쁨의 교제를 나눌 것입니다. 삶에서 수많은 고난을 경험한 아내 매리는 아래의 말씀을 읽을 때마다 힘을 얻었다고 합니다.

주께서 생명의 길을 내게 보이시리니 주의 앞에는 충만한 기쁨이 있고 주의 오른 쪽에는 영원한 즐거움이 있나이다(시 16:11).

우리는 살아 계신 하나님의 도성으로 나아갈 것입니다. 기쁨의 성회를 이룬 천사들에게로 나아갈 것입니다. 첫 열매 되신 예수님의 교회로 나아갈 것입니다. 완전한 의인들의 영에게로 나아갈 것입니다. 그리고 '새 계약의 중보자'이신 예수님께로 나아갈 것입니다. 우리가 사랑했던 사람들, 우리보다 먼저 세상을 떠난 부모와 형제, 자녀, 성도와의 재회는 얼마나 감격스러울까요!

인간의 경험을 초월한 아름다움에 흠뻑 빠지고 지상에서 들어본 적 없는 영감 있는 곡조에 황홀함을 느끼며, 그토록 갈망하던 의의 옷을 입고 그리스도 안에서 충만한 기쁨을 찾는다면 얼마나 멋지겠습니까?

우리는 지금껏 부활하신 주님의 영광을 일부분만 맛보며 살아왔습니다. 이제부터는 그리스도가 예비하신 본향에서 누리게 될 영원한 영광과 능력, 신령함과 기쁨을 기대하며 살아갑시다. 늘 근신하고 깨어서 하나님 아버지의 사랑을 확신하고 그분의 약속이 성취될 날을 기다리며 이 땅에서의 삶을 살아갑시다.

주 외에는 자기를 앙망하는 자를 위하여 이런 일을 행한 신을 옛부터 들은 자도 없고 귀로 들은 자도 없고 눈으로 본 자도 없었나이다(사 64:4).

예수병원 옛 건물 예배실에서 설교하는 설대위 선교사

예수병원 직원들과 의료봉사를 다녀온 후

 일·곱

주님의
남은
고난

우리가 축복하는바 축복의 잔은 그리스도의 피에… 참여함이 아니냐(고전 10:16).

절친한 한국인 친구들 가운데 우리 병원에서 근무하던 마취사 김도수 장로가 있습니다. 그는 전 생애를 드려 주님을 사랑한 사람이었습니다. 그가 수술실에서 환자를 마취하기 전이나 조립식 건물 예배당에서 기도할 때면 그의 헌신된 신앙관을 엿볼 수 있었습니다. 평소 고혈압 증세가 있던 김 장로는 어느 날 갑자기 뇌출혈을 일으켜 혼수상태로 병원에 실려 왔습니다. 몸의 절반은 이미 마비되어 있었습니다. 몇 주가 흘러도 차도가 없자 가족과 친구들은 절망에 빠졌습니다. 하지만 우리는 인내심을 갖고 그를 돌보았으며 마침내 그가 의식을 서서히 되찾기 시작했습니다. 그래도 걸을 수 있게 되기까지는 몇 달에 걸친 물리치료가 필요했습니다.

저는 아들 존과 함께 그를 지프에 태우고 시온교회로 예배를 드리러 갔습니다. 그곳은 그와 제가 모두 장로로 섬기는 교회였습니다. 지금도 생생하게 기억이 납니다만, 그날은 성찬식이 거행되는 주일이었는데 모두가 예상치 못한 일이 벌어졌습니다. 그가 비틀거리며 일어서더니 떨리는 손으로 포도주가 담긴 성찬반을 받기 위해 강대상 앞으로 걸어 나왔습니다. 성도들이 보는 앞에서 기적이 일어난 것입니다.

우리는 그가 작은 실수라도 하지 않을까 걱정이 이만저만이 아니었지만 하나님께서 그의 떨리는 손을 붙잡아주셨습니다. 제단 앞에서 그와 나란히 서 있으면서 이런 생각을 했습니다. '우리 주 예수 그리스도의 살과 피를 나누는 자리인데 우리 모두에게 경외심으로 가득한 떨림이 있는 게 당연하지 않은가?'

우리는 보통 영원한 하나님을 '고난' 받는 분으로 생각하지 않습니다. 거룩하고 전지전능하신 하나님이 고난을 받으신다고? 왜 우리는 그런 하나님을 생각하지 못하는 것일까요?

그리스도 안에 계시는 하나님은 슬픔을 체휼하시는 분, 비탄을 경험하신 분, 우리의 큰 슬픔을 불평 없이 감당하시는 분, 우리의 사랑을 고대하며 우리를 위해 중보하시는 분이라고 성경은 분명히 말합니다. 우리가 하나님 아버지에 관해 알 수 있는 모든 것은 그분의 아들 예수 그리스도를 통해서입니다.

그리스도는 모든 세대마다 십자가에 못 박히십니다. 아니, 실제로는 해마다, 날마다 십자가에 못 박히십니다. 모든 인류에게 복음이 전해져서 그분의 사랑을 받아들이거나 거절할 기회가 주어질 때까지 예수 그리스도는 저주받은 나무에 매달려 "내가 너를 이만큼 사랑한단다. 내게로 오렴"이라고 말씀하십니다.

그렇다면 하나님의 고난에 동참한다는 말은 무슨 뜻일까요? 지금 말하고자 하는 것은 인류의 고난 문제와 이에 대한 하나님의 긍휼하심을 이해하는 데 핵심이 되는 내용입니다.

우리는 우리의 연약함을 불쌍하게 여기시는 하나님을 믿습니다. 그래서 그분은 육신이 되셨습니다. 우리는 또 거룩하신 하나님을 믿습니다. 그래서 그분은 육신을 입고, 고난이 죄보다 낫다는 것을 보여주셨습니다. 우리는 값비싼 긍휼을 우리에게 베푸시는 하나님을 믿습니다. 아들의 목숨을 대가로 치르셨으니까요.

그러므로 우리는 예수님이 우리에게 그분의 제자가 되라고 부르실 때 거기에 고난이 따를 것을 알게 되더라도 이상하게 생각해서는 안 됩니다. 실제로 그리스도의 이름으로 불리는 자들은 그리스도를 위하여 그분의 흔적을 가져야 합니다. 십자가

김도수 장로 정년퇴임 기념사진(전주 시온교회에서)

의 흔적 말입니다. "누구든지 나를 따라오려거든 자기를 부인하고 자기 십자가를 지고 나를 따를 것이니라"(마 16:24). 예수님의 제자라면 하나님의 자비에서 비롯된 언약에 참여해야 합니다. 예수님은 제자들에게 하나님의 자비를 고난당하는 사람들에게 전해주는 도구가 되라고 말씀하십니다.

고난의 개념을 보다 현대적으로 설명해보겠습니다. 고난은 보편적인 문제입니다. 고난은 우리를 가장 고통스럽게 하는 딜레마 중 하나로, 대부분 사람들은 '왜 고난이 세상에 존재할까, 하나님은 과연 인간의 비참함을 알고 계실까, 하나님이 진정으로 긍휼이 많은 분이라면 왜 인류의 고난을 완전히 제거하지 않으실까' 등의 의문을 갖습니다.

그러나 성경은 인간의 타락으로 이 세상이 정상 궤도에서 벗어나 불완전하게 되었고 그 안에서 불의와 비인간성, 비참함이 의와 사랑, 생명의 세력에 맞서 대항하고 있다고 분명하게 답하고 있습니다. 하나님은 모든 악을 제거하실 수 있지만 그렇게 하려면 인간의 자유와 책임도 동시에 제거하셔야 합니다.

그렇다면 우리는 하나님의 긍휼을 어디에서 확인할 수 있을까요? 우선 모든 인류의 고뇌보다 무거운 고뇌를 짊어지셨던 예수 그리스도의 삶과 죽음에서 찾을 수 있습니다.

두 번째로 목적이 있는 고난에는 깊은 의미가 있으며 그러한 고난이야말로 인간이 경험할 수 있는 최고의 성취라는 것을 몸소 보여주신 예수님이 하나의 증거입니다.

세 번째로 우리는 예수님에게서 분명한 명령을 받았습니다. 즉 각자의 십자가를 지고 그분께 순종함으로써 그분의 흔적을 지니라고 말입니다.

마지막으로, 특별히 강조하고픈 대목입니다만, 하나님은 우리가 그분의 자비를 고난 받는 자의 삶 속으로 가지고 들어가기를 원하십니다. 사도 바울의 표현을 빌리자면 이것은 우리의 육체 안에 그리스도의 남은 고난을 채우는 것입니다(골 1:24).

이 말씀을 처음 대했을 때 저는 당혹감을 느꼈습니다. 예수님의 고난만으로 온 인류의 죄가 완전히 속량되었는데 어째서 바울은 "주님의 남은 고난을 육체에 채워야 한다"는 말을 하는 것일까? 주님이 완벽하게 성취하신 구원 사역과 그 효력을 생각할 때 그 누가 십자가에 무언가를 첨가할 수 있단 말인가?

하지만 그리스도의 십자가가 구원받지 못한 인간의 마음에 가서 닿으려면, 강퍅한 마음이 깨어지고 무지한 자가 참 지혜를 얻으려면 제자 된 우리가 그리스도의 십자가에 참예해야 합니다. 그것은 절박하고도 마땅한 일입니다.

저는 예수병원에서 사역하며 교훈을 하나 얻었습니다. 축복을 베풀기 위해선 대가를 지불해야 한다는 것입니다. 우리는 싸구려 자선을 베풀기 위해 부르심을 받은 것이 아닙니다. 자기만족이나 생색내기용 동정을 위해서도 아닙니다. 축복을 베풀기 위해, 우리는 한국인이 신는 고무신을 신고 흙먼지를 들이마시고 진흙길을 절벅거리며 이 나라 사람들처럼 바닥에 쪼그려 앉고 이 사람들이 사는 초가집에서 잠을 자고, 이들의 불안과 공포를 이해하고 이들의 가슴앓이에 동참해야 합니다. 이 나라 사람들의 아픔을 함께 아파해야 합니다.

예수병원과 같은 큰 병원이라면 어느 곳을 막론하고 환자들이 가득하기 때문에 서둘러 진찰을 마치고 처방전을 발부하느라 환자 한 사람 한 사람의 아픔에 동참하기가 어렵습니다. 그래도 우리는 할 수 있을 때마다 환자들에게 그리스도의 축복을 전해야 합니다. 다른 방법은 없습니다. 긍휼을 베풀기 위해 우리는 그들의 아픔에 동참해야 합니다.

제 경우에는 암 환자를 치료하는 과정이 그리스도의 고난에 동참하는 기회가 됩니다. 암은 최고의 집중력과 기술, 시간, 에너지가 요구되는 냉혹한 질병입니다. 바로 이런 헌신이 있을 때 우리의 의료사역은 하나님의 긍휼을 전하는 도구로서 신뢰를 얻게 됩니다. 의료인의 간증에 진정성이 부여되는 것입니다. "우리가 축복하는바 축복의 잔은 그리스도의 피에… 참여함이 아니냐"(고전 10:16).

지금 여기서 말하는 내용이 의료선교에만 국한된다고 생각하지 마십시오. 세상 사람들을 향한 하나님의 사랑과 갈망과 고난에 참여하는 것은, 저주를 축복으로 바꾸는 유일한 길이며 그리스도의 십자가가 고난당하는 사람들의 마음과 육체와 영혼에 참 의미가 되는 유일한 길입니다.

고난은 단지 고난에 그치지 않고 의미와 목적을 지닌 무언가가 될 수 있습니다. 물론 하나님의 능력만으로도 인생의 절박한 위기가 승리의 순간으로 변화될 수 있습니다. 하지만 하나님은 사람을 통해 일하기를 원하시며, 우리가 그분의 은혜로운 언약에 동참하기를 바라십니다.

내가 너희를 고아와 같이 버려두지 아니하고 너희에게로 오리라
(요 14:18).

고난당하는 사람들에게 가시겠습니까?
그들을 위로하고 돕기를 바라십니까?
누가 동참하시겠습니까?
그리스도가 우리를 그분의 사역 가운데로 부르십니다. 우리 안에 계신 주님이 우리를 통해 고난당하는 자들 곁으로 다가가기 원하십니다. 하나님의 자비가 고난 받는 인류의 삶 속에 하나의 실체로 드러나려면 우리의 순종이 필요합니다.

여·덟

미래에
던진
닻

이는 하나님이 우리를 위하여 더 좋은 것을 예비하셨은즉 우리가 아니면 그들로 온전함을 이루지 못하게 하려 하심이라(히 11:40).

제가 전주에 사는 동안 선교사촌 안에 있는 길옆에 고목 하나가 서 있었습니다. 한국의 전통 소나무인 이 적송은 나지막한 높이의 몸통과 굴곡진 마디가 아름다워 동양화가들이 즐겨 그리는 풍경화의 소재였습니다. 그 나무를 '분재 나무'라고 불렀던 우리 선교사들의 자녀들은 어릴 적 한국에 대한 추억을 떠올리게 해줄 것이라며 그 나무만은 절대 자르지 말라고 졸랐습니다.

그런데 몇 년 전부터 그 나무가 죽어가기 시작했습니다. 제일 먼저 가지가 하나 둘씩 시들더니 폭우가 쏟아져 몸통의 주요 부분이 갈라진 후부터는 끝내 회복되지 못했습니다. 복음을 전하는 선교사였던 하퍼 목사님 가족들도 여름에 은퇴를 하게 될 즈음엔 이 나무가 이미 죽어버릴 것을 알고 있었지만 자기들이 완전히 은퇴하여 미국으로 돌아갈 때까지만이라도 나무를 베어버리지 말라고 간청했습니다.

지금은 아무도 관심 없는 그루터기로 남아 길모퉁이에서 사람들의 통행을 방해하는 천덕꾸러기 신세가 되고 말았으나 이 나무의 죽음은 한 시대의 마감을 의미했습니다. 약간 과장해서 말하자면, 아시아의 어느 지방 도시에서 선교의 한 시대가 막을 내렸다고나 할까요.

일부 선교사들은 몇 년 더 머물러 있었습니다만, 이 즈음부터 선교가 철수 단계에 접어들었던 것만은 분명했습니다. 교회의 탄생과 성장이라는 거시적인 관점에서 보자면 선교사들이 주도적 역할을 맡던 시기를 지나 후원자 역할을 하는 시기로 이행되는 과정이라고 해야 맞을 것 같습니다. 전환기를 맞이하는 저희의 심정은 매우 만족스러웠습니다. 그동안 한국교회의 지도력이 괄목할 정도로 성숙되었으며 우리보다 앞서 봉사했던 선교사들이 이 땅에 뿌린 믿음의 씨앗이 뿌리를 내리고 거대한 나무로 자랐기 때문입니다.

그렇더라도 우리가 이곳에서 활발하게 사역하던 때를 그리며 향수에 젖을 때가 있음을 용서하기 바랍니다. 이 작은 언덕에 자리 잡고 함께 지내온 공동체, '분재 나무' 주위에서 뛰놀던 우리 자녀들, 이곳의 복음화를 위해 기꺼이 목숨을 버린 테이트와 정킨, 잉골드, 포사이스, 피츠, 콜튼, 맥커첸, 윈, 린톤, 보이어, 그린, 폰테인, 스위코드, 보그스 같은 충성스런 개척자들을 그리워하며 향수에 젖는다고 해도 용서하기 바랍니다.

1986년이 역사 속으로 사라지려 했던 그때, 우리가 앞을 내다보기 전에 먼저 과거로 눈을 돌려보는 것도 적절한 일이었을 것입니다. 그것은 지나간 영웅들을 기리기 위함이 아니라 미래를 향해 투자하도록 우리 스스로를 독려하기 위해서입니다.

이 장의 제목은 바람이 불지 않아 꼼짝 못하게 되었거나 안개 속에서 길을 잃은 배가 앞으로 나아가기 위해 '닻'을 내리는 데서 영감을 얻은 것입니다. 닻을 작은 배에 싣고, 닻줄이 허용하는 최대한 먼 곳까지 노를 저어 나간 다음 그곳에 닻을 내립니다. 그런 다음 배 위에 있는 권양기로 줄을 당깁니다. 그러면 배는 잠시 동안 전진하고, 그것을 반복하는 가운데 배는 원하는 항구까지 나아갈 동력을 얻게 됩니다.

이것은 믿음의 작전입니다. 닻이 견고한 바위를 붙들어야만 믿음이 작동합니다. 반석이신 예수님을 붙들고 미래를 향해 우리의 닻을 던지는 것이야말로 오늘 우리가 맞닥뜨린 도전 과제입니다. 이러한 개념은 히브리서에 잘 나와 있습니다.

믿음으로 약속의 땅을 바라본 사람들

히브리서 11장은 믿음을 설득력 있는 언어로 정의하는 것으로부터 시작하여 우리 선조들의 믿음을 돌아보는 형식으로 이어집니다. 히브리서 기자는 '믿음으로'라는 표현을 사용하여 아벨과 에녹, 노아, 아브라함, 이삭, 요셉, 모세, 라합, 기드온, 바락, 삼손, 입다, 다윗, 사무엘 등 선지자들의 믿음을 각각 설명합니다. "믿음이 없이는 하나님을 기쁘시게 하지 못하나니 하나님께 나아가는 자는 반드시 그가 계신 것과 또한 그가 자기를 찾는 자들에게 상주시는 이심을 믿어야 할지니라"(히 11:6).

그 중에서도 가장 인상적인 내용은 아브라함과 관련된 대목입니다.

> 믿음으로 아브라함은 부르심을 받았을 때에 순종하여 장래의 유업으로 받을 땅에 나아갈새 갈 바를 알지 못하고 나아갔으며 믿음으로 그가 이방의 땅에 있는 것 같이 약속의 땅에 거류하여… 이는 그가 하나님이 계획하시고 지으실 터가 있는 성을 바랐음이라(히 11:8-10).

히브리서 기자는 믿음의 영웅들이 약속된 것을 받지 못했다는 사실을 분명하게 밝히고 있습니다. 그들은 약속된 것을 멀리서 보고 바랐으며 또한 자기들이 이 땅에서 이방인과 나그네로 살며 본향을 찾는 자들임을 증언했습니다. 그들은 자기들이 떠나온 땅을 바라지 않았습니다. 그들은 돌아갈 수도 있었지만 더 나은 곳, 하나님이 주시는 땅을 소망했습니다.

유럽에서 희망의 땅으로 배를 타고 건너가던 미국의 선조들은 배 난간에 서서 자유의 여신상과 그 너머로 맨해튼의 고층 건물들을 빨리 보기를 고대했을 것입니다. 하지만 그들이 추구했던 것은 바위나 콘크리트를 기초로 한 도시가 아니라 개인의 자유가 보장되고 생명의 고귀함이 인정되며 진리에 대한 열망이 있는 곳이었습니다. 그들 중 많은 사람들이 이 약속을 이루었습니다.

그러나 아브라함이 본 도시는 인간의 이상을 초월하여 하나님이 계획하시고 하나님이 지으신 도성이었습니다(히 11:10). 그리스도가 도성의 모퉁잇돌이 되시고(엡 2:20) 이 머릿돌 위에 다른 모든 것들이 세워집니다. 사도들과 선지자들이 기초의 일부가 되며 모든 신자들도 하나가 되어 도성을 이뤄갑니다. 그리스도가 그곳의 '산 돌'이 되십니다(벧전 2:4). 믿는 자들은 그 신령한 집의 일부가 됩니다.

주님이 우리를 위해 준비하시는 도성은 인간의 손으로 지은 그 어느 도성보다 놀랍고 견고하고 영구적이며 생명력이 있습니다. 이곳에 존재하는 사랑의 강력한 힘은 어느 것으로도 파괴되지 않으며, 활력과 생명력 넘치는 공동체를 이뤄냅니다. 시온 산, 하늘의 예루살렘, 살아 계신 하나님의 도성, 하늘에 기록된 장자들의 모임, 흔들리지 않는 왕국(히 12:22)이 만들어집니다. 주님의 도성은 진정한 본향인 것입니다!

내 평생에 선하심과 인자하심이 반드시 나를 따르리니 내가 여호와의 집에 영원히 살리로다(시 23:6).

우리가 하나님이 설계하신 기초 위에 세워진 도성을 찾는 자들과 함께한다면, 수세기를 지나온 순례자들의 행렬에 동참하는 것이 됩니다. 구약의 관점에서 볼 때, 우리는 거룩한 나라요 왕 같은 제사장이며 말 그대로 하나님께 속한 백성으로 부름 받은 사람입니다. 또 그분의 특별한 목적, 즉 어두움에서 빛으로 불러내신 하나님의 덕을 찬양하기 위해 부름 받은 사람입니다. 신약의 관점에서 보자면 우리는 승리하신 그리스도의 행진에 참여하여 거룩한 성으로 향하는 사람들입니다. 그리고 그 길에서 생명의 근원 되신 그리스도를 아는 지식을 향기로 드러내는 자들입니다.

그러나 우리는 '통과신학'(通過神學)의 위험성을 유의해야 합니다. 저는 한때 교회에서 사중창단으로 활동했는데 우리가 부르던 곡 중에는 이런 가사가 있었습니다.

> 죄 많은 이 세상은 내 집 아니네
> 내 모든 보화는 저 하늘에 있네
> 저 천국문을 열고 나를 부르네
> 나는 이 세상에 정들 수 없도다

이 노래는 어떤 면에서는 진리를 왜곡하고 있습니다. 하나님의 도성은 하늘에만 있는 것이 아닙니다. 산돌이신 예수 그리스도로 지어진 지금 이곳의 성전에도 있습니다. 또 우리는 그냥 지나가는 행인이 아닙니다. 하나님의 섭리 안에서 그분과 동역하는 건축자요, 말뿐 아니라 그리스도를 닮은 행실로 하나님을 드러내며 사랑과 생명의 향기를 입술만이 아닌 산제사로 드리기 위해 부름 받은 사람입니다.

산제사는 박해와 고난을 초래할 수 있습니다. 우리 믿음의 선조들은 믿음을 통해 사자의 입을 막고 불의 세력을 멸하고 칼날을 피하고 조롱과 채찍질뿐 아니라 결박과 옥에 갇히는 시련을 받았으며, 돌로 치는 것과 톱으로 켜는 것과 시험과 칼로 죽임을 당했습니다. 그들은 양과 염소의 가죽을 입고 유리하며 궁핍과 환난과 학대를 겪었습니다.

하지만 이들에게 그 세상은 아무런 가치가 없는 세상이었습니다. 하나님께서 그들을 위해 더 좋은 세상을 예비해두고 계셨기 때문에 비록 믿음으로 하나님의 도성을 멀리서 바라보기는 했지만 생전에는 그 성에 들어가지 않았습니다.

믿음을 온전케 하는 사람들

우리가 아니면 그들로 온전함을 이루지 못하게 하려 하심이라(히 11:40).

여기에는 명확한 해석을 내리기가 매우 어렵고 난해한 개념이 있습니다. 두 가지 차원의 의미가 있는 것 같습니다. 우선 구약에 등장하는 믿음의 선조들은 그리스도가 오실 때까지 그 도성이 실현되지 않을 것으로 보았습니다. 히브리서 기자가 말한 것처럼 그리스도는 더 나은 언약을 가져오셨고 더 나은 제사를 통해 더 나은 소망을 가져오셨습니다.

선조들의 믿음은 미래를 향해 던져진 닻이었습니다. 그 믿음은 하나님을 기대하는 믿음이요, 멀리서나마 약속을 환영하여 받아들이는 것으로 만족하는 믿음이었습니다. 그들의 믿음은 온전한 희생을 통해 하나님 아버지의 보좌 앞으로 나아가는 길을 여신 구세주를 바라보는 믿음이었습니다.

선조들 대부분은 고난 받는 종이 반드시 오실 것을 믿었으며, 그 종의 수난으로 말미암아 하나님의 구원이 백성에게 이를 것을 기대했습니다. 그리스도가 우리의 허물로 인하여 찔림을 받으시고 우리의 죄악 때문에 상함을 받으시며 채찍에 맞으심으로 우리를 낫게 하시리라 믿었던 것입니다.

그런데 성경은 "예수님이 아니면 그들로 온전함을 이루지 못하게 한다"고 하지 않고 "우리가 아니면"이라고 기록하고 있습니다. 주해성경 「인터프리터스 바이블」에서 히브리서를 강해한 J. 해리 코튼 박사는 선조들의 믿음이 뒤에 올 자들의 충성으로 완성된다고 말합니다.

> 아브라함의 믿음은 그의 후손들이 약속의 땅에 들어가 그 땅을 소유함으로써 값진 것이 되었다. 마찬가지로 영웅들의 믿음도 사도의 서신을 읽은 독자들이 충성됨을 보이지 않았다면 좌절되었을 것이 분명하다. "우리가 아니면 그들로 온전함을 이루지 못하게 하려 하심이라"(히 11:40)는 말씀처럼 온전함의 완성은 우리에게 달려 있다. 그것은 지금도 마찬가지다. 선조들의 위대한 믿음도 우리의 충성이 뒤따르지 않는다면 헛된 것으로 전락할 것이다. 그들의 믿음을 완수할 사람은 우리다. 그렇지 않으면 우리는 다만 그들이 피로, 땀으로, 눈물로 쌓아놓은 값진 유산들을 헐값에 팔아버리는 사람이 되고 말 것이다… 각 세대마다 충성된 믿

음의 사람들은 자기 후손들에게 이렇게 외칠 것이다. "우리는 이제 손을 놓지만 당신에게 이 횃불을 넘겨드립니다. 믿음으로 이 횃불을 높이 드십시오." 지나간 세대가 충성스러웠다는 것이 증명된 이상 이제는 우리가 믿음의 충성을 증명할 차례다. 이제는 우리가 우리의 닻을 미래를 향해 던져야 할 차례다. 믿음의 충성으로 뒤따라올 사람들이 없다면 우리의 믿음도 온전함을 이루지 못할 것이다.

저는 이 가르침을 개인적 차원에서 생각해보지 않을 수 없습니다. 지난 50년간 의사로, 오랜 세월 동안 한 아버지로, 의료선교사로, 암 전문의로 보냈으며 근 30년 동안은 병원장으로 봉사했고 이 긴 세월 동안 같이해준 신실한 아내 매리와 함께 도성을 바라보며 걸어가는 순례자였습니다. 우리는 축제의 오아시스를 출발하여 고난과 불확실함의 사막을 지나 하나님께서 우리를 위해 예비하신 머나먼 곳을 향해 순례를 계속 했습니다. 그러한 우리에게도 조만간 쇠약한 손에서 횃불을 내려놓아야 할 때가 올 것입니다.

저의 부모님 에드워드와 미리암 실, 아내의 부모님 알렉스와 진 배첼러 같은 분들의 생애가 우리의 충성스러움이 아니면 온전하지 못했을 것처럼, 우리 믿음의 삶도 뒤따라오는 후손들의 충성됨이 없다면 온전함을 이루지 못할 것입니다. 자녀인 존과 제니퍼, 크리스틴과 이들의 배우자들, 그리고 예수병원이라고 부르는 하나님의 집에 사는 가족들인 의사들, 간호사들, 일반 직원들, 우리 뒤를 따를 이 모든 이들의 충성이 없다면 온전함을 이루지 못한다는 것입니다. 그렇다고 여기서 이야기가 끝나는 것은 아닙니다.

그리스도를 뒤따라 믿음의 행렬을 충성스럽게 이어가는 것도 중요하지만, 최종 결실을 맺는 것은 인간의 신실함이 아닌 하나님의 신실하심입니다. 증거하고 격려하며 길옆에서 환호할 구름 같이 허다한 증인들이 중요하기는 하지만 우리의 눈은 오직 예수님만 바라봐야 합니다.

믿음의 주, 예수님만 바라보는 이유

예수님은 믿음의 저자입니다. 헬라어 '아르케곤'(archegon)은 예수님이 우리의 선구자라는 견해로 개척자라고 번역될 때도 있지만 창시자가 의미상 더 가깝습니다. 천국 아래 '예수님' 밖에는 그 누구도 모든 사람들에게 구원을 가져다주지 못합니다. 오직 그분만이 길입니다. 그분만이 유일한 방법입니다. 예수님은 인류와 하나님 사이의 화해를 이루는 중재자입니다. 왜냐하면 하나님은 그리스도가 지신 십자가의 보혈을 통해 만물이 자신과 화해하는 것을 바라고 기뻐하시기 때문입니다.

둘째, 그분은 온전케 하시는 분입니다. 그리스도인 순례자는 황무지 저 너머의 땅을 바라봅니다. 그리스도인 경주자는 그와 함께 길을 떠나는 예수님, 우리와 함께하시는 임마누엘 예수 그리스도에게 시선을 고정합니다. 우리와 함께하시는 그리스도는 우리가 고귀한 소명에 따라 상급을 얻기까지 분투할 때 우리에게 영광스런 소망이 되십니다.

그러므로 우리는 인내와 용기와 기쁨으로 달려가야 합니다. 가장 먼저 할 일은 우리를 방해하는 무거운 짐을 벗어버리는 것입니다. 장인어른인 알렉스 배첼러에게서 젊은 시절 크로스컨트리 경주에 참가했을 때 훈련 시에는 길고 무거운 부츠를 신었다가 경기 당일에 그것을 벗어버리고 사슴처럼 달렸다는 이야기를 들은 적 있습니다. 믿음의 경주를 할 때 근심과 두려움과 의심 같은 무거운 짐을 주님께 맡겨버린다면 얼마나 가뿐하게 달릴 수 있을까요?

셋째, 인내입니다. C. S. 루이스는 '전시에 얻은 교훈'이란 글에서 다음과 같은 생각을 피력했습니다. "우리가 하는 일에는 항상 방해 세력이 많다… 자신을 그대로 방치해버리면 우리는 일을 시작하기도 전에 일을 제대로 할 여건이 마련되거나 일할 기분이 생길 때까지 마냥 기다리게 된다. 하지만 성취도가 높은 사람들은 불리한 여건에서도 간절한 마음으로 우선 시작하고 본다. 일하기에 좋은 여건이란 존재하지 않는다. 어떠한 환경에서건 우리는 최선을 다해야 할 뿐이다."

우리는 비록 여건이 좋지 않은 때에도 그리스도를 바라고 하나님의 뜻을 간절히 구해야 합니다. 하나님의 뜻을 구하기에 좋은 여건이란 결코 존재하지 않습니다. 하나님께서 주시는 상급을 얻으려면 초인적인 인내와 절제가 필요한데 결국 이것조차도 성령님께서 공급하십니다. "오직 성령의 열매는 사랑과 희락과 화평과 오래 참음과 자비와 양선과 충성과 온유와 절제니 이 같은 것을 금할 법이 없느니라"(갈 5:22).

넷째, 용기입니다. 위급한 상황 가운데 난데없이 엄습하는 의심과 두려움을 다스리기란 무척 어렵습니다. 미리 예측할 수 있다면 조금이라도 대비할 수 있을 텐데 말입니다. 하지만 그것은 믿음이 아닙니다. 믿음이란 미지의 미래에 닻을 던지는 것이며 굴욕과 고통, 순교를 당하고 심지어 하나님의 침묵이 느껴진다 하더라도 기꺼이 대가를 지불하며 미지의 결과를 받아들이는 행위입니다.

다섯째, 기쁨입니다. 매리는 서울에서 열린 국제기독여성회 강연에서 "그리스도인의 확실한 증거는 믿음이나 사랑이 아니고 기쁨이다"라는 사무엘 슈메이커의 말을 인용했습니다. 또 루이스 스메디스의 말을 인용하며 다음과 같이 말했습니다. "여러분과 저는 기쁨을 위해 창조되었습니다. 기쁨을 잃는다는 것은 곧 우리가 존재하는 이유를 잃는 것입니다… 우리의 기쁨이 진정한 기쁨이라면 그 기쁨은 어떤 면에서 인간의 비극과 일치해야 합니다. 따라서 기쁨의 완전성과 진정성을 검증하는 방법은 이것이 고통과 양립될 수 있는지 질문해보는 것입니다. 아픔을 경험한 사람만이 기쁨을 누릴 권리가 있습니다." 사도 바울은 이렇게 말하기도 했습니다. "우리는 슬픔을 아노라 그러나 우리의 기쁨도 꺼지지 아니하리라(요 16:20, 의역).

매년 어김없이 비극과 악행, 고통, 슬픔의 짐을 나누어 져야 할 일들이 생깁니다. 중동의 이권 분쟁, 남아프리카의 인종차별, 한국의 분단된 영토, 미국의 도덕적 타락, 세계적으로 지속되는 핵전쟁의 공포와 해결되지 않는 긴장 상태 등 인류의 역사에는 끊임없는 사건이 일어납니다. 비극과 수치, 고통, 슬픔을 안겨주는 사건이 없었던 해가 단 한 번도 없었습니다.

그러나 우리보다 앞서 가신 분들이 우리를 향해 지금도 말합니다. '분재 나무'는 죽었지만 선교사로 들어와 개척자로 살았던 이들의 목소리는 지금도 이 땅에 울리고 있습니다. 믿음으로 우리에게 구원의 빛을 위임한 그들은 모두 앞으로 수년간 우리가 할 일에 대한 증인들입니다.

사도 바울의 말을 다시 인용하겠습니다. "내가 생각하건대 하나님이 사도인 우리를 죽이기로 작정된 자 같이 끄트머리에 두셨으매 우리는 세계 곧 천사와 사람에게 구경거리가 되었노라 우리는 그리스도 때문에 어리석으나…"(고전 4:9-10).

저는 기도합니다. 구름 같이 둘러싼 허다한 증인들이 우리를 격려하고 강건하게 하며 우리의 순례 길을 응원해주기를 기도합니다. 우리 모두가 "그 앞에 있는 기쁨을 위하여 십자가를 참으사 부끄러움을 개의치 아니하시더니 하나님 보좌 우편에 앉[으신]"(히 12:2) 예수님만 바라봅시다. 이제 우리의 수고와 증거가 주님 안에서 결코 헛되지 않다는 것을 명심하면서 주님의 풍성한 역사가 계속될 우리의 갈 길을 꾸준히 걸어갑시다.

> 내 갈 길 멀고 밤은 깊은데 내 빛 되신 주
> 저 본향 집을 향해 가는 길 비추소서
> 내 가는 길 다 알지 못하나
> 한 걸음씩 늘 인도하소서
> (존 H. 뉴만, 찬송가 '내 갈 길 멀고 밤은 깊은데')

설매리 여사와 어린 세 자녀

장성한 세 자녀(왼쪽부터 제니퍼, 존, 크리스틴-설대위 선교사의 장례식을 마치고)

 아·홉

보이지
않는
그분

대답하되 두려워하지 말라 우리와 함께한 자가 그들와 함께한 자보다 많으니라 하고 기도하여 이르되 여호와여 원하건대 그의 눈을 열어서 보게 하옵소서 하니 여호와께서 그 청년의 눈을 여시매 그가 보니 불말과 불병거가 산에 가득하여 엘리사를 둘렀더라 (왕하 6:16-17).

저와 제 가족은 36년간 의료선교사로서 한국 전주에 있는 예수병원에서 사역하는 특권을 누렸습니다. 그동안 어려운 일들도 있었지만 한국인들과 깊은 유대감을 경험했습니다. 그것은 우리 주 예수 그리스도의 종 된 동료 의료진, 질환으로 고생하는 환자들, 두려움과 절망의 포로가 된 사람들, 희망을 갈구하고 빛을 더듬어 찾는 사람들과의 깊은 유대감이었습니다. 하나님의 보이지 않는 능력에 대한 공통된 약속이라는 또 다른 양상의 상호 유대 관계를 고대의 성경구절에서 잘 조명하고 있습니다.

1976년 성탄절을 맞아 교도소에 수감된 은명기 목사님을 만나러 갔습니다. 박정희 대통령이 사실상 독재 권력을 쥔 종신 대통령으로 취임하게 될 즈음, 은 목사님은 대통령이 선포한 유신헌법을 반대하다가 체포됐습니다.

저는 이 용맹스러운 남자를 만나보고 싶어 외국인으로서 추방의 위험을 무릅쓰고 면회신청을 냈으나 직접 면회는 거절당하고 대신 성탄 선물만 전해줄 수 있었습니다. 은 목사님이 수감 생활을 하는 동안 힘이 될 것 같아서 선물꾸러미 속에 열왕기하 6장 16-17절을 참조한 문구 "우리와 함께한 자가 그들과 함께한 자보다 많으니라"를 몰래 넣어 들여보냈습니다. 용기가 넘치는 이분은 1년 넘게 수감되었다가 모든 인간사를 다스리시는 하나님의 절대 주권에 의연히 헌신하는 모습으로 나타났습니다.

이 일화는 복음에 적대적인 세력 한가운데서 예수 그리스도를 위해 투쟁하는 사람의 이야기요, 동양에 주재하는 선교사들의 삶에서 일어나는 많은 사건들 중 하나입니다. 우리는 의료 선교사이기 때문에 대체로 정치적인 문제들은 기피합니다. 그렇지만 질병과 무관심, 무지, 공포와 싸우다보면 어둠의 영적 세력들에게 포위당하는 기분을 느낄 때가 많습니다.

예수병원은 공동의 목적 아래 하나로 묶인 기독의료인의 치유공동체입니다. 우리는 매년 성경 말씀에 기초한 표어를 채택하여 이를 새해 목표로 공표합니다.

성령의 힘으로,

그리스도를 만사의 으뜸으로,

하나님의 고귀한 부르심의 상을 향하여,

하나님의 처음 사랑을 기억하며,

모든 일을 주님께 하듯,

그리스도의 십자가가 능력을 헛되지 않게

우리는 우리 앞에 놓인 중심 사명을 잘 지켜야 합니다. 우리는 예수님처럼 병든 자를 고치고 그리스도의 구속 사역을 전하기 위한 도구가 되며 그리스도의 사랑으로 강권된 치유의 대사가 되어야 합니다. 예수님의 이름을 짊어진 병원으로서 거룩한 사명을 갖고 있다는 것을 감히 잊어서는 안 됩니다.

제가 이처럼 목적을 강조하는 이유는 레슬리 뉴비긴 주교가 지적한 것처럼 동양 문화권의 종교가 좀처럼 목적이라는 관점에서 세상을 이해하지 않기 때문입니다. 하지만 성경은 하나님의 목적이라는 개념을 분명하게 말하고 있습니다.

열왕기하의 본문을 다시 한 번 살펴보겠습니다. 아람 왕 벤하닷이 국력이 약해 방어능력이 없는 북이스라엘을 상대로 전쟁을 하고 있습니다. 벤하닷이 이스라엘 왕을 기습하기 위해 군대를 보내 성읍 몇 곳에 진을 칩니다. 엘리사가 이스라엘 왕에게 사람을 보내 "삼가 아무 곳으로 지나가지 마소서 아람 사람이 그곳으로 나오나이다" 하고 일러줍니다. 그 때문에 벤하닷은 매번 자신의 목적을 이루지 못하고 맙니다. 화가 난 아람 왕이 신복들을 불러 "우리 계획을 누가 적들에게 유출시키고 있는가?"라고 묻습니다. 신복들은 "저희 중 아무도 그런 짓을 하지 않았습니다. 다만 이스라엘인 엘리사가 왕이 침실에서 한 말을 이스라엘 왕에게 고하나이다"라고 대답합니다.

벤하닷이 엘리사를 사로잡기로 결심하고 그가 이스라엘의 수도인 사마리아에서 북쪽으로 15킬로미터쯤 떨어진 도단에 있음을 알아냅니다. 그는 성읍을 포위합니다. 엘리사의 사환이 일찍이 일어나서 나가보니 말과 병거들이 성읍을 에워싸고 있습니다. "아아 내 주여 어찌 하리이까?" 사환이 어찌할 줄 모르고 묻자 이때 엘리사가 대답합니다. "우리와 함께한 자가 그들과 함께한 자보다 많으니라."

엘리사는 성읍을 에워싼 주변 산마다 눈에 보이지 않는 여호와의 군사와 불병거와 불말이 가득한 것을 볼 수 있었습니다. 엘리사는 하나님의 영원한 목적과 신실하심에 근거한 확신이 있었습니다. 그리고 예언자로서 보이지 않는 것을 볼 줄 아는 눈을 가지고 있었습니다.

아아, 오늘날 예수 그리스도의 교회도 우리 한가운데서 일하시는 하나님의 초월적인 목적과 능력의 보이지 않는 요소를 인식하는 능력을 되찾을 수 있다면 얼마나 좋을까요?

이런 일이 가능해지려면 3단계의 과정을 거쳐야 합니다. 첫 번째는 우리를 부르시는 보이지 않는 하나님을 '의지하는' 단계, 두 번째는 우리와 함께하시는 보이지 않는 하나님을 '보는' 단계, 그리고 마지막으로 우리에게 능력을 주시는 하나님을 의거해 '행동하는' 단계입니다.

보이지 않는 하나님을 의지하기

매리와 저는 한국에 살면서 적대적이거나 위협적인 사람들에게 신체적으로 둘러싸였다고 느껴본 적이 거의 없습니다. 한국 사람들은 매우 예의가 바르며 일반적으로 외국인에 대한 배려심이 깊습니다. 실제로 그들은, 특히 예수님을 믿는 사람들은 정말로 사랑스런 백성입니다. 더욱이 우리는 선교사로서 기독교 단체나 병원, 한국 교회에 소속되어 있기 때문에 보호를 받습니다.

그럼에도 불구하고 기독교인으로서 우리는 이념적인 면에서 대적하는 세력에 둘러싸여 있다는 느낌을 자주 받았습니다. 은근히 적대적인 문화에 둘러싸여 있다는 느낌 말입니다.

우리는 이곳에 온 지 얼마 되지 않아서 죽은 자들에 대한 두려움, 절실한 문제 해결을 위해 무당을 찾아가는 관습 등 한국인의 사고에 무속신앙이 자리 잡고 있음을 알았습니다. 나중에는 불교의 활동도 부활했습니다. 한국의 원불교 종단은 전주에서 조금 떨어져 있는 익산 시에 본부를 두고 있었습니다. 그곳에서 그들은 조직적으로 은행들과 시의 정권을 장악하고, 유력한 대학 하나를 설립하고 나서 교회들에게 강제력을 행사하고 기독교 기관들을 위협하기에 이르렀습니다.

그러나 복음을 좌절시키는 최대의 문화적 요소는 한국인의 심리와 사회 전반에 널리 스며들어 있는 유교일 것입니다. 표면적으로는 일종의 선한 의도를 가진 윤리 제도처럼 보이지만 정작 그것은 씨족주의, 분파주의, 학벌, 불평등, 체면 및 자존심에서 비롯된 논쟁을 끊임없이 불러일으킵니다.

무속신앙, 불교, 유교, 민족주의, 차별과 계급의식 등이 복잡하게 뒤섞여 큰 압력을 행사하고 있었지만 그런 여건에서도 교회는 성장을 계속하면서 신실한 복음 증거를 통해 개인과 사회에 영향을 미치고 기도와 긍휼의 사역을 쉬지 않았습니다. 이것이야말로 혼돈의 시대에 존재하는 하나님의 보이지 않는 중재입니다. 도단을 에워쌌던 천군천사들이, 변화하는 한국 사회에서는 기도하고 십일조를 드리며 복음을 증거하는 그리스도인 천사들이라고 말할 수 있습니다.

그리스도인들은 멸시를 당할 때가 많습니다. 특히 전통과 권위에 젖어 있는 가족들을 마주할 때, 믿지 않는 남편에게 구타를 당하면서도 그를 위해 기도할 때, 직장인에게 당연하게 생각되는 술집 문화를 거부할 때, 거리에서 믿음으로 복음을 선포할 때 믿는 자들은 조롱을 당합니다.

> 이 땅에 마귀 들끓어 우리를 삼키려 하나
> 겁내지 말고 섰거라 진리로 이기리로다
> 친척과 재물과 명예와 생명을 다 빼앗긴대도
> 진리는 살아서 그 나라 영원하리라
> (마르틴 루터, 찬송가 '내 주는 강한 성이요')

1970년 전주에서 예수병원 신축공사를 준비할 때 우리는 이러한 위협을 당한 경험이 있습니다. 미국 장로교단이 여신도들의 생일 헌금을 모아 보낸 기부금과 독일 개신교단에서 보낸 기금이 7층짜리 현대적 의료센터 건물을 짓는 데 사용되었습니다. 독일의 국제협력단의 요청으로 한국 정부는 건축자재와 장비의 면세 수입 허가를 우리에게 내주었습니다.

그러나 꽤 큰 물량의 건축자재를 선적한 배가 부산항에 도착하자 정부는 약속을 어기고 딴소리를 했습니다. 우리는 엄청나게 높은 수입관세를 지불하게 될 입장에 처하게 되었을 뿐만 아니라 이제 겨우 5층밖에 건물을 못 올리고 파산할 지경에 이르게 되었으며 이 위기를 극복할 재원조차도 없었습니다.

저는 그리스도인인 국회의원을 찾아가 호소했습니다. 이 국회의원의 부친은 선교부의 운전기사로 일한 적이 있는 사람이었습니다. 그 국회의원이 우리를 위해 정치적 영향력을 행사하여 보건사회부 장관에서 면세 수입과 소속 직원을 포함한 하위 관리들까지 관료주의가 몸에 밴 서울 공무원들에게 항의를 했습니다. 그는 뇌물 대신에 기독교적 원칙을 사용했습니다. 우여곡절 끝에 그 국회의원은 보건사회부를 흔들어 막힌 곳을 뚫었고 결국 수입허가가 나와 예수병원은 완공되었습니다.

오늘날까지도 우리는 예수병원이 위치한 전주 남쪽의 언덕 이름을 따라 이를 '용머리 고개의 기적'이라고 부릅니다. 그러나 우리를 도왔던 건 산허리에 있는 용들이 아니었습니다. 천국의 주인이었습니다. 하나님 그분이 우리와 함께하셨습니다. 미국 교회들도 어떤 면에서 보면 포위되어 있기는 마찬가지입니다.

우리는 지금 기독교 후기 시대에 살고 있습니다. 사람들의 대화 속에서 믿음이 배제되고 도덕적 부패가 만연하고 인간성을 지적 동물의 특성 정도로 끌어내려 인간의 영혼 속에 존재하는 영광을 부정하는 현 세대의 사조는 우리를 종종 당황스럽게 합니다. 바울이 살던 시대와 마찬가지로 복음은 오늘날의 헬라인들, 소위 현대사회의 여론주도층이나 고등교육을 받은 지식인들에게 어리석은 것이 되고 말았습니다. 인간의 삶에서 영적인 부분을 축출할 때 문화가 급격히 쇠퇴한다는 것은 사람들의 공통된 시각입니다.

솔제니친은 그것을 다음과 같이 표현했습니다. "서방세계는… 고상한 도덕과 윤리적 이상이 점차 부식되고 모호해지는 현상을 겪고 있다. 생명의 영적 축이 사라지고 있다."

이런 현상의 결과로 1960년부터 1990년 사이에 사생아의 출생률이 5.3퍼센트에서 26.2퍼센트로 증가하고, 편모 가정의 자녀수가 8퍼센트에서 22퍼센트로, 강력범죄는 1만 명당 16.1퍼센트에서 75.8퍼센트로 급격히 증가했습니다. 또한 10대의 사망원인에서 자살이 차지하는 비율이 3.6퍼센트에서 11.3퍼센트로 늘었습니다.

이러한 도덕적 해이의 원인이 무엇이겠습니까? 트리뷰트 미디어 서비스의 기자 밥 그린은 이렇게 설명합니다. "텔레비전과 영화에 폭력적인 장면을 노골적으로 쏟아 붓고 있는 매체공

급자들이, 표현의 자유라는 고상한 윤리적 개념을 근거로 삼는 게 아니라 단지 돈을 쉽게 벌기 위해서 그런 일을 한다는 사실을 미국인들은 이제야 간파했다."

저와 매리는 은퇴 선교사로 집에 돌아오고 나서 선교지란 단지 멀리 외딴 곳의 어느 섬 또는 골짜기가 아니며 미전도 종족이나 이방인들이 사는 곳도 아니라는 사실을 깨달았습니다. 여기 미국, 복음에 대해 그 어느 때보다 강력하게 저항하는 기독교 후기 문화 속에도 무수한 선교 대상자들이 있습니다. 그러므로 우리는 모두 선교사가 되어야 합니다. 우리는 "복음을 부끄러워하지 아니하노니 이 복음은 모든 믿는 자들에게 구원을 주시는 하나님의 능력이 됨이라"(롬 1:16-17)고 선언해야 합니다. 또한 보이지 않는, 우리와 함께하시는 하나님의 능력을 의지해야 합니다. 역사의 주관자 되시는 하나님께서 그분의 은혜로운 뜻을 실현하려고 사용하시는 섭리의 힘을 의지해야 합니다.

우리는 신실한 자로 남아야 합니다. 어쩌면 유일하게 신실한 '남은 자'들이 될지 모릅니다. 그러나 믿음을 창조하고 완성하시는 예수 그리스도를 바라보며 우리를 변화시킬 뿐만 아니라 보호하고 대속하고 희생적 사랑으로 부르시는, 보이지 않으나 내재하시는 그분을 의지해야 합니다.

보이지 않는 하나님 보기

하나님께서 우리와 함께 계신다는 것뿐만 아니라 그런 하나님을 우리는 알아볼 수 있어야 합니다. 우리 가운데 역사하시는 그분의 활동을 우리는 인지할 수 있어야 합니다. 성경에는 여호와의 종들이 하나님과의 만남의 시기를 깨닫는 카이로스(Kairos)의 순간에 대한 기록들로 가득합니다. 알다시피 카이로스는 신약에 나오는 '뜻 깊은 시간'으로서 결정의 시기, 진리나 만남의 순간을 말합니다. 단순한 시간의 흐름을 뜻하는 크로노스(Kronos)와는 대조됩니다.

모세가 이스라엘 백성들을 이끌어 홍해에 다다르고 바로의 군대에게 쫓기는 순간도 이런 카이로스의 순간이었습니다. 모세와 이스라엘 백성들은 그때 사실상 함정에 빠져 있었습니다. 뒤에는 맹렬하게 뒤쫓는 애굽 군사들이, 앞에는 통과할 수 없는 장애물이 있어 그야말로 진퇴양난의 위기였습니다. 이스라엘 백성은 공포에 떨었습니다.

이때 모세가 백성에게 말합니다. "가만히 서서 여호와께서 오늘 너희를 위하여 행하시는 구원을 보라"(출 14:13). 구름기둥이 이스라엘 백성과 애굽 군대 사이, 그리고 백성 뒤편으로 움직이며 애굽 군대를 흑암으로 몰아넣었습니다. 나머지 이야기는 말 안 해도 잘 알 것입니다. 모세가 바다 위로 지팡이를 든 손을 내밀자 이스라엘 백성은 마른 땅을 밟고 바다를 건너며 주 여호와의 구원하심을 보았습니다.

구약에서 우리는 하나님의 임재를 인식하고 "믿음으로 나라들을 이기기도 하며 의를 행하기도 하며 약속을 받기도 하며 사자들의 입을 막기도 하며 불의 세력을 멸하기도 하며 칼날을 피하기도 하며 연약한 가운데서 강하게 되기도"(히 11:33-34) 하는 위대한 믿음의 영웅들을 만나게 됩니다. 그 중에는 야곱, 모세, 여호수아, 엘리야, 히스기야, 사드락, 메삭, 아벳느고, 다니엘, 요나, 하박국과 같이 하나님을 만난 이들도 있었습니다. 그들은 자기들 중에 계시는 하나님이 우연의 일치가 아니라는 것을 경험했습니다. 하나님의 섭리를 얼핏 본 것입니다.

'우연의 일치가 아닌 일이라 함은 우연히 생긴 도저히 믿기 어려운 사건'이란 뜻입니다. 바울이 다메섹 도상에서 겪었던 일도 우연의 일치가 아니었습니다. 그는 그리스도를 알아보기 위해 실명을 해야 했습니다. 어둠 속에서 보이지 않는 영광을 만났을 때 바울의 거부하는 마음과 악한 마음은 깨지고 마침내 바울은 부활하신 예수님을 목격하게 되었습니다.

이 땅에 살아가는 우리는 그와 같은 진리의 순간을 별로 경험해보지 못했습니다. 저 자신도 환상을 본 적이 없으며 눈에서 비늘 같은 것이 벗겨지는 경험을 한 적도 없습니다. 그러나 제게는 잊을 수 없는 경험이 몇 가지 있습니다. 그것은 과학적 설명을 초월하는 사건의 일부가 된 듯한 경험, 자연적 영역과 초자연적 영역이 뒤섞여 동일한 시공간에 있게 된 어떤 순간입니다.

1967년에 간에 염증이 생겨 출혈을 일으킨 환자를 받았습니다. 먼저 엑스레이를 찍어보니 출혈이 좌엽에서 일어나고 있었습니다. 저는 좌엽 절제술을 시술하기로 결정했습니다. 그러나 절제수술에 들어가기도 전에 심실 심박급속증과 연관된 심박정지 증세가 나타났습니다. 우리는 그의 흉부를 열어 심장을 2시간 30분 동안 마사지했습니다. 마사지를 하는 동안에도 계속해서 필사적으로 기도를 드렸습니다. 당시만 해도 병원에 심장 모니터가 없었기 때문에 제세동 시에 한국 자생 마취제의 일종인 자이로카인을 심막에 뿌리는 것이 우리가 할 수 있는 유일한 처치였습니다.

제가 손으로 그의 심장의 미약한 수축 운동을 조정하면서 필사적으로 기도를 드리고 있는데 갑자기 그가 마취에서 깨어나 손을 휘저었습니다. 심지어 기관내삽관 튜브를 한 채로 얼굴을 찡그리기까지 하는 것이었습니다. 심장이 다시 뛰기 시작한 것입니다. 그는 수술을 견뎌냈습니다.

그러나 출혈이 있는 간장은 그대로 두어야 했습니다. 심장내과 의사인 주보선 과장은 환자의 심장근육이 한 달은 지나야 마사지 때 받은 손상으로부터 회복될 것이라고 주장했습니다.

그래서 우리는 그에게 매일 수혈을 함으로써 간장 출혈로 손실되는 피를 보충해야 했습니다. 혈액 83단위를 쓰고 난 후에야 드디어 그를 수술실로 옮기고 간장의 좌엽 절제수술을 완료할 수 있었습니다.

그 한 달 사이에 저는 병상 옆에서 여러 번 기도를 드렸는데, 그 결과 그가 예수 그리스도를 구세주로 영접했습니다. 저희 부부가 선교현장에서 은퇴하여 전주를 떠나올 때 그가 찾아와 말했습니다. "이제 스물세 살이 됐어요." 그는 자기가 다가산 언덕의 예수병원 옛 건물 지하실에서 하나님의 자녀로 태어난 날을 기준으로 나이를 세고 있었던 것입니다.

필사적으로 심장 마사지를 하던 그날 그 시간에 저는 주님을 만나 뵌 것일까요? 수술실에서 불병거를 본 것은 아니었지만 절박한 기도를 드리는 가운데 히스기야 왕의 심정을 조금은 느껴보았습니다. 히스기야 왕은 하나님을 모욕하는 산헤립의 편지를 받고 "천하 만국이 주 여호와가 홀로 하나님이신 줄"(왕하 19:19) 알게 하도록 간구했습니다. 바로 그날 저도 히스기야와 같은 처지에 있었던 것입니다.

카이로스의 만남이 꼭 드라마틱한 것은 아닙니다. 나팔소리나 불 혹은 구름이나 하늘에서 들리는 음성 같은 것도 없을 수 있습니다. 엘리야가 들은 미세한 음성조차도 들리지 않을 수 있습니다. 그러나 하나님은 열정적으로 우리를 부르시고 사건이나 위기, 슬픔, 위험, 질환, 사고, 특히 그분의 말씀을 통해 우리에게 다가오려고 애쓰십니다.

하지만 깊이 있는 묵상과 뜨거운 찬양, 만유의 주님과의 끊임없는 대화로부터 우리의 시선을 흩어버리는 일들은 항상 일어납니다. 우리가 들으려 하지 않고 하나님을 찾으려 하지 않고 하나님의 임재를 인식하려 하지 않는다면 하나님께서 어떻게 우리에게 말씀하시겠습니까? 우리가 위로와 힘을 달라고 하늘에 계신 아버지께 달려가지 않는다면 어떻게 하나님께서 우리를 축복하실 수 있겠습니까?

우리는 위기의 순간이나 고뇌의 날에 주님께 나아가 도움을 청할 뿐만 아니라 그분의 말씀으로 조명해주시기를, 사랑으로 가득한 하나님의 목적을 인식하게 해달라고, 하나님의 계시와 진리를 갈급해하는 심령을 달라고 간구해야 합니다.

예루살렘 입성을 위해 오시던 예수님은 예루살렘 가까이에 이르러 성을 보고 우시며 "오늘 네가 평화의 길을 알았더라면 좋았을 텐데. 그러나 지금은 이것이 너에게 감춰져 있다… 이는 하나님께서 찾아온 때를 네가 깨닫지 못했기 때문이다"(눅 19:42, 44, 쉬운성경)라고 하셨습니다. 우리도 하나님이 찾아오시는 카이로스를 알지 못한 적은 없습니까? 하나님의 보이지 않는 카이로스를 인식하지 못해 구원과 복음 전파의 기회를 자주 놓치지 않았는지 돌아봅시다.

보이지 않는 하나님을 따라 행하기

우리는 보이지 않는 것을 '의지'하고 '보아야' 할 뿐 아니라 '의거하여 행동해야' 합니다. 하나님은 시공간이 제한된 물리적 영역에서만 우리와 함께하며 역사하시는 것이 아닙니다. 그분은 또한 초월적 목적과 능력으로 우리 개인의 삶을 채우며 변화시키기 원하십니다.

보이지 않는 것에 의거하여 행동한다는 것은 궁극적인 영적 실재에서 행한다는 것입니다. 예배하는 자들은 하나님을 영과 진리로 예배해야 합니다. 영적 진리는 영적으로 분별됩니다. 그것은 생물학자의 전자현미경으로 볼 수 있는 것도 아니며 생화학자의 분광광도계로 탐지되는 것도 아닙니다. 그리스도인은 '믿음으로' 눈에 보이는 것이 아닌 눈에 보이지 않는 것에 시선을 고정해야 합니다. 보이는 것은 한시적이며 보이지 않는 것은 영원하기 때문입니다.

보이지 않는 영적 진리를 행동으로 옮긴다는 것은 물론 믿음의 행위입니다. 그러나 여기에는 믿음 그 이상의 것이 필요합니다. 영적 진리를 행동으로 옮기기 위해서는 믿음을 가져야 할 뿐 아니라 하나님의 영에 복종하고 하나님의 영 안에 잠기고 자신을 하나님의 영 앞에 내려놓아야 합니다. 하나님의 능력을 통해 보이지 않는 진리의 더 깊은 실체에 사로잡힘으로써 우리는 영원을 맛보게 됩니다.

다시 말하자면 우리는 '믿음으로 살아야 하며, 보이는 것으로 살아서는 안 됩니다.' 보이지 않는 진리는 비이성적인 것이 아니라 초이성적인 것입니다.

몬트리트대학 교수 출신의 부부 론과 파멜라 브런슨은 소비에트 쿠데타로 고르바초프 정권이 무너진 직후 선교사 자격으로 모스크바에 갔습니다. 그들이 살던 아파트는 레닌광장에서 엎어지면 코 닿을 만큼 가까운 곳에 있었는데, 레닌광장은 공산당 의회가 옐친을 축출하려던 당시에 폭력이 가장 빈번하게 일어났던 곳입니다. 미국인들에게는 실제적인 위험이 도사리고 있는 곳이었지요. 극단적인 친미주의자인 옐친이 가까스로 위기를 모면한 직후에 브런슨 내외는 우리에게 편지를 보내 다음과 같이 고백했습니다. "우리가 아직 여기에 있다는 것은 정말 하나님의 기적입니다."

한국인 제자였던 의사 김민철은 제가 쓴 한국의 의료선교역사 책을 읽었습니다. 그는 제2차 세계대전에서 일본이 패망한 직후 모든 민간 기구가 한국으로부터 철수한 상황에서 두 명의 미국인 의사 존 윌슨과 데이비드 탈마지가 선교사로 자원하여 한국 남서부에 도착, 콜레라를 퇴치하는 데 일조했다는 내용을 읽고 깊은 감명을 받았습니다. 때마침 르완다에서 대학살 사건이 일어나 50만 명이 학살과 콜레라, 굶주림으로 죽었다는 소식이 들려왔습니다. 닥터 김은 자원하여 제2차 세계대전 이후 최대 규모의 인명 피해와 참사가 발생한 고마로 향했습니다. 그리고 50년 전에 한국에 와서 희생적으로 봉사했던 선교사들에게 진 빚을 그리스도의 이름으로 갚기 위해 그는 인분과 진흙과 시신더미가 널린 그곳에서 의료선교를 했습니다.

윌리엄 캐리는 "하나님으로부터 위대한 일을 기대하며 하나님을 위해 위대한 일을 시도하겠다"는 일념으로 1793년 인도로 건너갔습니다. 하나님으로부터 위대한 일을 기대한다는 것은, 진리의 순간에 말하고 고통의 때에 위로를 베풀며 절망과 의심의 때에 삶으로 십자가를 드러내라고 그리스도가 보내신 자처럼 하나님의 손에 자신을 내맡기면서, 매 순간 하나님께서 나와 함께하실 것을 신뢰하는 가운데, 지성의 믿음으로 모험을 하는 것입니다. 하나님을 위해 위대한 시도를 한다는 것은 하나님께서 사람들을 이끌어 들이실 그리스도의 십자가를 증거할 기회를 잡거나 만들어낸다는 뜻입니다.

이 두 가지 일을 위해 우리는 모든 순간들, 성령님께서 그 안에서 역사하실 수 있는 카이로스의 순간들을 붙들어야 합니다.

'위기'(危機)라는 한자는 두 개의 단어를 합성한 것입니다. 즉 위험과 기회입니다. 그리스도를 위한 기회라고 해서 위험이 면제되는 법은 없습니다. 우리는 그리스도를 위해 '위험을 마다하지 않는 사람'이 되어야 합니다. 우리에게 신임장은 없습니다. 그러나 우리는 하나님께서 우리를 통하여 당신의 뜻을 전하도록 하신 그리스도의 대사들입니다. 우리가 가진 것이라고는 하나님의 동행하심과 우리 같이 공로 없는 전달자들의 손에 맡겨진 하나님의 목적이라는 보이지 않는 요소 말고는 아무것도 없습니다.

아직도 왜 우리가 세계로 선교사들을 보내야 하는지 의문을 갖고 있는 사람들이 있을 것입니다. 그렇다면 이 점을 생각해 봅시다.

- 교회가 없는 미전도 종족이 11만 개가 있습니다. 대부분 그들에게는 그들의 언어로 번역된 성경이 없습니다.*
- 복음을 제대로 들을 수 없는 사람들이 20억 명도 넘습니다.
- 해마다 500만 명 이상의 어린이가 영양실조로 죽어가고 있습니다.

우리 교단이 파송한 해외선교사의 수는 401명입니다만, 그 중 극소수만 현지인 교회가 있는 나라에서 사역하고 있습니다. 현장선교를 제한하고 있는 나라에서는 최근까지 교회의 공식 초청을 받지 못한 선교사의 입국을 허가하지 않고 있습니다.

곧 하나님께서 그리스도 안에 계시사 세상을 자기와 화목하게 하시며 그들의 죄를 그들에게 돌리지 아니하시고 화목하게 하는 말씀을 우리에게 부탁하셨느니라(고후 5:19).

다시 말하지만 그리스도의 대사들입니다. 하나님은 우리를 통하여 당신의 말씀을 전하십니다.

그렇다면 우리가 할 일은 무엇입니까? 우리는 물리적, 정치적인 세상의 권력 앞에서 비겁자가 되어야 하겠습니까? 그렇지 않으면, 하나님의 보이지 않는 능력을 의지하는 사람이 되어야 겠습니까? 우리는 우리 자신의 힘으로 어려움들과 싸워야 하겠습니까? 그렇지 않으면 산등성이에 가득한 하나님의 군대를 인식하고 기도와 순종과 사랑과 진리를 통해 보이지 않는 군대의 일원이 되어야 하겠습니까?

하나님께서 우리의 눈을 뜨게 하여 당신의 불병거를 보게 하실 줄 믿습니다. 하나님께서 우리의 가슴을 열어주어 성령님을 모셔 들이게 하실 줄 믿습니다. "이는 힘으로 되지 아니하며 능력으로 되지 아니하고 오직 나의 영으로 되느니라" (슥 4:6).

---

* 2012년 현재 전세계 16,439개의 종족 중 미전도종족은 7,062개로 전체 종족의 43퍼센트에 이른다(출처 : www.joshuaproject.net).

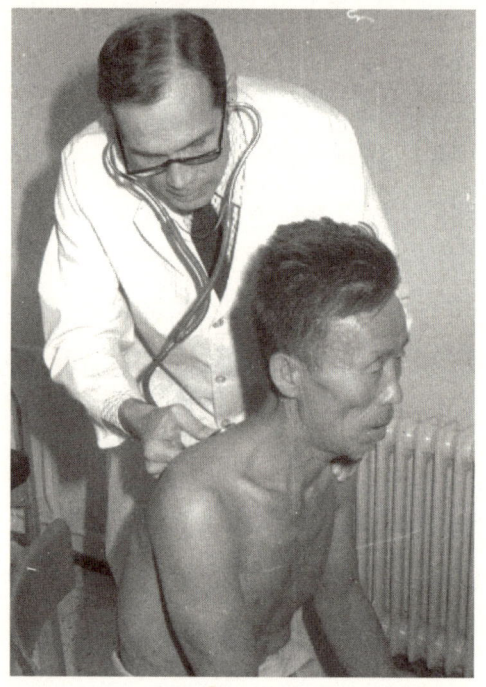

"우리는 그리스도의 대사들입니다. 하나님은 우리를 통하여 당신의 말씀을 전하십니다."(종양진찰실에서 환자를 진료하며)

열

그리스도의
고난에
동참함

그러므로 예수도 자기 피로써 백성을 거룩하게 하려고 성문 밖에서 고난을 받으셨느니라 그런즉 우리도 그의 치욕을 짊어지고 영문 밖으로 그에게 나아가자(히 13:12-13).

그리스도의 죽음 속으로

은퇴한 뒤 고국에 돌아온 저는 이따금씩 미국에서 그리스도의 십자가가 왜곡되고 있으며 호도되고 있다는 느낌을 받았습니다. 제가 틀린 것인지도 모릅니다. 사람들은 사회 정의와 평화, 가난한 자들에 대한 구제 등 가치 있는 여러 주제에 지대한 관심을 갖습니다만, 기독교 신앙의 핵심인 십자가에 대해서는 별로 대수롭지 않게 여긴다거나 아니면 굳이 입 밖에 꺼내봐야 사람들을 불편하게 만드는 것 정도로 생각하는 듯합니다.

예수님은 말씀하셨습니다. "누구든지 나를 따라오려거든 자기를 부인하고 자기 십자가를 지고 나를 따를 것이니라"(마 16:24). 십자가는 복음의 핵심입니다. 십자가는 인류를 향한 하나님의 거룩하심, 사랑, 인자하심과 정의로우심의 초점입니다. 바울도 고린도서에 다음과 같이 십자가를 강조했습니다.

> 내가 너희 중에서 예수 그리스도와 그가 십자가에 못 박히신 것 외에는 아무것도 알지 아니하기로 작정하였음이라(고전 2:2).

우리도 그 십자가에 참예해야 합니다. 십자가가 없다면 부활도 없습니다. 골고다뿐 아니라 오늘날 이곳에서도 십자가는 하나님이 세상에서 역사하시는 방법입니다. 그리스도의 제자 된 우리가 십자가를 짊어지는 것은 자원하는 마음에서 비롯되어야겠지만 또 마땅히 여겨져야 합니다. 물론 십자가를 지지 않아도 그리스도인이 되는 것은 가능합니다. 그러나 결코 제자는 될 수 없습니다.

인간인 우리가 그리스도의 십자가에 참예한다는 것은 주제넘은 일이 아닙니다. 우리가 그리스도의 십자가에 참예한다고 해서 예수님의 '구원' 사역을 희석되거나 약화되지 않습니다. 하나님이지만 인간으로 성육신하신 그리스도만이 자신의 생명을 내놓음으로써 인간의 죄를 대속하고 인간과 하나님 사이의 화목을 이루실 수 있습니다. 그분만이 십자가에서 피를 흘리심으로써 창조주 하나님과 그분께 반항하는 피조물 사이의 화평을 이루고 하나님을 기쁘시게 할 수 있습니다. 그럼에도 인간이 그리스도의 구속 사역에 동참할 수 있다는 것은 참으로 큰 신비입니다. 주님의 십자가 능력이 개인에게 온전히 역사할 수 있도록 우리가 기틀이 된다는 말입니다.

바울은 그리스도의 몸 된 교회를 위해 그분의 남은 고난을 자신의 육체에 채우겠다고 말했습니다. 하나님께서 예수님의 십자가를 온 인류의 죄에 대한 충분한 희생으로 인정하셨는데 여기에 누군가가 무언가를 채워야 한다는 것은 무슨 의미일까요? 주님이 완벽하게 성취하신 구원 사역과 그 효력을 생각할 때 그 누가 십자가에 무언가를 첨가할 수 있단 말입니까? 하지만 그리스도의 십자가가 구원받지 못한 인간의 마음에 가닿으려면 제자 된 우리가 그리스도의 십자가에 참예해야 합니다. 그것은 절박하고도 마땅한 일입니다.

저는 의료선교사로 사역하면서 굶주림과 고통, 절망, 비통함, 거부감, 희망의 상실 등 이 세상의 수많은 고난을 현장에서 직접 목격했습니다. 오늘날에는 텔레비전 같은 매체가 있어서 누구라도 인류의 고통과 고난의 장면을 간접적으로 접할 수 있습니다. 우리는 이 어두운 세상에서 복의 근원이 되라고 부름을 받은 사람들입니다. 그러나 도와주려는 의향만으로 인간의 곤경을 해결할 수 없습니다. 거기에는 희생적인 참여가 필요합니다. 아무리 그리스도의 사랑을 선포한다고 해도 자신의 일부를 희생하지 않는다면 누가 그런 선포를 신뢰하겠습니까?

암 세포를 적출하려면 6-10시간 또는 그 이상의 시간과 노력을 쏟아부어야 합니다. 알코올이나 약물에 중독된 사람들을 보살피려면 뜬눈으로 밤을 새우며 지속적으로 기도하는 수고가 필요합니다. 말 안 듣는 자녀를 올바른 길로 이끌기 위해서 부모는 수개월 또는 수년간 고뇌 속에서 지내곤 합니다.

사랑에는 종종 눈물이 요구됩니다. 그리스도를 알고 그분의 부활 능력을 아는 사람이라면 누구든지 그리스도의 십자가를 향함으로 그분의 고난에 동참해야 합니다. 십자가야말로 모든 상황에서 대속 사역을 행하시는 하나님의 보편적 방법임을 기억해야 합니다. 인자(人子)가 거부당하고 살해되고 부활하셨다면 그분을 따르는 모든 제자도 자신을 부정하고 매일 자기 십자가를 짐으로 주인을 따라 새로워진 삶을 살아야 합니다.

100여 년 전 인간의 고난에 희생적으로 참여하여 그리스도의 이름을 영화롭게 하려는 목적으로 한국의 예수병원이 설립되었습니다. 병원의 설립자는 마티 잉골드라는 노스캐롤라이나 주 록키 마운트 출신의 여의사였습니다. 연안증기선과 말을 타고 전주 성읍에 도착한 마티 잉골드 일행은 전주 시의 서문 밖에서 24달러를 주고 구입한 초가집에 진료소를 개설했습니다. 당시는 꽤 위험한 시기였습니다. 불과 3년 전만 해도 동학군이라 불리는 호전적인 반외세 세력이 도시를 장악하고 집을 불사르고 파괴했습니다. 닥터 잉골드의 용기 있는 사랑은 편견과 적대, 공포의 세력을 끌어안았습니다. 그녀가 작은 진료소에서 날마다 환자들의 곪은 상처를 씻어주고 때로 말을 타고 몸소 병자들을 찾아가자 적대감의 장벽이 무너지기 시작했습니다.

이후에 켄터키 주 머서카운티 출신의 닥터 와일리 포사이스가 그리스도의 사랑을 증거하고 복음을 전도하기 위해 이곳을 찾아왔습니다. 하루는 깊은 시골로 왕진을 갔다가 강도들의 습격을 받아 머리에 심한 자상을 입었습니다. 회복하는 데 수년의 시간이 걸렸지만 그는 곧 한반도 남서부 끝자락에 위치한 목포로 돌아와, 늘 하던 대로 진료 외에 틈이 날 때마다 거리에 나가 성경말씀이 적힌 전도지를 돌리곤 했습니다.

한번은 광주에서 사역을 하던 닥터 R. M. 윌슨이 그를 불러 중병에 걸린 닥터 클레멘트 오웬을 어떻게 치료하면 좋을지 자문해달라고 요청했습니다. 그는 광주로 향하는 도중에 한센병 말기에 있는 여인과 우연히 마주치게 되었습니다. '오랫동안 방치되어 살점이 메스꺼울 정도로 문드러진, 끔찍한 행색을 한' 여인이었습니다. 그녀가 닥터 포사이스를 쳐다보며 "살려 주세요!"라고 외치자 그는 여인을 자기가 타던 말 위에 앉히고 자신은 나머지 21킬로미터를 걸어서 시내로 들어갔습니다. 광주에 있는 병원에서는 전염성이 높은 한센병 환자를 받아주려 하지 않았기 때문에 외딴 곳에 버려진 벽돌 가마에 자리를 마련했습니다.

닥터 오웬은 닥터 포사이스가 광주에 도착하기 전에 이미 숨을 거둔 상태였습니다. 오웬 부인은 한센병에 걸린 불쌍한 여인에게 누울 자리를 마련해주라며 남편이 쓰던 이부자리를 내주었습니다. 불쌍한 여인을 자기 어머니라도 되는 것처럼 부축하여 벽돌 더미 너머에 마련한 새 거처로 데려가는 닥터 포사이스의 모습을 보고 광주 지부 선교사들은 큰 감명을 받았습니다. 이 일을 계기로 그들은 한센병 환자를 위한 시설을 세우기로 결정했고 훗날 이 시설은 한국 최초의 한센병 치료센터가 되었습니다.

선교사들의 끊임없는 헌신으로 수년간 한국에서 의료와 교육, 전도가 활발하게 전개되었습니다. 일본 점령기에는 수많은 신자들이 투옥되고 고문을 당했으며 그중 수백 명은 순교했습니다. 공산군의 남침 기간에는 수천 명의 교회 지도자들이 목숨을 잃었습니다. 한국 교회는 이러한 그리스도인들의 피 흘림을 바탕으로 성장했으며 더 나아가 힘 있고 생명력 있는 교회가 되어 아시아의 희망이 되었습니다.

한국의 격동기에 포사이스, 다니엘, 로버트슨, 티몬즈, 보그스 등의 의료선교사들이 닥터 잉골드가 세운 병원을 섬겼고 태평양 전쟁이 끝난 후 닥터 폴 크레인이 폐쇄된 병원을 다시 열어 새로운 방향으로 전환하여 이 기관을 수련병원으로 만들었습니다. 저와 매리는 1954년 봄에 도착하여 폴과 15년 동안 동역하면서 그 꿈을 이루려고 힘을 쏟았습니다.

그 즈음 저는 새로운 유형의 희생자들을 만나게 되었습니다. 바로 암 환자입니다. 불안한 사회 속에서 살아남으려고 허우적거리는 백성들이 인간의 내부로부터 파괴하는 종양으로 고통을 받기까지 해야 한다는 현실이 특히나 마음 아팠습니다. 우리 부부는 첫 번째 안식년을 맞아 미국에 돌아가 매리는 허리 수술을 받았고 저는 뉴욕에서 2년간 진보된 종양수술 수련을 받고 돌아와 한국 최초로 암 환자 등록사업을 시작했으며 한국 최초의 종양진찰실을 개설했습니다.

오늘날 예수병원은 약 650개의 병상과 900여 명의 직원, 18개 의료 전문분야의 수련 프로그램을 갖추고 있습니다. 암 환자 치료 및 관리뿐만 아니라 응급처치, 재활치료, 공중보건에 역점을 두고 있습니다. 정규직원은 전원 세례교인이고 환자의 간증 프로그램을 통해 매년 1천 600명에서 2천 명의 결신자를

암 환자 등록사업 전산화를 주도한 설매리 여사

배출하고 있습니다. 저는 주님이 명령하신 대사명을 우리 예수병원이 완수했다고 감히 주장하지는 않습니다만 많은 사람들이 진정으로 산 제물이 되어 살아왔습니다. 야간 응급환자들을 돌보기 위해 뜬눈으로 밤을 지새우고 이른 아침에 회진을 하기 위해 동트기 전 눈을 뜨고 수술실에서 하루 종일 고군분투하고 응급실과 중환자실의 급박감으로 인한 스트레스를 감당하며 매일 1천 명 정도의 외래환자를 치료하는 예수병원 직원들이 바로 산 제물인 것입니다.

종양진찰실은 제게 특별한 의미가 있는 곳입니다. 저는 이곳에서 희망과 용기를 잃은 채 암과 외롭게 싸우는 사람들, 재발의 두려움을 안고 병원을 다시 찾은 사람들에게 손을 내밉니다. 그들과 함께 영원히 끝나지 않을 것 같은 전투를 치릅니다. 목숨을 걸고 벌이는 이 싸움에서 우리는 때로 처참한 패배를 겪기도 하지만 변함없이 그들의 존엄성을 지켜주며 지혜와 자비로 그들의 아픔을 달래기 위해 애씁니다. 감히 말하건대 우리는 가슴이 찢어지는 사투를 벌이는 중에도 사랑으로 하나 되는 것을 느끼며 우리 가운데 계신 예수님을 발견합니다.

그리스도의 고난에 참여하는 이 십자가의 길은 우리 자신의 구원을 완성해가는 노정이며 우리의 고난에 참 의미를 부여하는 진리이고 그리스도의 제자들의 자격 요건인 동시에 우리와 함께하는 이들에게 하나님의 자비를 나타내는 수단입니다. 바울은 십자가의 도에 대해 이렇게 말하고 있습니다.

> 우리가 사방으로 우겨쌈을 당하여도 싸이지 아니하며 답답한 일을 당하여도 낙심하지 아니하며 박해를 받아도 버린바 되지 아니하며 거꾸러뜨림을 당하여도 망하지 아니하고 우리가 항상 예수의 죽음을 몸에 짊어짐은 예수의 생명이 또한 우리 몸에 나타나게 하려 함이라(고후 4:8-10).

형제의 고난 속으로

때때로 우리는 이유 모를 두려움을 느끼고 곤경에 빠지기도 하고 한계점에 도달하여 거의 포기할 지경에 이르기도 합니다. 제가 한국에서 보낸 세월이 30년이 넘고 나서 이제는 좀 수월한 삶을 살 수 있으리라 기대를 했지만 마지막 임기 동안은 매우 힘들었습니다. 아내의 고질적인 간염이 가장 큰 요인이기도 했지만 병원의 재정적 위기는 저의 청렴성을 무참하게 공격해왔고 직원들의 반목도 이에 가세를 해서 매우 어려운 시기를 보냈습니다. 불면으로 고통스러웠던 수많은 밤, 저는 장인이 하셨던 말씀을 되뇌곤 했습니다.

하나님만 온전히 믿으면 된다. 하나님은 당신만 의지하도록 나를 가르쳤고 지금까지 잘 할 수 있도록 이끌어주셨다. 하나님은 반드시 나를 끝까지 꼭 붙들어주실 것이다.

그렇다고 제 문제가 다른 사람들보다 유별난 것은 아니었습니다. 오히려 환자들이나 동료들이 안고 있는 문제에 비하면 훨씬 당황스럽지도 고통스럽지도 않은 수준이었습니다. 암은 본인뿐 아니라 가족 모두를 고통스럽게 하는 심각한 문제입니다. 우리 중에는 자신이나 사랑하는 사람이 이 당혹스런 병에 걸렸다는 것을 알게 되고 이에 고통스러워했던 적이 있는 사람들이 많을 것입니다. 베드로는 다음의 글을 기록하면서 어쩌면 암을 생각하고 있었는지 모르겠습니다.

> 근신하라 깨어라 너희 대적 마귀가 우는 사자 같이 두루 다니며 삼킬 자를 찾나니 너희는 믿음을 굳건하게 하여 그를 대적하라 이는 세상에 있는 너희 형제들도 동일한 고난을 당하는 줄을 앎이라(벧전 5:8-9).

오싹하게 들리는 소리입니다만 저는 삶의 현실을 그대로 바라볼 수 있는 믿음이 필요하다고 봅니다. 그리스도인이라고 해서 무조건 낙천적이어야 할 이유는 없습니다. 성경은 마귀로 가득한 이 세상이 우리를 무너뜨리려고 위협하고 있다고 말합니다. 이러한 현실에서 우리는 두려움을 떨치고 일어나 기쁨을 찾아야 합니다. 그리스도의 사랑과 진리는 오직 우리를 통해서만 승리할 수 있기 때문입니다. 인류에게 치욕을 안기려 하는 고통스런 현실을 부인하지 맙시다.

수치는 불명예와 모욕의 표식입니다. 서양보다 동양에서 훨씬 중요하게 생각되는 개념으로, 체면을 살린다는 것은 곧 수치를 면한다는 의미입니다. 서양인들에게 죄책감이 중요하다면 동양에서는 수치심이 중요합니다. 일본의 사무라이는 수치심을 면하기 위해 할복자살까지 한다고 합니다. 한국에서 창피함은 치명적인 것입니다. 제가 아는 어느 아버지는 아들의 생명을 구하려면 절단수술이 필요한데도 창피해서 이를 거부했습니다. 한국 부모들은 보통 선천성 이형을 가진 영아가 태어나면 창피스러워 하고 치료가 가능한데도 불구하고 아이가 죽도록 내버려둡니다. 그들은 보통 '창피해 죽겠다'고 말하는데 이는 일종의 자기실현적 예언입니다.

제가 맡고 있는 암 환자들 중 일부는 암에 걸렸다는 치욕이나 암을 제거한 수술 자국이 없었다면 결코 그리스도 앞에 나오지 않았을 사람입니다. 황임상이란 환자는 연골육종으로 절단수술을 받아 흉터가 생겼지만 믿음을 얻었습니다. 박순필이란 환자는 피부암을 앓아서 얼굴 피부를 많이 잃었지만 결코 주님에 대한 사랑은 잃지 않았습니다.

그렇습니다. 수치는 부끄러움의 흔적이지만 예수님은 그 수치를 통해 희생적인 사랑의 표징이 되게 하셨습니다. 히브리서의 기자는 다음과 같이 선언합니다.

> 이와 같이 예수님도 성문 밖에서 고난을 당하셨습니다. 예수님께서는 자기 피로 그의 백성들을 거룩하게 하려고 죽으셨습니다. 그러므로 우리도 성문 밖에 계신 주님께 나아가서 그분이 당하신 수치를 함께 겪읍시다(히 13:12-13, 쉬운성경).

이 말씀을 역사적, 문화적 맥락에서 잠시 살펴보겠습니다. 현대 사회에 적용할 때 몇 가지 어려운 문제가 발생할 수 있기 때문입니다. 예를 들면 오늘날 도시의 성문은 어디입니까? 성문 안에 사는 사람들은 누구입니까? 그리스도가 죽으신 성문 밖에는 누가 있습니까? 오늘날 성문의 경계는 어디입니까? 이 세상에서 집 없는 사람, 소외당한 사람, 두려움에 떠는 사람, 수치를 당한 사람, 거절당한 사람을 위해 우리가 해야 할 일은 무엇입니까? 그리스도의 수치를 함께 겪을 사람은 누구입니까?

성곽도시가 없어진 지 1천 년이 넘었습니다만 동양에는 성벽이 있는 도시가 제법 있습니다. 성문은 과거 영화로웠던 시대의 기념비 역할을 하기 때문에 한국 사람들은 성문의 중요성을 잘 인식하고 있습니다. 가령 성문은 위험에 처한 백성들을 보호했고, 출입을 규제함으로써 외지인과 내지인의 구별을 가능하게 했습니다. 성문 안에는 안전하게 거주할 공간과 이웃이 있었으며 성문 밖에는 추방당한 사람들, 부정한 병에 걸린 사람들, 강도들이 살았습니다. 구약 시대에는 공동체에 적합하지 않다고 판단되는 사람이면 성 밖으로 쫓겨났고, 누군가 사형을 당해야 할 경우엔 성문 밖에서 형을 집행하여 죄인의 피가 도시의 땅을 더럽히지 않도록 했습니다.

예수님도 성문 밖에서 처형을 당하셨습니다. 그분은 평생을 순례자로 사셨습니다. 머리 둘 곳조차 없었고 몸에 걸치고 있던 옷가지가 소유물의 전부였습니다. 예수님은 소외되고 고난 당하는 사람들과 함께하는 데 모든 삶을 바치셨습니다. 예수님 께서 이런 사람들을 위해 멸시를 받고 거절당하고 생명을 바친 곳도 성문 밖이었습니다. 제사장들이 동물의 피로 속죄제를 드 릴 때 죽은 동물은 성문 밖에서 태우는 것이 관례였습니다. 이 와 같이 "예수도 자기 피로써 백성을 거룩하게 하려고 성문 밖 에서"(히 13:12) 고난을 받으심으로 인간의 죄를 대속하기 위 해 반드시 필요한 수치를 당신의 몸으로 직접 겪으셨습니다.

그리스도는 황무지에서 돌아가셨습니다. 빈민가에서 돌아 가셨습니다. 시골 부족 마을에서 돌아가셨습니다. 벽지 도서에 서 돌아가셨습니다. 성문 밖 산간 오지에서 돌아가셨습니다.

> 그는 주 앞에서 자라나기를 연한 순 같고 마른 땅에서 나온 뿌리 같아서 고운 모양도 없고 풍채도 없은즉 우리가 보기에 흠모할 만한 아름다운 것이 없도다 그는 멸시를 받아 사람들에게 버림 받았으며… 우리도 그를 귀히 여기지 아니하였도다(사 53:2-3).

어떤 면에서 하나님의 고난 받는 종은 지금도 성문 밖 십자 가에 달려 계십니다. 어느 누구도 그분이 멸시와 버림받은 자 들 곁에 계신다는 사실을 부정하지 못하게 말입니다. 그리스도 는 세상의 집 없는 자들, 버림받은 자들, 마약과 술에 중독된 자들, 타락한 자들에게 그분의 사랑이 나타날 때까지, 천국의 복음이 온전히 전파될 때까지 성문 밖 십자가에 달려 계실 것입니다.

오늘날의 교회는 인류의 고통에 얼마나 관심을 쏟고 있습니까? 거기에 대해 우리는 회의적일 수밖에 없습니다. 교회는 세상의 황무지에서, 빈민가에서, 실의에 빠지고 비탄에 잠긴 사람들과 함께하며 외칠 수 있어야 합니다. 교회의 몸과 마음이 예수님의 수치를 고스란히 드러낼 수 있을 때까지 말입니다.

> 그런즉 우리도 그의 치욕을 짊어지고 영문 밖으로 그에게 나아가자(히 13:13).

이 말씀은 '고난에 동참하는 것'이 무엇인지 말하고 있습니다. 고난에 참여한다는 것은 그리스도가 죽음의 대가를 치르며 대속하려 하셨던 사람들을 우리 자신과 동일시하고 자원하는 마음으로 그들과 함께하는 것을 말합니다.

저는 삶의 대부분을 암 환자들에게 바쳤습니다. 그들 중 일부는 소외당하고 곤경에 처한 사람들이었습니다. 예수님의 제자들은 압제적이고 비인간적인 사회에서 패배자들의 옹호자로 활동했습니다. 오늘날 그리스도의 제자들은 버려진 어린아이와 집단수용소의 난민, 도시 뒷골목의 부랑자를 위해 헌신합니다. 복음을 한 번도 듣지 못하고 예수님을 만나볼 기회조차 얻지 못한 채 살아가는 사람들을 위해 세상의 불의를 몸소 짊어진 사람들도 있습니다.

주변에도 장애인이나 노숙자, 가난하고 소외된 사람들을 위한 사역에 합류하여 이런 헌신에 동참한 분들이 있을 것입니다. 그러므로 고난 가운데 있으면서도 도움을 구할 데가 없는 사람들로 인해 마음의 고통을 느낀 적이 있다면 우리를 그렇게 만드신 분이 하나님임을 기억하십시오. 하나님은 갈릴리 해변에 몰려든 군중을 바라보시던 예수님처럼 우리도 괴로워해보길 원하신 것입니다. 우리도 시련과 괴로움을 겪고 쓰라린 마음을 경험해야 한다는 것을 이상하게 생각하지 마십시오.

우리는 지금 혼란의 시대를 살고 있습니다. 대중매체가 우리의 감각을 지배하고 하나님의 음성을 들을 침묵의 시간을 빼앗기 때문에 더욱 혼란스러운 시대입니다. 그분의 목소리는 황무지에서 들려오는 울부짖음이 되고 구원을 애타게 기다리며 끙끙거리는 소리, 즉 한국 사람들이 말하는 신음소리가 되기도 합니다. 교회는 소란한 첨단기술의 시대에 슬픔으로 흐느끼는 소리를 들어야 하며, 풍요의 문턱 너머에서 붙잡으려고 안간힘을 쓰는 희생자들의 숨결을 들을 수 있어야 합니다. 예수님의 사랑이 강하게 이끄시는 대로 절망의 소리에 귀 기울이는 것, 그것이 바로 예수님이 받으신 수치에 동참하는 것입니다.

예수님께서 당신의 백성들에게 바라시는 소명은 "영문 밖으로 나와서 나를 만나라. 너희 손에 박을 못이 준비되었노라. 너희도 나의 치욕에 참예하여라. 나의 제자가 되려면 나로 인한 수치의 상흔을 너희 삶에 간직하라" 입니다.

열·하·나

하나님의
말씀에
사로잡힌 양심

하물며 영원하신 성령으로 말미암아 흠 없는 자기를 하나님께 드린 그리스도의 피가 어찌 너희 양심을 죽은 행실에서 깨끗하게 하고 살아 계신 하나님을 섬기게 하지 못하겠느냐(히 9:14).

수년 전 예수병원의 기독의학연구원에서 선교 역사를 공부할 때 저는 마르틴 루터가 1521년 4월 18일 독일 보름스에서 소집된 의회에 출두하여 신성로마제국의 황제 앞에서 자신의 신조를 옹호하던 연설 내용에 매료되었습니다. 종교개혁의 선구자인 루터는 이단 혐의로 재판을 받고 있었으며 교황의 대변인을 통하여 그가 책에 쓴 모든 내용을 부인하라는 요구를 받았습니다. 대답에 따라 생명이 좌우되는 순간이었습니다. 그 당시 이단은 화형에 처하도록 되어 있었기 때문입니다. 우리는 약 400년 전 독일 황제와 교황의 대변인 면전에서 마르틴 루터가 한 발언을 세심하게 연구해볼 필요가 있습니다.

하나님의 말씀이나 명백한 이유에 의해서 내가 기소되지 않는 한, 나는 양심을 저버리지 못하며 하나님의 말씀을 굳게 고수한다. 그러므로 나는 그 어떤 것도 철회할 수 없으며 철회하지도 않을 것이다. 양심에 반해 행동하는 것은 옳지 않고 안전하지도 않기 때문이다. 이것이 내 입장이다. 나는 달리 할 수 없다. 하나님이여, 도우소서! 아멘.
- 롤란드 베인톤의 「마르틴 루터의 생애」 중에서

양심은 무엇입니까? 보편적 정의에 따르면 양심이란 '우리 안에 있는 지적 능력으로서 생각과 말과 행동의 윤리적 질에 대해 결정을 내리는 것입니다. 그것은 사람의 행실이나 동기가 선하다는 의식을 주거나 악행에 대한 가책을 유발합니다.'

모든 사람에게 양심이 있으나 어떤 사람의 경우 양심이 심하게 억눌리거나 더럽혀져 거의 쓸모없는 상태에 있기도 합니다. 양심이 더러워진 사람은 자존감이 없고 자신을 증오하는데 이로 인해 주변 사람들로부터 위험한 존재라는 평판을 얻습니다. 자기 증오를 타인을 향한 증오로 돌출시키기 때문입니다.

심리학에서 '죄책감'이란 용어가 만들어지기 오래 전부터 성경은 죄의식을 씻어버리고 싶어 하는 사람들의 보편적 욕구를 인식했습니다. 구약시대부터, 하나님의 용서하심과는 별도로 용서를 받으려면 값비싼 대가를 지불해야 하는 제도가 존재했습니다. 죄를 용서받으려면 희생제물이 있어야 했습니다. 레위기를 보면 이스라엘 백성에게 요구되는 다양한 속죄제에 대한 설명이 나옵니다. 물론 이스라엘 백성에게 하나님은 거룩하시고 불변하는 의의 기준을 갖고 계신다는 것과 용서가 대가의 지불을 전제로 한다는 것을 가르치기 위해서 제사 제도가 필요했을지 몰라도 백성을 대신하여 제사장들이 드렸던 제사는 결국 인간의 양심을 깨끗하게 하는 데 효력이 없었다는 사실을 우리는 신약에서 배웁니다.

오늘날 어떤 심리학자들은 단순히 우리의 '죄책감'을 무시하면 된다는 의견을 제시하지만 이것은 양심의 가책으로 힘들어하는 인간의 심리 문제를 해결할 수 없을 뿐더러 거룩한 하나님이라는 개념을 사람들에게 제시하지 못합니다. 더러워진 양심의 문제를 해결하려면 단 하나의 답이 있을 뿐입니다. 바로 그리스도의 보혈입니다.

히브리서 7장 26-27절에서 우리는 예수님이 곧 대제사장이며 역사상 다른 제사장들과 달리 거룩하고 악과 더러움이 없고 죄인에게서 떠나 계시고 하늘보다 높이 되신 분이라는 것을 알게 됩니다. 그분은 다른 제사장들처럼 백성의 죄를 속죄하기 전에 먼저 자기 죄부터 속죄할 필요가 없으신 분입니다. 그분은 단번에 자기를 드려 이루신 분입니다. 그러므로 예수 그리스도의 몸을 단번에 드리심으로 말미암아 우리가 거룩함을 얻은 것입니다(히 10:10).

세상의 거대한 악과 심각하게 부패한 인간의 마음을 고려할 때 우리는 예수 그리스도보다 덜한 그 무엇으로도 우리의 양심을 깨끗하게 할 수 없음을 이성적으로 깨달을 수 있습니다. 완전하고 거룩한 하나님께서 친히 이 땅에 오셔서 거룩하고 자비로운 삶을 살다가 저의 죄, 우리의 죄, 세상의 죄 값을 치르기 위해 참혹한 십자가 처형을 당하셔야 하는 것입니다. 참으로 가혹한 대가였습니다. 그분의 독생자를 버리셔야 했기 때문입니다. 하지만 그 결과 하나님의 공의가 성취되고 우리의 양심은 만족을 얻게 되었습니다.

첫째, 우리는 믿음으로 구속을 받았을지라도 그 믿음을 변화된 삶으로 표현해야 합니다. 하나님은 우리를 그분이 원하시는 인격으로 재창조하기 위해 그분의 성령님을 보내십니다. 새로운 선장이 우리의 배를 맡게 된다는 말입니다. 그 선장의 명령을 따르지 않을 경우 우리는 믿음의 파선을 자초하게 됩니다. 세상에서 가장 비극적인 것은, 믿음이 있다고 하면서 세상 사람들과 별반 다를 게 없는 윤리적 기준으로 행동하고 타인에게 무관심한 기독교인의 모습입니다. 믿음과 양심은 같이 가야 합니다. 깨끗한 양심을 갖기 위해서는 무엇보다 하나님에 대한 전적인 순종이 요구됩니다.

둘째, 잘못을 저질렀을 때 우리는 우리의 죄를 하나님뿐 아니라 우리가 상처를 준 사람에게 고백해야 합니다. 용서를 구하기란 어려운 일입니다. 더군다나 용서는 하나님께 구하는 것보다 당사자에게 구하는 것이 더 어려울 수 있습니다. 하지만 어렵다고 용서를 실천하지 않는다면 우리의 양심은 더욱 어두워지고 강퍅해질 것이며, 우리를 성화하시려는 그리스도의 역사를 어렵게 만들 것입니다.

셋째, 우리는 하나님 말씀과 성령님의 인도에 우리 자신을 맡겨드려야 합니다. 그리스도인은 양심의 훈련을 받아 성령님이 사용하시는 도구가 되어야 합니다. 루터는 자신의 양심이 하나님의 말씀에 사로잡혀 있다고 고백했습니다. 인간은 죄를 지으면 지을수록 더 쉽게 죄를 짓습니다. 왜냐하면 죄 가운데 있을수록 양심이 경시되고 부패되기 때문입니다. 우리는 말씀을 통해 하나님의 기준을 배웁니다. 또 우리 안에 내주하시는 그리스도의 온전하심을 알아감으로써 양심의 응답 수준을 한 단계씩 높여주어야 합니다.

루터처럼 저도 제 양심이 하나님의 말씀에 사로잡혀 있다고 간증하고 싶습니다. 보다 정확히 말하자면 저는 제 양심이 하나님의 사랑에 사로잡히도록 노력했습니다. 고린도후서 5장 14절에서 "그리스도의 사랑이 (궁극적으로) 우리를 강권하시는도다"라고 말했기 때문입니다. 저는 여러 번 실패했습니다만 하나님의 사랑은 저를 꼭 붙잡고 놓지 않았습니다. 그분이 저를 위해 갈보리에서 행하신 일이 그 증거입니다.

루터의 말을 기억합시다.

> 내 양심은 하나님의 말씀에 사로잡힌바 되었습니다… 양심에 반하는 행동은 옳지도 않고 안전하지도 않습니다.
> - 베인톤의 「마르틴 루터의 생애」 중에서

양심을 저버리느니 차라리 죽어 순교자가 되는 편이 낫습니다. 그리스도의 사랑에 대한 의무를 저버리는 것보다 목숨을 버리는 편이 낫습니다.

이 모든 것이 예수병원과 무슨 상관이 있습니까? 하나도 빠짐없이 모든 것에 관련되어 있습니다. 우리는 예수님의 백성입니다. 그리스도로 말미암아 변화된 양심으로 살아야 합니다. 우리 삶의 목적은 자신을 만족시키거나 가족, 친구들을 기쁘게 하려는 데 있지 않습니다. 우리는 하나님을 기쁘시게 하기 위해 살아갑니다. 환자들을 돌보는 데 우리는 양심적으로 최선을 다하고 있습니까? 병원의 재정과 자원을 사용하고 임무를 수행하는 데 우리는 양심적으로 최선을 다하고 있습니까? 병원 정책을 세우거나 각 위원회의 의사결정을 내릴 때, 직원들 사이의 갈등을 해결하기 위해 토론을 벌일 때 우리는 양심을 따라 행하고 있습니까? 또 우리의 양심은 하나님의 말씀에 사로잡혀 있습니까?

주님을 우리 삶의 주인으로 모셔 들였다면, 정직하게 죄를 고백하고 하나님의 용서를 구했다면, 그리스도의 의와 사랑에 따라 우리의 양심을 변화시켜달라고 그리스도께 간구했다면, 우리는 어떤 위기에 처하거나 시험을 당하더라도 마르틴 루터처럼 이렇게 고백할 수 있어야 합니다.

나는 양심을 저버리지 못하며 하나님의 말씀을 굳게 고수합니다. 이것이 내 입장입니다. 나는 달리 할 수 없습니다. 하나님이여, 도우소서! 아멘.

열·둘

책임의
신학

사람이 마땅히 우리를 그리스도의 일꾼이요 하나님의 비밀을 맡은 자로 여길지어다(고전 4:1).

튜래인대학 의예과 시절, 저는 어느 토요일 저녁 시내로 들어가 자선병원의 응급실에 들렀다가 레지던트들이 술 취한 교통사고 환자의 생명을 구하려고 고군분투하는 모습을 보았습니다. 그 남자는 결국 자신이 흘린 피에 질식하여 숨졌습니다. 그날 밤만큼은 외과의사라는 직업이 썩 좋아 보이지 않았습니다. 이름도 모르는 남자에게서 생명이 빠져나가는 광경이 혐오스럽기도 하고 무섭고도 섬뜩한 느낌이었습니다. 그렇지만 어쩐지 도전의식이 생기는 걸 느낄 수 있었습니다.

이런 일이 있은 지 2년 후에 저는 가끔 쓰던 일기장에 다음과 같이 기록했습니다. "나는 자기성찰 없이 외과의사가 된다는 목표를 세우지 않는다. '외과적 판단'이라고 부르는 다소 모호한 일을 실행하는 것은 무시무시하고도 두려운 일이다… 내가 애초에 기독교인이 아니었다면 아마도 의사가 되려 하지 않았을 것이다. 그리스도 안에 있어야 그분의 인도와 지혜, 능력, 위로를 공급받을 수 있기 때문이다. 주님은 내가 감내해야 할 고통의 피난처 이상이 되셨으며 영웅답게 살고 양심적으로 일하고 기꺼이 고난을 감내하고 깊이 사랑하라는 도전이 되어 주셨다."

스물한 살 먹은 학생의 글 치고 좀 무거운 내용이었습니다.

뉴올리언스의 구(舊) 자선병원 건물에서 수요일 아침, 닥터 알톤 오슈너를 비롯한 외과 교수진 앞에서 회진을 가졌습니다. 이는 경이로운 일이었습니다. 우리 레지던트들은 차트와 엑스레이를 수집하고 계단식 교실 앞쪽에 환자들을 대기시켰습니다. 닥터 오슈너는 우리 바로 뒤의 첫 번째 줄에 앉았고 양 옆으로 그의 측근들이 앉았습니다. 그리고 두 번째 줄에는 젊은 스태프들과 강사들, 방문자들이 자리하고 그 뒤편으로 맨 꼭대기 줄까지 학생들이 꽉 채워 앉았습니다.

우리는 근엄하게 앉아 있는 이 사람들 앞에서 성공한 사례와 실패한 사례를 모두 들려주어야 했습니다. 갈피를 잡을 수 없어 결국 미해결 상태로 끝난 진단과 이상한 합병증들도 있었습니다. 무엇보다 가장 어려운 것은 사망 환자에 대한 발표였습니다. 우리 레지던트들은 환자 병상에 대해서 숙지하고 있어야 했으며, 또 임상실험 자료를 충분히 첨부하여 우리가 가능한 모든 접근법을 동원하여 환자를 사망에 이르게 한 문제의 원인을 추적하고 점검했다는 사실을 보여주려고 했습니다.

하지만 우리의 '감언이설'이 닥터 오슈너에게 먹혀들 리 없었습니다. 그는 우리의 설명을 경청하다가 가끔씩 끼어들며 "긍정적 발견만 설명하세요"라고 말했습니다. 질문은 아마 한두 개 정도였는데 "그 수술에서 배운 것은 무엇인가요?" 혹은 "왜 이렇게는 하고 저렇게는 해보지 않았나요?" 였습니다.

이런 다음 그의 강평은 과녁을 향해 날아가는 화살처럼 모든 지엽적인 사실들은 생략하고 빠르게 훑어나갔습니다. 정중하면서도 통렬한 질책이 담긴 내용이 많았습니다. "내가 보기엔 미리 방지할 수 있는 합병증이었어요. 이 환자의 죽음에 대하여 우리는 책임을 져야 합니다."

닥터 오슈너의 불굴의 정직성, 예리한 통찰력, 산더미 같이 많은 자료를 금방 정리해내는 능력, 취사선택하여 내리는 단호한 의사결정 능력… 이런 것들이 제가 외과의사로 일하면서 열심히 닮고 싶었던 그분의 자질들이었습니다. 그런데 닮고 싶었던 게 이 외에도 하나가 더 있었습니다. 그것은 기꺼이 책임을 지겠다는 태도입니다.

책임이란 말은 의무, 즉 신뢰와 위탁에 대한 의무를 뜻합니다. 또 의무를 수행할 능력, 윗사람의 권위나 지도 없이 행하는 능력을 의미하기도 합니다. 책임이란 단어는 라틴어로 '약속을 지키다'를 의미하는 'respondere'에서 유래한 말입니다. 책임감이 있는 사람은 약속을 이행하고 서약을 지키는 사람입니다. 신학적 관점에서 볼 때 책임은 더 깊은 뜻이 있습니다. '책임은 자유와 어떤 관계에 있는가? 의무와의 관계는? 청지기 책무와의 관계는? 하나님의 시각에서 본 신뢰성은 무엇인가? '신뢰의 파기'란 무엇인가? 청지기가 주님의 집과 자원을 관리하는 직이라면 우리는 어떤 방법으로 책임을 져야 하는가? 청지기가 하나님의 은혜로 그분의 복음을 위탁 받은 자라면 우리는 '헬라인과 야만인들'에게 어떠한 의무를 지게 되는가? 우리가 하나님의 부르심에 순종하여 위임을 받는다고 할 때 이것이 어느 정도까지 우리의 자유를 축소시키는가? 마지막으로 책임은 우리에게 어떻게 용서를 가르치는가?

책임이란 단어가 성경에 나오지 않는 것은 일단 이상하게 보입니다. 책임은 하나님 말씀의 취지에서 중심이 되는 개념이기 때문입니다. 그러나 책임이란 말의 개념을 의무에 대해 응답하고 서약을 이행하고 윤리적 선택의 결과를 수락한다는 의미로 정의한다면, 성경 도처에서 책임이란 단어를 발견할 수 있습니다.

제 자신이 살아오면서 책임의 비중이 상당한 분량으로 점점 커지는 것을 느낍니다. 한때는 책임이란 말이 제 개인의 선택에만 국한되었던 때가 있었습니다. 이것을 상호적 자유라고 합니다. 이 상호적 자유는 변하지 않았지만 제가 남편과 아버지, 의사가 되고부터 좀 더 부가적인 차원의 책임을 지게 되었습니다. 즉 저에게 맡겨진 책임입니다. 이것은 상호적 청지기 직무입니다. 마지막으로 저는 때때로 남이 저지른 잘못에 대해 짐을 져야 한다는 사실을 점차 깨닫게 되었습니다. 다른 사람이 취한 행동에 대한 책임입니다. 이것은 상호적 용서입니다. 이제부터 이것을 각각 자유의 이면, 책임성, 용서의 이면이라고 부르겠습니다.

자유의 이면

우리 그리스도인들은 하나님께서 당신의 형상대로 인간을 창조하시면서 인간에게 시간과 공간 속에서 중요한 선택을 할 수 있는 능력을 주셨다는 것을 믿습니다. 인간이 된다는 것은 정확하게 말해서 프로그램화 혹은 자동화되지 않았다는 의미를 갖습니다. 우리는 인간의 행동에 의해 영향 받고 형성되는 일련의 역사를 믿습니다. 인간의 선택이 역사를 바꿉니다.

제가 결혼을 해서 아내가 임신을 하고 아이들이 태어나면 그 아이들은 저희 부부의 개성에서 나오는 특성들을 물려받게 될 것입니다. 어떤 아내 혹은 남편을 선택하느냐에 따라 두 사람의 결합에서 비롯된 생명들도 그 특성이 결정될 것입니다. 제가 어떤 직업을 선택하게 되면 그 선택으로 저는 세상의 어느 지역에 가서 집이나 교회, 병원, 공장을 짓게 되고 한 시점에 이정표를 남기게 될 것입니다. 우리는 매일 수천 가지의 선택을 합니다. 어떤 것은 중요하고 또 어떤 것은 영원한 결과를 가져오는 선택입니다.

우리에겐 선택의 자유가 있습니다. 그러나 이 선택의 자유 이면에는 결과에 대한 책임도 같이 따라옵니다.

물론 우리 그리스도인들은, 기도 속에서 성령님의 인도를 받고 내린 결정은 하나님의 응답뿐 아니라 이 세상에서 이뤄지는 하나님의 역사와도 협력하여 선을 이룰 것이라고 믿습니다. 영문도 모른 채 얼떨결에 내린 결정이 하나님의 선택과 거의 맞아떨어졌을 때 무척 기뻐했던 경험이 있을 것입니다. 평범한 일상 중에 나타나는 하나님의 은혜도 경험했을 것입니다. 하나님의 인도를 받았든 안 받았든, 우리의 자의로 결정을 내렸든 우리는 선택을 하게 되고 이에 대한 책임을 지게 됩니다.

선택의 신학은 곧 책임의 신학입니다. 이는 창세기에서 요한계시록까지 이어지는 황금 줄입니다. '하나님께 순종할 것인가 순종하지 않을 것인가', '그분을 인정할 것인가 외면할 것인가', '그분을 위해 봉사할 것인가 다른 사람을 위해 봉사할 것인가', '그분을 사랑할 것인가 미워할 것인가', '그리스도를 믿을 것인가 거부할 것인가.' 구약에서 이를 가장 명백하게 언급한 곳은 신명기입니다. 하나님은 백성들이 요단강을 건너 약속의 땅으로 들어가기 전 모세를 통해 말씀하셨습니다.

> 내가 오늘 하늘과 땅을 불러 너희에게 증거를 삼노라 내가 생명과 사망과 복과 저주를 네 앞에 두었은즉 너와 네 자손이 살기 위하여 생명을 택하고 네 하나님 여호와를 사랑하고 그의 말씀을 청종하며 또 그를 의지하라(신 30:19-20).

신약의 복음서에서도 그것은 명백하게 나옵니다.

> 그를 믿는 자는 심판을 받지 아니하는 것이요 믿지 아니하는 자는 하나님의 독생자의 이름을 믿지 아니하므로 벌써 심판을 받은 것이니라(요 3:18).

우리의 선택에서 무슨 심오한 결과가 나오겠느냐고요? 저는 종양진찰실에서 어려운 선택을 당면하지 못하고 냉혹한 현실을 회피하려 하고 증거를 부인하거나 미루어 두고 불쾌한 진실은 숨기려고 하는 환자들을 누누이 다루었습니다. 그들은 결정을 내리지 않는 것 자체가 하나의 결정이라는 사실을 깨닫지 못하고 있었습니다. 수주일, 수개월이 지나서야 자신이 거부했던 수술을 해달라고 애원하지만 이미 때를 놓친 후였습니다.

이에 못지않게 심각한 일은 사람들이 '내 선택은 내게만 영향을 미친다'라고 착각한다는 것입니다. 이런 사람은 자기 일에 대한 권리를 주장하며 자신이 자치적으로 행하는 일들이 침해당해선 안 된다고 착각합니다. 성경은 말합니다. "우리 중에 누구든지 자기를 위하여 사는 자가 없고 자기를 위하여 죽는 자도 없도다"(롬 14:7). 내가 내린 결정은 다른 사람들에게 영향을 줍니다.

내 인생의 최후 결산은 다음과 같을 것입니다. "나는 하나님의 형상을 나타내 보였는가? 하나님의 거룩하심과 의로움과 진리, 그리고 그분의 사랑이 내게서 드러나 보였는가?"

우리는 그리스도의 종이요, 하나님의 신비를 지키는 청지기로 다른 사람들에게 인정받아야 합니다. 청지기직은 어떤 일을 위임받았다는 의미를 내포합니다. 헬라어로는 오이코노마이(oikonomai)로 '집을 관리'한다는 뜻입니다. 바울은 이 단어의 의미를 단순히 집을 관리하는 차원을 넘어서 은사와 재물, 토

지까지 책임지는 것으로 확대했습니다.

우리의 청지기 역할은 훨씬 더 광대합니다. 그것은 하나님의 신비를 포함하는 개념입니다! 국가의 안보를 위협할 만한 어떤 기밀을 지키는 자가 청지기라는 말이 아닙니다. 오히려 그 반대입니다! 사도 바울이 골로새서에 기록한 것처럼, 청지기에게 지키라고 맡겨진 신비는 바로 그리스도입니다! 그리스도에게는 모든 지혜와 지식이 숨겨져 있습니다. 그것은 인간의 의지나 힘 또는 성취, 지성으로 얻는 것이 아니라 믿음으로만 얻을 수 있기 때문에 비밀스럽고 신비한 것입니다. 오직 믿음으로 얻는 것입니다. 그리스도는 세상, 심지어 우리의 믿음까지도 넘어선 승리입니다.

따라서 우리는 모든 믿는 자에게 구원을 주시는 하나님의 능력, 즉 우리 주 예수 그리스도의 복음을 지킬 중대한 임무를 맡았습니다. 사도 바울이 "헬라인이나 야만인이나 지혜 있는 자나 어리석은 자에게 다 내가 빚진 자라"(롬 1:14)고 고백한 것도 바로 이 의무감 때문입니다.

책임성

사도 바울은 그리스도의 신탁을 받은 자들은 충성을 증명해야 하며 이는 책임성의 핵심 개념이라고 로마서에 명백하게 기록하고 있습니다. 우리는 심판을 받습니다. 신탁 받은 것을 어떻게 행했는지 설명하라고 부름을 받을 것입니다. 우리는 모두 그리스도의 심판대 앞에 나아가 모든 것을 설명하고 이에 대한 최후의 결산을 하게 될 것입니다. 단순한 연말 회계 감사가 아니라 우리 인생의 최종 결산을 하게 됩니다. 우리는 맡은 일들에 대해 책임을 지게 됩니다. 즉 결혼 생활에 충실했는지, 부모 또는 형제자매로서의 역할을 다 했는지, 하나님의 가치를 잘 지켰는지 심판을 받고 책임을 지게 됩니다. 그러나 무엇보다도 그리스도와 인간에 대한 종의 역할과 복음에 대하여 맡겨진 임무를 잘 수행했는지 심판받고 그에 대한 책임을 지게 될 것입니다.

복음을 신탁 받는 것은 두려운 책무입니다. 바울은 고린도전서 4장 3-5절에 있는 하나님의 신실하심과 인자하심을 통하여 위로를 받습니다.

> 너희에게나 다른 사람에게나 판단 받는 것이 내게는 매우 작은 일이라 나도 나를 판단하지 아니하노니 내가 자책할 아무것도 깨닫지 못하나 이로 말미암아 의롭다함을 얻지 못하노라 다만 나를 심판하시는 이는 주시니라(고전 4:3-5).

우리의 구원은 절대로 위태롭지 않습니다. 그리스도를 통하여 나타난 하나님의 인자하심은 돌이킬 수 없습니다.

만일 하나님이 우리를 위하시면 누가 우리를 대적하리요… 누가 능히 하나님께서 택하신 자들을 고발하리요 의롭다 하신 이는 하나님이시니… 누가 정죄하리요… 그러나 이 모든 일에 우리를 사랑하시는 이로 말미암아 우리가 넉넉히 이기느니라(롬 8:31-37).

그렇다 할지라도 책임은 우리가 져야 합니다! 모든 이에게 결산의 날이 올 것이기 때문입니다. 그리스도인들은 서로 비판하지 말아야 합니다. 하나님께서 정하신 날까지 아무것도 비판하지 말아야 합니다. 주님이 오셔서 어둠 속에 숨겨놓은 것들을 밝히 비추시고 우리의 행실과 말뿐 아니라 마음속 깊은 동기까지 샅샅이 드러내실 것입니다. 인간의 찬사는 더 이상 기준이 되지 못하고 평판과 성취, 명성, 인기는 모두 하찮은 것이 될 것입니다!

주님이 오시는 날, 우리 각자가 하나님의 칭찬을 들을 것입니다. 우리는 맡은 바 임무에 충성했습니까?

용서의 이면

책임의 세 번째 차원입니다. 첫 번째는 우리가 선택한 결과에 대한 책임이었습니다. 두 번째는 복음을 신탁 받은 우리의 책임이었습니다. 세 번째는 다른 사람이 저지른 잘못을 짊어지는 것으로 용서의 대가를 치르는 것입니다. 혹자는 우리 자신의 자유의지를 행사하는 것을 두고 공정성을 따진다는 데 이의를 제기하기도 합니다. 아마도 어떤 사람들은 복음에 대한 의무를 기꺼이 받아들이지 못할 수도 있겠지만 신실한 그리스도인들은 누구라도 그 의무를 받아들일 것이라 생각합니다. 하지만 다른 사람들의 행위에 책임을 진다는 것은 너무 지나친 것이 아닐는지….

다그 함마르셸드는 평화 협상을 수행하던 중 카탕가로 가는 비행기가 추락하여 사망하기 1년 전쯤 다음과 같은 글을 썼습니다.

> 용서는 인과관계의 쇠사슬을 부순다. 사랑을 바탕으로 '용서하는 자'는 다른 사람들의 행위에 따르는 결과를 자신이 감당하기 때문이다. 따라서 용서에는 항상 희생이 따른다.

저는 용서에 상당한 가격표가 붙어 있어서 피해자가 '잊어버려요' 혹은 '별일도 아닌 걸요' 라는 식으로 아무렇지 않게 받아들이더라도 죄책감이 없어지는 것은 아니라는 생각을 오랫동안 해왔습니다. 잘못의 심각성을 줄여 대수롭지 않게 여기도록 말해준다고 해도 잘못을 저지른 당사자의 양심을 충족시킬 수는 없습니다. 용서에 대가가 따라 붙지 않으면 이는 용서가 아닙니다.

이 때문에 당연히 죄인들은 그리스도의 십자가로 말미암아 자기들의 죄를 속죄 받았다고 생각합니다. 만일 예수님께서 자연사 하셨다면 우리는 죄책감을 무덤까지 지고 가야 했을 것입니다. 그랬다면 거기에는 속죄함도, 용서함도 없었을 것이기 때문입니다.

자유의 인과 응보적 차원과 위탁적 측면의 자유와는 대조적으로 세 번째 측면은 대리적 차원의 책임입니다. 대리적 차원의 책임은 다른 사람의 잘못과 죄와 범죄로 인하여 빚어진 결과를 우리 자신이 감당하는 것입니다. 이것이 한 인간을 구원하기 위한 효과적인 방법이라면 지나친 희생이라고만 할 수 없습니다. 이는 그 사람을 사랑한다는 사실로부터 비롯되며 우리 자신도 죄인이었지만 하나님의 은혜로 구원을 받아서 그리스도의 고난에 참예할 수 있는 것이 우리의 특권이라고 여기는 데서 오는 것입니다.

이 장의 초반에 옛 상사인 닥터 알톤 오슈너가 그의 제자들이 수술 중에 빚은 잘못에 대해 스스로 기꺼이 책임을 진다는 이야기를 했습니다. 훗날 저는 예수병원 의료진의 과오로 애처로운 결과가 빚어지고 그에 따른 책임을 제가 짊어져야 할 때마다 닥터 오슈너를 떠올리곤 했습니다. 의사라면 누구나 의료사고로 빚어진 당황스러운 상황과 혹독한 질책, 눈물, 고뇌, 죄책감을 잘 알고 있을 겁니다.

저는 병원 책임자로서 환자 가족의 분노와 인신공격과 소송의 위험을 최전방에서 해결해야 했습니다. "환자가 평생 겪을 장애나 사망 등 비극적인 상황에 대해 우리가 책임져야 합니다"라는 닥터 오슈너의 목소리가 귓가에 맴돌았습니다. 저는 아직도 의료사고의 책임을 온전히 감당할 능력이 없습니다. 제 생명을 준다 해도 발생한 손실을 벌충할 수 없기 때문입니다. 우리가 할 수 있는 최선은 신실함과 공정함과 정직과 회개의 심령으로, 할 수 있는 모든 것을 책임지겠다는 의식과 하나님을 향한 사랑을 바탕으로 환자와 사고 책임자를 위해 자신을 바치는 것입니다. 즉 책임의 고뇌를 받아들이는 것입니다.

모세는 시내산에서 내려오자마자 백성들이 금송아지 주위에서 춤을 추며 우상숭배 잔치를 벌이는 광경을 목도했습니다. 그래서 들고 있던 돌판을 내던졌습니다. 술잔치가 중지되고 한바탕 유혈극이 벌어진 후 모세는 하나님께 다음과 같은 기도를 드렸습니다.

슬프도소이다 이 백성이 자기들을 위하여 금 신을 만들었사오니 큰 죄를 범하였나이다 그러나 이제 그들의 죄를 사하시옵소서 그렇지 아니하시오면 원하건대 주께서 기록하신 책에서 내 이름을 지워버려주옵소서(출 32:31-32).

바울도 유대인의 구원을 갈망하며 모세가 했던 것 같은 자기희생적 고백을 이렇게 기록했습니다.

나의 형제 곧 골육의 친척을 위하여 내 자신이 저주를 받아 그리스도에게서 끊어질지라도 원하는 바로라(롬 9:3).

용서의 이면에는 대리적 고난이 있습니다. 대리적 고난이란 사랑의 발로로 다른 사람을 대신하여 책임을 감당하는 것입니다. 부모가 되기 위한 필수불가결한 요건은 어떤 고뇌가 닥치든지 자녀의 행실에 대한 책임을 기쁨으로 감당하는 것입니다.

모든 그리스도인은 책임이라는 겉옷을 입게 되어 있습니다. 즉 윤리적 의무를 투철하게 인식하고, 맡겨진 임무를 충성스럽게 수행하고, 그리스도의 용서하시는 사랑을 실제적으로 나타낼 뿐 아니라 세상 악에 대한 고뇌를 기꺼이 받아들이는 태도를 갖게 됩니다.

엘리야의 겉옷은 양피와 낙타털로 만든 조잡한 외투였습니다. 그는 25년 동안이나 바알신을 이스라엘 백성에게서 축출하려고 싸웠습니다. 헨리 할레이가 그의 저서 「성서 핸드북」(기독교문사 역간)에서 기록한 것처럼 '엘리야는 자기가 실패했다고 생각했습니다. 엘리야는 보통 사람이 누릴 수 없는 친밀감을 하나님과 나눴음에도 불구하고 우리와 같은 성정을 가진 사람이었기에, 하나님께 생명을 거두어주십사 간청을 드리기까지 했습니다. 그러나 하나님은 그를 실패한 사람으로 여기지 않으셨습니다. 그가 지상에서의 사명을 완수하자 천사들의 병거를 보내어 그를 하늘로 이끄셨습니다.'

엘리야에게는 그를 따르는 젊은 제자 엘리사가 있었습니다. 엘리야는 여호와를 만나기로 한 요단강 건너편으로 마지막 여행을 하던 중 엘리사에게 말했습니다. "청하건대 너희는 여기 머물라 여호와께서 나를 베델로 보내시느니라." 그러자 엘리사가 대답합니다. "여호와께서 살아 계심과 당신의 영혼이 살아 있음을 두고 맹세하노니 내가 당신을 떠나지 아니하겠나이다." 베델에 당도하자 엘리야는 제자에게 주님이 자기를 여리고로 가게 하셨다고 이릅니다. 엘리사는 또 한 번 엘리야를 떠나지 않겠다고 말합니다.

여리고에 이르러 엘리야는 젊은 제자에게 주님이 자기를 요단으로 보내신다고 말했지만 이번에도 엘리사는 그를 떠나지 않겠다고 말합니다. 엘리야는 젊은 제자와 요단강을 건너면서 자신이 하늘로 데려감을 당하기 전에 무엇을 어떻게 해주면 좋겠는지 묻습니다. 엘리사는 "당신의 성령이 하시는 역사가 갑절이나 내게 있게 하소서"라고 구했습니다. 엘리야는 이를 하나님의 손에 맡기며 말했습니다. "나를 네게서 데려가시는 것을 네가 보면 그 일이 네게 이루어지려니와 그렇지 아니하면 이루어지지 아니하리라." 갑자기 불수레와 불말들이 두 사람을 갈라놓고 엘리야가 회오리바람으로 하늘로 올라갔습니다. 엘리사가 그 모습을 보고 부르짖었습니다. "내 아버지여, 내 아버지여! 이스라엘의 병거와 마병이여!"

엘리사는 이스라엘의 힘이 배교자들인 아합이나 아하시야, 여호람 같은 왕들에게 있는 것도 아니며 그들의 대적을 물리치기 위해 동원된 군대에 있는 것도 아니라는 것을 알고 있었습니다. 주님의 대변자였던 엘리야에게 진정한 힘이 주어지고 있었습니다. 양피와 낙타털로 조악하게 만든 엘리야의 겉옷이 엘리사 앞에 떨어졌습니다. 엘리사는 하나님의 말씀을 대변하는 선지자로서 예후, 여호아하스, 요아스 시대를 지나면서 50년이나 더 사역을 했습니다. 그가 임종을 맞자 요아스 왕이 부르짖으며 울었습니다. "내 아버지여, 내 아버지여! 이스라엘의 병거와 마병이여!"

오늘날 우리는 예수 그리스도의 교회들이 새로운 이스라엘임을 알고 있습니다. 우리는 책임감을 갖고 사역을 수행해왔습니까? 주어진 자유를 올바르게 사용해왔습니까? 하나님께서 맡겨주신 기밀을 충성스럽게 지켜왔습니까? 우리에게 빚진 자들을 용서하고 세계 도처에 있는 하나님의 백성을 위해 기도함으로써 사랑의 희생을 감당했습니까?

우리가 이 세상의 삶을 마감할 때 우리를 아는 많은 사람들이 천국의 병거에 둘러싸여 있는 우리를 볼 수 있고 다음과 같은 말을 외치고 들을 수 있기를 기원합니다.

"내 아버지여, 내 어머니여! 이스라엘의 병거와 마병이여!"

그러면 우리는 다음과 같이 대답할 것입니다.

"그리스도가 만물의 으뜸이 되시니라."

열·셋

걸인에서
왕의
아들로

선교가 세상의 힘없고 가난한 사람들에게 초점을 맞추어야 한다는 말이 맞습니다. 청소년 시절에 살았던 칠레와 콜롬비아를 생각할 때마다 생생하게 되살아나는 기억은 광장에 위치한 웅장한 대성당 앞에서 구걸하는 걸인들의 모습입니다.

한국에 갓 왔을 때 이보다 더 가슴 아픈 광경들을 목격했습니다. 전쟁 후 격변기의 매서운 겨울 내내 너덜너덜한 상자 속에서, 토굴 속에서, 버려진 판잣집에서, 다리 밑에서 생존을 위해 몸부림치던 피난민들의 모습이 뇌리에 스칩니다. 또 나병환자들이 무리지어 다니는 모습도 보았습니다. 사회에서 버림당한 사람들, 다른 사람들이 내다버린 쓰레기로 연명하는 사람들, 맨발로 우리를 쫓아다니며 구걸하는 어린이들도 떠오릅니다. 우리는 구경꾼이었으며 해외봉사를 온 사람들이라면 구약 선지자들의 시절과 똑같은 현실을 목도하게 되었을 것입니다. 당시에도 지금처럼 폭정과 악인들과 굶주림이 있었습니다. 예수님 자신도 어렸을 때 로마의 잔인한 독재 정권 하에 노동자 가정에서 피난민으로 자라셨습니다.

가난한 자들, 그들은 과연 누구입니까? 미국에서는 4인 가족의 연간 소득이 10,989달러 미만이면 빈곤층에 속합니다. 아이티의 경우는 연간 1인당 소득이 300달러이고, 말리는 130달러, 방글라데시는 120달러, 부탄은 100달러입니다. 르완다와 부룬디는 아예 통계조차 없습니다. 뉴욕 시와 로스앤젤레스의 노숙자들은 임시 거처에서 머물 수 있고 선교단체로부터 무료 급식을 제공받습니다. 캘커타의 노숙자들은 도움을 거의 받지 못한 채로 길거리에서 살다가 길거리에서 죽어갑니다.

빈곤과 육체의 굶주림이 우리의 주의를 끄는 것은 사실이지만 저는 인본주의에서 비롯된 사회적 관점을 넘어 성경을 바탕으로 한 영적 관점에서 가난을 살펴보겠습니다. 이러니저러니 해도 가난보다 더 나쁜 것이 있습니다. 빈곤함과 육체적 배고픔보다 더 비참한 것이 있습니다. 그것은 완전한 절망, 영적 자포자기, 소망 없는 죽음으로 체념하는 것입니다.

저는 몇 년 전 신약에서 사용되는 '가난한'에 해당하는 헬라어 단어가 프토코스(ptochos)라는 것을 알게 되었습니다. 이 단어를, 처음에는 어느 정도 상충되는 것처럼 보이는 네 가지 시각에서 고찰해보겠습니다. 완전하게 이해하게 될 때까지 판단을 유보해주시기 바랍니다.

첫째, 긍휼은 예배의 행위라는 시각입니다. 둘째, 영적 가난은 자산이라는 시각입니다. 셋째, 우리 자신도 절망적이고 궁핍했던 존재라는 시각입니다. 넷째, 예수님께서 우리에게서 가난을 취하시고 그분의 은혜로 풍성함을 주셨다는 시각입니다.

가난한 자들은 항상 우리와 함께 있다
(마 26:6-13; 막 14:3-9)

여인이 값비싼 향유를 낭비하는 것에 분개하는 제자들을 예수님께서 꾸짖으시는 장면을 보면서 우리는 착잡한 심정이 됩니다. 또 "가난한 자들은 항상 너희와 함께 있거니와"라고 말씀하시는 대목에선 평소 긍휼 넘치는 주님으로부터 기대할 수 있는 말씀이 아니라는 생각도 듭니다.

복음서 기자들 중 누군가가 실수로 이렇게 기록한 것일까요? 그러나 이런 대목은 마태복음과 마가복음 두 곳에 모두 나와 있으며 예수님께서 하신 말씀 또한 두 곳 모두 동일합니다. 그렇다면 예수님은 가난한 자들의 고난을 대수롭잖게 생각해서 하신 말씀일까요?

우리도 제자들이 분개하는 이유에 어느 정도 동조하게 됩니다. 자선은 최우선의 순위를 갖고 있는 것처럼 보입니다. 가난한 자들을 실질적으로 도울 뿐 아니라 자신의 기분도 만족시켜 주기 때문입니다. 그렇습니다. 그게 문제입니다. 자선은 자기 자신을 위한 의를 낳고 이러한 의는 선행의 이면에 도사리고 있습니다. 가난한 자들에게 돈을 주는 것은 위험합니다. 나면서 못 걷게 된 어떤 걸인이 미문이라는 예루살렘 성전 문 앞에서 베드로와 야고보에게 돈을 구걸하던 사도행전 3장의 이야기를 기억하십니까? 베드로는 다음과 같이 말했습니다.

> 우리를 보라… 은과 금은 내게 없거니와 내게 있는 이것을 네게 주노니 나사렛 예수 그리스도의 이름으로 일어나 걸으라 하니(행 3:4-6).

우리가 주어야 할 것은 무엇입니까? 나병환자 시몬 집에서 그 여인이 예수님에게 드린 것은 무엇이었습니까? 귀한 향유 한 옥합이었습니까? 아니면 그리스도를 향해 넘치는 사랑이었습니까? 그녀가 예수님에게 부었던 향유는 곧 눈물이었습니다. 눈물로 기름부음을 행하고 눈물로 예수님을 위로했습니다. 이 장면에서 중심이 되는 개념은 위로하는 데 많은 비용이 들어간다는 것입니다. 그처럼 넘치는 열정이 그리스도를 예배하기 위한 것이라면 예수님은 이를 헌신과 동일한 것으로 여기신다는 뜻입니다! 복음서에 기록된 대로 예수님 개인에 대한 직접적인 기름부음이건, 오늘날 예수님이 그분을 대신하여 우리에게 보내신 누군가를 우리가 위로하고 격려하는 일이건 말입니다.

아, 예수님이 우리에게 맨 처음 부어주신 값비싼 위로를 기억할 수 있다면, 우리도 고난 받는 모든 사람들에게 손을 내밀어 그들의 육체적 고통과 절망이라는 짐을 함께 짊어주어야 합니다. 이것이 바로 사도바울이 고린도후서 1장에서 생생하게 묘사하고 있는 파라클레시스, 즉 '함께함' 의 의미입니다.

하나님은 "우리의 모든 환난 중에서 우리를 위로하사 우리로 하여금 하나님께 받은 위로로써 모든 환난 중에 있는 자들을 능히 위로하게 하시는" 분입니다(고후 1:4). 파라클레시스란 위로와 환난이 한 개의 컵 안에 섞여 있다는 개념입니다. "그리스도의 고난이 우리에게 넘친 것 같이 우리가 받은 위로도 그리스도로 말미암아"(고후 1:5) 넘칩니다. 환난 당하는 자를 돕기 위해 그와 '함께한다면' 우리의 겉은 그 사람처럼 더럽혀지고 우리의 안은 그의 고통으로 멍들어버릴지 모릅니다. 그러나 우리가 위로를 베푸는 대상은 단순히 환난을 당하는 자가 아닙니다. 그 뒤에는 예수님이 계십니다.

너희가 여기 내 형제 중에 지극히 작은 자 하나에게 한 것이 곧 내게 한 것이니라(마 25:40).

한편 우리가 처음 인용했던 말씀인 "가난한 자들은 항상 너희와 함께 있거니와"에서는 어법상 혼란스러운 면이 있습니다. 혼란스러운 점이란 '가난한 자'들이 단순히 돈 없는 자라기보다 정확하게 말해서 '거지들'(프토코스)을 의미하기 때문입니다. '가난'이라는 단어를 성경에서 찾아보았더니 신약에서만 20번 등장하고 모두 거지를 뜻하는 헬라어 프토코스로 기록되어 있었습니다.

한국에서는 병들고 가난한 거지들이 우리에게 다가오며 외치는 소리가 "살려주세요!" 입니다. 저는 단순히 '돈 없는 사람들'의 부르짖음을 말하려는 게 아닙니다. 영적 차원에서 볼 때 진정으로 가난한 자들은 언제나 우리와 함께 있습니다. 저개발국의 대로와 샛길에 나가보면 그와 똑같은 경험을 하게 될 것입니다. "살려달라"는 그들의 부르짖음은 당신의 뇌리에서 떠나지 않을 것입니다. 간절히 바라기는, 우리가 그들의 부르짖음에 응답할 때 그것이 곧 그리스도의 부르심에 응답하는 것임을 기억하라는 것입니다. 지극히 작은 형제자매에게 하는 것이 곧 예수님께 하는 것입니다. 이것이 그리스도를 향한 예배가 되기를 기도합니다.

심령이 가난한 자가 복이 있다(마 5:3)

이미 말한 것처럼 팔복 중 맨 처음에 나오는 가난에 해당하는 헬라어는 거지를 뜻하는 프토코스입니다. '가난하다'를 말하려면 페네이스(peneis)를 써야 하는데 굳이 프토코스라고 한 것입니다. 벼랑 끝에 몰린 사람, 자원이 고갈된 사람, 고립무원에 처한 연약한 사람, 무능력한 사람, 보잘것없는 사람, 무지한 사람, 빈곤에 처한 사람, 절망에 빠진 사람은 복이 있습니다. 다음은 현대의 주석들입니다.

예수님이 굳이 '프토코스'라는 용어를 선택하신 것은 하나님이 인간에게 어떠한 처방을 내리셨는지 전하려는 데 목적이 있었다. 인간은 소유한 것이 전혀 없으며 가난하고 고립무원하다. 인간은 스스로를 구원할 수 없다. 인간은 프토코스이며 페네이스가 아니다. 인간은 자기 밖에서 오는 궁휼을 필요로 한다. 이것이 바로 타락한 인간의 실존이다. 인간은 자기 수준의 사람들이나 가족 구성원에게도 도움을 구할 수 없다. 그를 도울 힘은 위에 계신 월등한 분, 곧 하나님에게서 와야 한다.
- 스피로스 조디에이츠

우리는 전적으로 하나님의 은혜와 자비에 의존한다… 그리스도와 하나님의 임재에서 비롯된 영광의 소망으로 충만해지려면 자아와 자만을 비워내야 한다.
- 조지 라우러

그러나 이들 거지들은 영적으로 가난합니다.

빈 마음과 빈손으로 하나님 앞에 허리를 굽히는 자에게 하나님은 천국을 주셨다… 천국은 하나님의 영원한 사랑과 은혜에서 출발하여 우리에게로 왔다. 하나님은 우리를 천국시민으로 만드셨고 외아들 예수 그리스도의 보혈을 통해 천국에 들어가게 하셨다.
- 조지 라우러

산상설교에서 예수님은 당신의 긍휼에 자신을 맡기는 자는 복을 받을 것이라고 가르치십니다. 결코 작은 복이 아닙니다! 천국이 그들의 것이 되는 것입니다! 마음이 가난하고 소망이 없으며 의지할 곳 없는 우리가 하나님의 긍휼하심에 우리 자신을 의뢰할 때 복이 임한다는 약속입니다.

하나님은 천국이 우리의 것이라고 약속하셨습니다. 이것은 머나먼 미래의 일이 아닙니다. 사후의 천국, 부활 후에 소유하는 천국이 아닙니다. 바로 지금 여기에 천국이 임하는 것입니다! 마태복음 5장 12절에 기록된 복 있는 사람들은 단순히 천국에 속한 사람들이 아니라 천국을 '소유한' 사람들입니다.

강정자 씨가 우리를 찾은 것은 그녀가 24세가 되던 해였습니다. 그녀는 보기 드문 미인이었습니다. 그녀가 신뢰와 희망, 두려움과 상념과 체념이 뒤섞인 미소를 띠며 남편과 함께 예수병원을 찾은 이유는 어깨 부위에 생긴 악성 신경집종으로 심한 통증을 느꼈기 때문입니다. 우리는 재발 가능성이 높다는 걸 알았지만 애달픈 미소가 아름다운 이 여인을 어떻게든 살려보고 싶은 마음에 내키지 않는 수술을 감행하기로 했습니다. 수술이 끝나고 종양도 말끔히 제거되어 그녀와 남편은 씩씩하게 집으로 돌아갔습니다. 그녀는 이 일을 계기로 믿음을 얻었으나 남편은 무엇을 믿어야 할지 여전히 엉거주춤한 상태에 머물러 있었습니다.

1년 후 검사를 받으러 왔을 때만 해도 우리는 그녀가 깨끗하다고 판단했습니다. 그러나 다음 번 검사에서 엑스레이를 찍어보니 종양이 폐까지 전이되어 있었습니다. 종양이 자란 것입니다. 그녀는 숨을 가쁘게 쉬면서도 대부분의 시간을 성경 읽는 데 보냈습니다. 그리고 생명이 얼마 남지 않았을 때 병원 전도사에게 말했습니다. "저는 곧 죽어서 주님과 함께 있게 될 거예요. 부탁이 하나 있는데 꼭 들어주세요. 이 성경책을 제 남편에게 전해주세요. 제가 보기에 남편은 아직 예수님을 영접하지 못했어요. 수중에 남은 돈이라곤 4천 원이 전부예요. 이 돈으로 찬송가를 사서 한 걸인 여자에게 전해주시면 감사하겠어요."

이틀 만에 그녀는 세상을 떠났습니다. 인간의 관점에서 볼 때, 흙덩이 하나가 바다에 쓸려가버린 것입니다. 그러나 하나님의 시각으로 볼 때 그녀는 예수님의 '공동 주권자'인 하나님께서 영적 걸인들에게 약속하신 천국으로 들어간 것입니다.

빨리 나가서 절망에 처한 사람들을 데려오라(눅 14:21)

빈민가를 떠도는 부랑자들, 장애인들, 앞을 보지 못하는 사람들, 연회장에 가지 못하는 사람들을 데려오십시오. 의지할 곳 없는 사람들도 데려오십시오. 아무도 거절당하지 않을 것입니다. 절망에 처한 사람들이 우선 들어가게 될 것입니다.

이 비유는 모든 것을 반대로 말하고 있습니다. 즉 우리가 흔히 알고 있는 기독교 신앙을 뒤집어 놓은 것입니다. 이 말씀은 우리가 그리스도를 향하여 어떻게 성장하는가, 순례자인 우리가 어떤 방법으로 하나님께서 예비하신 구원을 추구하는가에 관한 이야기가 아닐 뿐더러 선행과 선교적 사명에 충실하여 우리가 칭찬을 듣고 영생을 얻게 된다는 이야기도 아닙니다.

우리는 예수님의 비유에 나오는 종들이 아닙니다. 우리는 예수님의 강권적인 은혜와 사랑으로 그분의 잔치에 초대된 사회적 쓰레기에 불과합니다. 1776년 아우구스투스 토플라디는 찬송가 '만세 반석 열리니'에서 이런 사실을 표현했습니다.

   빈 손 들고 앞에 가 십자가를 붙드네
   의가 없는 자라도 도와주심 바라고
   생명 샘에 나가니 나를 씻어주소서

1980년, 이름을 알 수 없는 어느 시인은 다음과 같은 찬송가 가사를 썼습니다.

   주님을 찾았네 그러나 얼마 후 나는 알았네
   나를 찾으셨던 주님이 내 영혼으로 그분을 찾게 하셨음을
   오 진실한 구주여, 내가 당신을 찾았던 것이 아니라
   주님이 나를 찾으셨네
   주님이 손을 내밀어 내 손을 잡으셨네
   내가 풍랑 이는 바다 위를 걷다가 빠지지 않은 것은
   내가 당신의 손을 붙잡은 것이 아니요
   사랑하는 주님이 내 손을 잡아주셨네

우리는 모두 거지들입니다. 예수 그리스도의 은혜로 말미암아 우리는 하나님의 권속으로 입양되어 영원한 천국에 들어갑

니다. 하나님은 우리를 세상이라는 더러운 함정에서 불러내어 천국 잔치에 초대함으로써 우리를 영화롭게 하십니다. 진정한 그리스도의 종이 되려면 우선 우리가 애초에는 걸인이었다는 사실을 기억해야 할 것입니다.

> 의인은 없나니 하나도 없으며… 모든 사람이 죄를 범하였으매 하나님의 영광에 이르지 못하더니(롬 3:10, 23).

그러므로 우리는 다른 걸인들로부터 그들에게 주어진 존귀함을 빼앗지 말아야겠습니다. 우리도 그리스도의 사랑과 대속의 은혜를 통해 존귀함을 간접적으로 얻은 자들이기 때문입니다. 그렇다면 하나님은 왜 그러한 은혜를 우리에게 쏟아 부으셨을까요? 그저 물 흐르듯 편하게 인생을 살라고 그렇게 하신 것이 아닙니다. 그리스도의 사랑이 우리를 강권합니다! 우리 자신을 위하여 살지 말고, 우리 죄를 위해 죽고 부활하신 예수 그리스도를 바라보며 살라고 말입니다. 제자도의 핵심은 화해 사역입니다. 우리는 걸인 출신의 대사들입니다. 우리의 사명은 절망에 처하고 거리를 방황하는 영혼들을 하나님의 천국 잔치에 초대하는 것입니다. 우리와 다를 바 없는 걸인에게 생명의 떡이 있는 곳을 가르쳐주는 것입니다.

우리를 위해 가난하게 되신 그리스도(고후 8:9)

이 얼마나 위대한 대속물입니까! 죄로 도산하는 대신 은혜의 풍성하심을 그리스도가 십자가 위에서 이루신 것입니다. 그분은 자기를 비우셨습니다. 그분은 당신 자신을 우리에게 쏟아부어주셨습니다. 그분은 친히 가난한 자가 되고 그분의 걸인되심을 통하여 우리를 부요하게 하셨습니다.

> 오 거룩하신 주님 그 상한 머리
> 조롱과 욕에 싸여 가시관 쓰셨네
> 아침 해처럼 밝던 주님 얼굴이
> 고통과 치욕으로 창백해지셨네
> - 클레보의 버나드(추정)

주 예수 그리스도의 은혜가 이러했기 때문에 부요한 분이 우리를 위하여 걸인처럼 가난해지셨고, 우리는 그분의 걸인이 되심, 그분의 버리신바 되심, 그분의 수치, 그분의 치욕을 통하여 부요해지고 천국시민이 되며 그분과 함께 다스릴 수 있게 되는 것입니다.

이제 우리는 영적으로 무력하지만 방황하는 자들을 잔치에 초대하러 나갑시다. 갈보리에서 그리스도가 우리를 위하여 친히 버림받은 자가 되어 우리의 비참함을 가져가신 사실을 기억하면서 말입니다. 이 복음을 지구상의 무력한 자들, 가난한 자들, 걸인들에게 전하시기 바랍니다. 그들을 일으켜 세우십시오. 우리가 높이 든 육신의 손이 그리스도의 손에 꼭 맞는 장갑이 되어 그 역할을 잘 감당해낼 수 있기를 기원합니다.

"그리스도의 사랑이 우리를 강권합니다! 우리 자신을 위하여 살지 말고, 우리 죄를 위해 죽고 부활하신 예수 그리스도를 바라보며 살라고 말입니다."(예수병원 옛 건물 앞에서 전 직원들과 함께)

열·넷

진리의
메스

하나님의 말씀은 살아 있고 활력이 있어 좌우에 날선 어떤 검보다도 예리하여 혼과 영과 및 관절과 골수를 찔러 쪼개기까지 하며 또 마음의 생각과 뜻을 판단하나니… 만물이 벌거벗은 것 같이 드러나느니라 그러므로 우리는 긍휼하심을 받고 때를 따라 돕는 은혜를 얻기 위하여 은혜의 보좌 앞에 담대히 나아갈 것이니라(히 4:12-16).

외과술의 연원은 이집트의 파라오 시대로 거슬러 올라갑니다만 현대 외과술은 프랑스 육군의 군종 외과의사 앙브로와즈 파레를 시조로 잡고 있습니다. 그는 지혈방지를 위한 결찰법

(잡아매기)에 쓰는 봉합사를 발명했습니다. 매우 단순한 발명인 것처럼 보이지만 사실 영국의 해부학자 존 헌터가 제기한 혈액순환 개념에서 착안하여 발전시킨 것입니다. 파레는 매우 독실한 그리스도인으로, 의사란 단순히 하나님의 치유사역에 협력하는 사람이라는 것을 깊이 이해하고 있었습니다. 그는 생명을 구할 수 있었던 부상자들에 관해서 "나는 환자를 돌보았을 뿐 치료하신 분은 하나님이었다"라고 고백했습니다.

이 외에도 의학 발전을 위한 위대한 의사들의 행진은 계속되었습니다. 리스터가 최초로 수술 기구를 무균으로 소독하는 방법을 개발해 수술 후 괴저 발생률을 줄였고, 빌로스가 최초로 후두절제수술과 위절제수술을 시술했고, 크라일이 최초의 경부청소술을 시술했고, 그래엄이 최초의 폐절제 수술을 시술했습니다.

수련의 시절, 저를 담당했던 알톤 오슈너도 이들 못지않게 위대한 외과의사 중 하나였습니다. 그래엄의 문하생이었던 그는 용기와 원칙, 과학적 호기심과 탁월한 기술을 결합할 줄 알았고 학생들에게 언제나 '왜'를 질문했던 의사였습니다. 후일 슬로안-케터링 기념 암센터에서 2년간 훈련을 받게 된 것은 제게 큰 특권이었습니다. 의술의 발전과 더불어 높아지는 자존심으로 수술실에서 폭군 혹은 반신반인 행세를 하던 '외과의들의 봉건시대'가 끝나가던 때였습니다. 마르틴 팩, 어번, 브룬스윅,

밀러가 암 치료를 위한 노력의 일환으로 외과술의 경계를 최대한 확장했지만 이후 아무도 그들의 해부학 기술을 넘어서지 못했으며 의학은 의사 개인의 탁월성 발휘를 넘어 팀워크, 예방의학, 환자 삶의 질에 대한 관심으로 초점이 맞춰졌습니다.

이 장에서는 예수님의 치유사역을 기록한 성경 말씀을 토대로 하나님의 외과적 기술에 대해 알아보도록 하겠습니다. 성육신하신 말씀은 살아 있고 운동력 있으며 예리합니다. 그분은 관통하고 판단하고 감추지 않고 드러내시는 분입니다. 살아 있는 말씀이신 예수님은 또한 긍휼, 친밀함, 자비, 은혜로 사람의 마음과 생각과 영혼을 치료하기 때문에 외과적 설명을 초월하십니다.

저는 위대한 의사인 예수 그리스도의 의술을 이해하기 위해 네 가지 접근법을 선택했습니다. 하나님의 말씀은 예리하고 드러내고 바로잡고 자비롭습니다. 궁극적인 치유는 예수님과 접촉하게 됨을 의미합니다. 치유의 과정은 우리가 관여 받지 않으려 하지만 이를 괘념치 않고 간섭하면서도 당신의 사랑으로 우리의 삶을 되찾게 하시는 무섭고도 다정하신 주님에게 복종할 때 얻는 산물입니다.

예리함

닥터 오슈너는 '비외상성 수술'의 신봉자였습니다. 외상이 없는 수술을 하기 위해서 그는 예리한 절개법과 세밀한 비흡수 봉합사를 사용했으며 체액을 축적하여 감염이 될 가능성이 있는 수술 부위에 죽은 자리를 될 수 있으면 남기지 않았습니다. 수술에는 다양한 기구가 사용되며 기구마다 고유의 특성이 있는데 그중에서 깨끗한 절개를 하는 데 가장 유용한 것이 예리한 메스와 가위입니다. 예수병원에서는 수련의들에게 수술법을 가르칠 때 다음과 같은 원칙을 습관적으로 적용하도록 합니다.

첫째, 예리한 메스를 쓸수록 절개가 깨끗하다

주요 혈관들 주위에 암이 전이되지 않은 부위를 확보하면서 종양을 떼어내야 하는 암 전문의에게 특별히 해당되는 원칙입니다. 이는 복음을 전도할 때에도 하나님의 기록된 말씀을 조심스럽게 다루어야 한다는 점을 암시합니다.

둘째, 해부학과 벗이 되어라

신체의 해부면과 구조는 하나님께서 고안하신 것입니다. 절제와 치료회복을 위해서는 해부학에 기초를 두어 치밀하고 체계적인 계획을 세워야 합니다.

셋째, 전투 전략을 체계적으로 세우라

외과의사는 환자의 해부학적 구조뿐만 아니라 그 환자가 보이는 생리적 변화에도 기반을 두어 시술 단계를 논리적인 순서대로 밟아가야 함을 명심해야 합니다.

넷째, 쉬운 부분부터 시작하라

접근하기 쉬운 부위부터 절개하면 거의 불가능한 과제도 용이하게 풀리는 경우가 많습니다. 암 수술에서 절제 가능성을 보면 곧잘 집도의의 인내성을 가늠해볼 수 있습니다.

다섯째, 임시방편보다는 정확한 절개가 더 안전하다

안전을 위한다는 가식적 노력으로 생명유지에 필수적인 인체 구조를 넘겨 짐작하기보다는 아픈 부위가 해부학적으로 정확하게 어느 부위에 있는지를 정확하게 파악하여 절개하는 편이 훨씬 낫습니다.

여섯째, 눈으로 볼 수 있는 것만 자르라

인체의 깊숙한 부위, 잘 보이지 않는 곳을 수술하느라 이 원칙을 지킬 수 없는 경우에는, 해부학이 어떤 것인지 밝히는 데 의사의 숙련된 솜씨가 결정적인 역할을 하게 됩니다. 개인 전도의 경우에도 분별할 수 없는 영역은 참견하지 말아야 합니다.

일곱째, 속도보다 세심하게 정확성을 기하라

환자가 위급하지 않은 경우에만 해당되는 원칙입니다.

수술 도구는 예리해야 할 뿐 아니라 민감한 의사의 손에 들려야 합니다. 난이도가 높은 절개 수술에서는 의사의 민첩한 움직임에 민감한 도구를 선택해야 합니다. 세포 면을 펴거나 반으로 쪼개면서 무딘 절개를 하거나 지혈법을 잘 시술하지 못하면 합병증이 유발됩니다.

히브리서에 묘사된 대(大) 의사는 예리할 뿐 아니라 '살아서 활동하는' 메스를 사용하십니다. 그분은 외상을 입히지 않으면서도 예리하고 민감한 해부학적 기법을 동원하십니다. 관절과 골수를 찔러 쪼갤 뿐 아니라(시공간 내에서의 수술) 영에서 혼을 분리하는 영적 해부를 추구합니다(영적, 심리적 관점에서 바라본 외과의 인성). 수술에 따르는 고통이 아예 없을 수 없지만 그 정신적 외상을 최소화합니다. 한마디로 표현해서 '거칠지만 굉장히 부드러운' 손길입니다.

드러냄

적절한 조명은 수술을 하는 데 있어서 좋은 결과를 낳습니다. 의과대학 시절에 교수님 한 분은 "단추 구멍의 절개가 곧 단추 구멍의 브레인"이라는 말씀을 곧잘 하셨습니다. 수술은 어림대중으로 하는 것이 아닙니다. 라이트의 초점을 시술 지점에 맞추어야 합니다. 살균된 라이트 핸들을 움직여 여러 가지 다양한 각도로 조명의 초점을 맞출 수 있습니다. 제 수련의들이 조명의 각도를 바꾸면서 필요한 부분에 각도를 맞추지 못하는 경우가 종종 있습니다. 이때마다 저는 "인간의 운명은 각도에 달려 있다"고 일러주곤 합니다. "어떻게 보느냐에 따라 팔자가 달라진다"는 뜻을 내포한 한국 속담을 조금 응용한 것입니다. 조명이 제일 필요한 사람은 보조를 하는 의사들이 아니라 수술을 총괄하는 집도의입니다.

수술을 진행하는 동안 저는 언제나 인체의 신비에 감탄을 금하지 못합니다. 예를 들면 주요 동맥들이 활발하게 박동하며 적혈구의 형태로('마법의 도넛') 풍부한 산소를 운반하는 모습, 혈관 벽을 통해 보이는 정맥혈의 흐름, 10억 개의 신경말단(그 중 일부는 생명 유지에 중요한 역할을 수행합니다)으로 전기 자극을 전달하는 신경계, 인간이 만들어낸 그 어느 화학실험실보다 복잡한 생화학 기능을 수행하는 간소엽들, 장(腸)내에서는 다이너마이트처럼 가공할 만한 효력을 지니지만 복강에 스며들면 파괴력이 엄청난 소화 효소를 지닌 췌장, 단순한 모양이지만 인간이 만들어낸 어느 악기보다 정밀한 성대, 1.5킬로미터가 넘는 길이의 흡수성 세뇨관이 있는 신장, 가스 교환을 위한 근막에 의해 몇 개의 방으로 나뉜 폐, 인간이 만든 최대용량의 컴퓨터보다 훨씬 복잡한 뇌 등을 보노라면 인간의 육체는 정말 창조의 보고라는 생각을 하게 됩니다. 의사가 하는 일이란 기술이 허락하는 한도 내에서 해로운 것들을 들어내고 남은 기관의 기능을 회복시키는 것입니다.

예리하고 통찰력 있는 하나님의 말씀이 우리 마음의 사고방식과 사고를 감찰하기 위해 그 영역을 꿰뚫고 들어올 때 만물은 벌거벗은 것처럼 드러나고야 말 것입니다. 예수님께서 서기관들과 바리새인들을 향해 "독사의 자식들아! 위선자들아!' 하고 외치셨을 때 그 말씀이 얼마나 예리했는지 다시 한 번 생각해보십시오. 그들의 거짓된 동기를 여지없이 폭로하셨습니다!

그분에 비하면 우리의 외과적 판단은 참 보잘것없습니다. 어떻게든 최상의 결과를 내기 위해 우리 외과의들은 모든 응급 상황에 대처해 계획을 세우고 판단해야 합니다. 위험 부담을 저울질하고 합병증을 고려하고 믿는 자라면 기도해야 합니다. 결정의 순간은 미룰 수 없으며 진실의 순간은 오고야 맙니다. 과거의 모든 경험을 이용하고 하나님의 도움에 의지해야 합니다. 수련의들에게 "눈을 뜬 채 계속 기도하라"고 일러줍니다.

저는 기도의 능력을 믿습니다. 존스홉킨스대학에서 외과 교수를 지냈던 워필드 피로어 교수는 자신의 저서 「중보기도」에서 기도를 '하나님의 중재에 참여하는 것'이라고 정의했습니다. 기도는 온 우주에서 이뤄지는 하나님의 영적 사역들을 서로 연결시켜줍니다. 기도는 수술을 집도하는 의사들이 뇌리의 깊고 먼 곳에 틀어박힌 중요하고도 긴급한 정보의 편린을 끄집어내도록 도와줍니다. 이렇게 끄집어낸 정보의 편린은 하나님의 영적 능력을 힘입어 신경접합부의 벽을 넘어 인간의 인식 영역으로 들어오게 됩니다.

그러나 대의사인 예수님 앞에서는 진실이 무지에 의해 가려지지 않습니다. 하나님의 엑스레이 영상은 컴퓨화 된 단층촬영기에 비할 수 없이 정확하며, 인간이라는 유기체를 그리스도에 대한 반응과 순종 정도에 따라 정확하게 감찰합니다. 대의사에게는 혼과 영, 사상과 사고방식 간에 육체적 절개면이 존재하지 않습니다. "그가 어둠에 감추인 것들을 드러내고 마음의 뜻을 나타내시리니"(고전 4:5).

바로잡음

지으신 것이 하나도 그 앞에 나타나지 않음이 없고 우리의 결산을 받으실 이의 눈 앞에 만물이 벌거벗은 것 같이 드러나느니라 (히 4:13).

우리는 하나님의 수술대 위에 속수무책으로 발가벗겨진 채 누워 있습니다. 사회적 지위도 온데간데없습니다. 우리는 그분의 의술이 우리를 전적으로 지배하도록 맡겼습니다. 진리의 메스 아래에서 가장 은밀한 우리의 책략이 드러나고 말았습니다. 얼마나 부끄럽고 절망적인 모습인지요!

하지만 그래서 어쨌다는 것입니까? 절망할 필요가 없습니다. 왜냐하면 우리를 낱낱이 감찰하신 대의사가 동시에 자비로운 치유자이기도 하다는 사실을 발견할 것이기 때문입니다. 집도의는 우리의 지극히 높으신 제사장 주 예수 그리스도이며 심판의 날에 우리가 받아야 할 대수술보다 더 큰 수술을 이미 직접 받으셨습니다. 우리에게 메스는 망가진 육체를 보수하기 위한 도구지만 예수님께서는 우리의 죄를 대속하기 위한 희생의 창, 속죄의 대못이었습니다. 예수님은 자신의 몸을 희생제물로 준비하셨습니다. 그것은 살아 있는 신체였습니다.

인간이라는 유기체를 만들기 위해 창조주 하나님이 사용하신 지혜는 인간 하나 하나의 해부학적, 생리적, 생화학적, 세포생물학에 명백하게 드러나 있습니다. 하지만 유일하게 완벽한 예수님의 몸은 하나님의 사랑과 공의를 최고로 표현하는 수단이 되었습니다. 바로잡는 데 필요한 대가가 지불된 것입니다.

이 대제사장은 우리와 같은 성정을 지니셨습니다. 그분은 연약함과 고통을 경험하셨고 우리처럼 모든 면에서 유혹도 받으셨습니다. 하지만 그러한 인간에 대한 전적인 공감이 놀라운 역사를 만들어냈습니다.

그분이 예루살렘을 바라보며 하신 말씀을 회상해보십시오. "암탉이 그 새끼를 날개 아래 모음 같이 내가 네 자녀를 모으려 한 일이 몇 번이더냐"(마 23:37). 회개하지 않는 갈릴리 성읍들을 향하여 하신 말씀을 들어보십시오. "수고하고 무거운 짐 진 자들아 다 내게로 오라 내가 너희를 쉬게 하리라"(마 11:28).

그래서 저는 하나님의 수술대 위에 누워 그분의 손에 저를 맡기려 합니다. 저를 위해 죽으신 그분의 손 안에서 그분의 마음, 그분의 생명이 제 것이 되도록 말입니다. 하나님께서 손에 드신 진리의 메스는 우리를 가르지만 동시에 사랑의 봉합사로 우리를 꿰매기도 합니다. 하나님은 은혜롭고 자비로운 분이기 때문입니다.

은혜와 자비

우리는 어떤 것도 두려워할 필요가 없습니다. 하나님은 자비로우신 분이기 때문입니다. 심판의 날이 이르렀을 때 예수님은 우리를 앞에 세우시고 '죽음의 그늘이 광명한 데로 나오게 할' 거대한 탐색 절차인 최후의 외과적 검사를 실시하여 우리의 내면에서 은밀한 동기를 들추어내실 것입니다.

우리가 지키지 못한 약속들, 사라지지 않는 죄, 완악한 자만심 속에서 우리를 끌어내실 것입니다. 활활 타는 석탄처럼 불타오르는 하나님에 대한 사랑, 그분을 기쁘시게 하려는 열망, 감사한 마음이 가장 절정에 달한 순간, 찬양으로 피어나는 꽃, 믿음을 지키기에 우리가 너무나 나약하다는 것을 잘 알지만 그 연약함이 진실하기에 하나님의 아들은 하나님 아버지께 말할 수 있습니다. "보십시오. 저들이 제 옷을 입고 있습니다. 저의 의를 입고 왔습니다."

우리는 두려워할 것이 전혀 없습니다. 우리가 하나님께 나아가기를 소원하고 있는 것보다 하나님이 우리를 더 오랫동안 간절히 기다리고 계십니다. 우리는 탕자이든 아니든 비틀거리며 어리석게 살아왔고 한때 또는 때때로 의심 많은 도마처럼, 예수님을 부인한 베드로처럼 살아갑니다.

그러나 하나님 아버지는 위대한 목자로서 우리를 반갑게 집으로 맞아들이고 그분 품으로 감싸 안으실 것입니다. 우리를 가슴 깊이 끌어안으시고 우리가 그분의 영원한 양자가 되는 영광을 누리게 하실 것입니다. 이제 더 이상 수술은 없고 우리는 하나님의 임재와 끊임없는 사랑에 둘러싸여 풍요하고 건강과 삶을 누릴 것입니다.

시인인 로버트 브라우닝은 제 선친에게 큰 영감을 준 사람

중 하나입니다. 이 위대한 그리스도인은 선친이 성경 여백에 쓴 다음의 메모와 같은 개념을 그의 시 몇 편에서 언명했습니다. "하나님은 사람이 행하는 일로 상찬을 베풀지 아니하시며 그 사람이 하고자 했던 일로 상찬을 베푸신다"(닥터 에드워드 G. 실). 브라우닝의 장시 '랍비 벤 에즈라'를 보면, 토기장이 하나님은 우리 각자를 축제의 잔으로 만들어 그 안에 포도주를 담아 그분의 입술을 붉게 물들이십니다. 진흙을 반죽할 때부터 이미 그분은 세상이 보지 못하는 가치를 보고 계십니다.

내가 될 수 없었던 모든 것,
사람들이 무시하기만 한 내 안의 모든 것,
이것들로 나는 항아리를 빚는 돌림판의 주인인
하나님께 그 값어치를 하게 되었다.

브라우닝은 또 다른 시 '앱트 보글러'에서 이런 감정을 가장 잘 표현하고 있습니다. 그 내용을 보면 어느 수도원장이 악기를 발명하여 영감을 받을 때면 즉흥적으로 그 악기를 연주하여 아름다움을 절정의 순간까지 고조시킵니다. "땅이 하늘까지 가닿았다. 하지만 이제 그 하늘은 가까운 곳에도, 먼 곳에도 없다." 그 작곡가가 '완전함'을 맛본 것은 잠시뿐이었습니다. 완전함은 지나가고 다시 오지 않았습니다!

그래서 그 수도원장은 다음의 시를 지었습니다.

입에 올리기도 황송한 이름, 건축자이자 제작자는 당신!
그것은 손으로 짓지 아니한 집
언제나 동일하신 당신이 계신데
왜 변화를 두려워하겠는가?
당신의 능력이 마음을 채우며,
커진다고 의심하는 것인가?
영원한 상실은 하나도 없고 있던 것
그대로 전같이 살아 있으리
악은 힘과 효력을 잃고 침묵이 소리를 암시하며,
선은 선한 그대로 악은 자꾸 늘어나고
땅에는 부서진 원호들과 하늘에는 완전한 원

우리가 선택하고 바라고 꿈꾸던 것들은 존재하며
비슷한 것이 아닌 실물만이 존재하며,
아름다움, 선, 권세도 없으리니
그들의 목소리는 발하여지고,
각 사람은 성악가를 위해 살아남았다.
영원이 시간의 잉태를 알린다.
높음은 너무 높아지고, 땅의 영웅들은 너무 힘들어진다.

열정은 땅을 떠나 하늘에서 사라지고
노래는 연인들과 시인들이 하나님께로 보낸다.
그분이 그것을 한번 들으셨으니 우리도 장래에 들으리

인간의 창의성, 섬김, 찬양, 성직의 영광이 그리스도를 영예롭게 할 때 이 시인의 진실은 하나님의 진실이 됩니다. 그럼에도 불구하고 우리 중 많은 사람들은 타인을 향해 조건 없이 선행과 사랑과 희생을 베풀려고 할 때, 혹은 감사를 표현하려고 할 때 늘 우유부단하고 즉흥적이고 불완전한 태도를 갖습니다. 닥터 와일리 포사이스는 전주에서의 짧은 의료선교를 마치고 미국으로 귀환하는 배 안에서 다음과 같은 글을 썼습니다.

비록 우리의 노력이 결함과 오류로 점철되었을지라도 주님의 이름으로 주님을 향해 겸손한 마음으로 행해진 것이라면 그분 앞에서 사랑의 수고는 결코 헛된 것이 아닙니다.

이제 긍휼하심을 받고 때를 따라 돕는 은혜를 얻기 위하여 은혜의 보좌 앞에 담대히 나아갑시다(히 4:16). 하나님의 진리는 동시에 사랑입니다. 우리의 혼과 영을 찔러 쪼개는 메스는 우리의 마음도 그분의 사랑을 향해 열리게 합니다. 우리의 깊은 생각과 동기를 드러내는 메스는 주님의 못 박힌 손, 용서의 손에 들려 조개껍질처럼 딱딱한 마음의 막을 벗겨내고 하나님의 자비를 맞아들이게 합니다. 대의사 하나님은 우리의 상태를 아십니다. 보잘것없더라도 구원받은 우리 죄인의 성취를 기쁘게 받으십니다. 예수님은 제자들이 보는 앞에서 "내가 그들로 말미암아 영광을 받았나이다"(요 17:10)라고 말씀하셨습니다.

그분의 영광은 영원히 지속될 것입니다. 그분은 우리를 상처받은 치유자로 이 세상에 보내어 그분이 아직 치유하지 못한 상처를 싸매게 하십니다. 꾹 짜내어야 할 증오의 고름으로 가득한 농양을, 비틀어지고 엇나간 관계를 이어달라고 울부짖는 골절 부위를, 머리이신 주님을 대적하며 그분께 굴복하기보다 자기중심적 자율을 주장하는 악성종양을….

이는 온 인류와 인간 개개인이 안고 있는 고통이며 오직 그리스도만이 고치실 수 있는 것입니다. 벌어진 상처도 그분의 봉합사, 즉 사랑으로만 싸맬 수 있는 것입니다. 그러므로 우리는 치유하시는 그분의 손을 장갑처럼 감싸고 있는 능력의 도구인 진리의 메스를 부드럽고 민감하고 온유하게 사용하기로 결단합시다. 하나님께서 우리의 딱딱하게 굳어진 심장 피막을 절개하시고 새로운 박동으로 뛰게 하시는 것처럼 우리도 그분의 사랑을 접착제로 사용하여 상처를 싸매주고 모든 이들을 주님께 결속시켜줍시다.

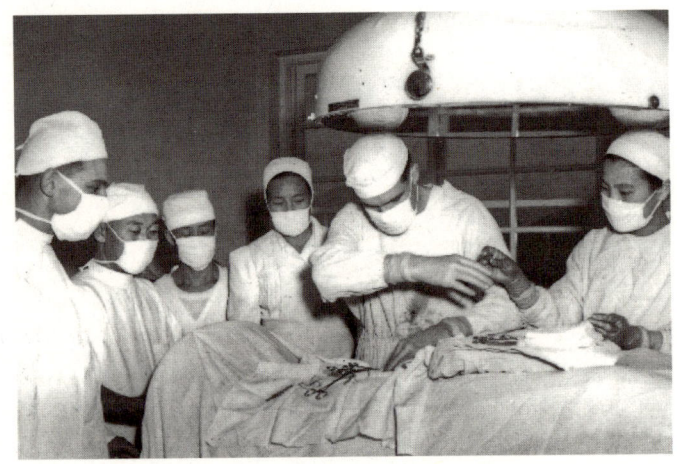

"하나님의 진리는 동시에 사랑입니다. 우리의 혼과 영을 찔러 쪼개는 메스는 우리의 마음도 그분의 사랑을 향해 열리게 합니다."(예수병원 옛 건물 수술실에서)

열·다·섯

그리스도를 명예롭게 하다

나의 간절한 기대와 소망을 따라 아무 일에든지 부끄러워하지 아니하고 지금도 전과 같이 온전히 담대하여 살든지 죽든지 내 몸에서 그리스도가 존귀하게 되게 하려 하나니(빌 1:20).

사람들이 얻으려고 애쓰는 것 중 하나가 명예입니다. 모두들 타인으로부터 존중과 존경을 받고 높이 평가되기 원합니다. 진정한 명예는 재산이나 정치적 지위, 교육 수준을 따라 얻을 수 있는 것이 아닙니다. 그 이상의 것이 요구되는데 이는 신뢰 받을 만한 사람, 약속을 지키는 사람, 충실한 사람, 높은 윤리 의식과 도덕성과 진정성으로 잘 처신하는 사람이어야 합니다. "신의 없이는 명예가 없습니다." 그러므로 진정한 명예는 단순히 추구한다고 오는 것이 아니라 고결한 규범에 의거하여 사는 삶에서 오는 것입니다.

사도 바울은 자기 자신의 명예를 추구하지 않고 자나 깨나 오직 한 분, 그리스도만 명예와 존귀함과 높임과 찬양을 받으시기 원했습니다. 그는 그리스도가 사랑과 선함과 자비로움에 있어서 최고의 표준이 된다는 사실을 알고 있었기 때문입니다. 그가 로마 감옥에 갇혀 사랑하는 빌립보 교인들에게 쓴 서신을 보면, 수천 킬로미터의 선교여행에서 자신과 동행하고 위험에 처한 자신을 격려해주었고 감옥에 갇혔을 때 위로해주었던 주 예수 그리스도만이 명예를 받아야 한다는 사실에 강권되어 이를 고백하고 있음을 알 수 있습니다.

저 자신도 바울의 심경을 이해할 수 있다고 말씀드려야겠습니다. 저도 예수병원에 전 생애를 바치기로 결심한 이유가, 예수병원을 통해 그리스도가 명예롭게 되기를 소망했기 때문입니다.

어떤 사람들은 우리에게 병원의 명칭을 바꿔야 한다고 말합니다. 직원들이 때로 서툴고 불친절할 뿐 아니라 어떤 때는 물질주의에 사로잡히고 자만심에 차 있는 것처럼 보인다면서 예수라는 이름을 앞에 내세우는 것이 합당치 않다는 견해였습니다. 맞는 말처럼 들리기도 했습니다. 하지만 저는 예수의 이름을 되뇔 때마다 우리 병원의 존재 이유를 상기하게 되고 주님의 삶에 비추어 우리의 삶을 돌아볼 수 있기 때문에 명칭 변경을 반대했습니다.

예수병원은 늘 세속화의 위협 아래 놓여 있습니다. 제 생각에 병원 간판에서 '예수'라는 글자를 뺀다는 것은 세상에 대고 우리가 이상을 포기했으며 그리스도를 명예롭게 하려는 소망조차 놓아버렸음을 선언하는 것과 다름없습니다.

예수병원의 일원이 된다는 것은 무엇을 의미합니까? 바울이 빌립보 교인들에게 보낸 서신을 보면 그의 간절한 기대와 소망이 무엇보다 그리스도를 명예롭게 하는 데 있었음을 알 수 있습니다.

'명예롭게 하다'(honor)를 한국어로 번역하면 '확대하여 보이다' 혹은 '높임을 받다', '존귀하게 하다'는 단어로 표현할 수 있습니다. 이러한 번역이 틀리지는 않습니다. 헬라어 원전에 나오는 '메가론테스타이'(megalonthesetai)가 이 뜻을 모두 포함하고 있기 때문입니다. 하지만 그중에서 가장 제 마음에 드는 한국어 번역은 '명예롭게 하다'입니다. 우선 신학적 의미를 함축하고 있는 데다 그리스도가 존귀하게 여겨져야 할 지고의 가치를 전제하고 있기 때문입니다. 이와 유사한 표현인 '영광을 돌리다'는 하도 많이 사용된 탓에 영광의 의미가 상당 부분 퇴색되긴 했습니다. 우리는 영광보다 명예라는 말을 쉽게 이해합니다. 모든 영광의 기회가 사라질 때 우리는 대체로 명예를 얻기 위해 분투합니다.

그러므로 우리는 그리스도를 명예롭게 해야 한다는 바울의 외침에 즉시 '아멘!'으로 응답해야 합니다. 우리 주 그리스도는 인간의 몸을 입고 이 땅에 내려오셔서 고난과 사악한 조롱을 받으며 자신의 생명을 부어주셨고, 십자가 위에서 몸소 희생제물이 되심으로 그분의 사랑과 자비로 주님을 구주로 받아들이는 자마다 구원을 받을 수 있도록 했음에도 그에 합당한 사랑과 찬미를 받지 못하셨습니다. 그리스도가 명예를 받아야 합니다. 그분의 깃발을 힘차게 들어올려야 합니다. 우리는 그분의 위대함을 선포해야 합니다.

저는 끊임없이 질문합니다. "과연 우리는 예수병원에서 그리스도를 명예롭게 하고 있는가?"

내 몸에서 그리스도가 존귀하게 되게 하려 하나니(빌 1:20).

바울의 가르침은 급진적으로 변합니다. 그리스도의 완전한 신성에 대해 고결한 신학적 개념으로 논하기보다는 우리 자신의 몸, 즉 언젠가는 썩어 없어질 구조, 세포생물학의 과학적 경이, 잔인함과 숭고함을 동시에 지닌 육체적 생물체, 아름다운 음악을 지어낼 수 있지만 증오와 살의를 품을 수 있는 인간의 몸에 대하여 논하고 있습니다. 이 몸들로 인해 그리스도가 존귀하게 되실 것입니다. 그렇습니다, 우리 몸 안에서 말입니다!

헬라어를 한번 찾아보았습니다. 물리적 신체는 헬라어로 '소마'(soma)로 마음(프시케)이나 정신(프뉴마)이 아닙니다. 그리스도인의 믿음에서 참으로 신비로운 것은 하나님께서 그분의 거처를 인간 안에 정하신다는 것, 즉 손으로 지은 성전이 아니라 하나님께서 지으신 성전 된 우리의 몸 안에 거처를 정하여 영광을 받기 원하신다는 사실입니다. 그래서 바울은 자나 깨나 자기 몸이 그리스도의 도구, 그리스도의 거처가 되어야 한다는 생각에 사로잡혀 있었습니다. 그의 유일한 야망은 그리스도를 영화롭게 하는 도구가 되는 것이었으며 이를 위해 자신의 삶을 바쳤습니다.

저는 예수 그리스도의 위대함이 예수병원에서도 선포되고 있는지 스스로에게 여러 번 질문해보았습니다. 우리 각자의 표정, 언행, 몸짓, 행동에 그분의 명예가 드러나지 않는다면 그분의 위대함을 선포하고 그분의 존귀한 깃발을 들 수 없다는 생각이 이제 갑자기 확실해집니다. 오직 우리 각자의 삶에 그리스도의 명예가 드러나야만 우리가 속한 기관이나 단체에 그리스도가 그만큼 존귀하게 되는 것입니다.

어떤 사람은 이렇게 말할지 모르겠습니다. "잠시만요, 제가 기껏 하나님의 전구 노릇이나 하려고 이곳에 온 줄 아세요? 일자리가 필요한 데다 수련의 과정도 밟을 수 있고 만족할 만한 직업을 가질 수 있어서 여기 온 거라고요."

  분명히 말씀드리건대, 어느 누구도 우연히 이곳에 온 사람은 없습니다. 질병과 고난 가운데 있는 사람들을 그리스도의 이름으로 치유하는 예수병원으로 우리를 인도해주신 분은 바로 하나님이십니다. '예수병원'이라는 간판을 봤다면 이 병원이 무슨 목적으로 운영되는지 대략 짐작은 하고 오지 않았겠습니까? 예수병원에서 일하겠다는 것은 곧 예수 그리스도의 영광을 위해 일하겠다고 말하는 것과 다름없습니다. 하지만 예수님께서 우리를 자신의 도구로 삼으시길 원하고, 우리의 몸 안에 거주하시길 원하며, 그분의 명예와 영광으로 우리의 인성을 채우시길 원한다는 생각을 미처 하지 못했을 수도 있습니다.

  그러나 이는 사도 바울이 준 메시지입니다. 들으면 또 한 번 깜짝 놀라겠지만 하나님은 우리가 살아 있는 순교자가 되길 원하십니다.

> 살든지 죽든지 내 몸에서 그리스도가 존귀하게 되게 하려 하나니 (빌 1:20).

  이제 본문의 도입부로 돌아갈까요? 바울이 최대로 갈망하고 소망하는 것은 천국에서 그리스도를 만날 때 그분 앞에서 부끄러움을 당하지 않도록 자기 몸 안에 계신 그리스도를 존귀하게 여기기 위해 충분한 용기를 얻는 것이었습니다. 그가 처했던 상황을 한번 생각해봅시다. 그는 감옥에 갇혀 있었습니다. 바울보다 조금 못한 사람이라면 "그리스도를 증거하기 위해 땅끝까지 돌아다녔는데 내 꼴 좀 봐. 기껏 감옥에 갇히게 되다니 어쩌다 이런 신세가 되었을까?" 하고 푸념할 수 있는 상황이었습니다. 복음과 복음 사역을 포기하고 싶은 마음이 충분히 들 수 있는 상황이었습니다.

우리도 주님을 섬기는 과정에서 이런 유혹을 한 번쯤 느껴본 적이 있을 겁니다. 바울은 로마 시민이었음에도 로마 당국으로부터 죽음의 위협을 받았기에 더더욱 용기가 절실했습니다. 그는 죽든지 살든지 그리스도를 존귀하게 여길 수 있도록 온전한 담대함을 달라고 간구했습니다.

헬라어로 마티론(martyron)은 증인이라는 뜻입니다. 영어의 'martyr'는 이 헬라어에 어원을 둔 단어로서 한국어의 '순교자'에 해당하는 말입니다. 한국어로 순교자는 선교사와 매우 유사하게 보이는 단어입니다. 원래 순교자가 되기 위해서 믿음으로 꼭 죽임을 당해야 하지는 않았습니다. 믿음을 위하여 기꺼이 죽을 수도 있어야 순교자가 되는 것이었습니다. 따라서 죽음을 무릅쓰고 기꺼이 신앙을 지키는 모든 충성된 그리스도의 증인은 산 제물입니다. 예수님께서 천국에 들어가기 전에 제자들에게 말씀하셨습니다.

…땅 끝까지 이르러 내 증인이 되리라(행 1:8).

사실상 하나님은 우리에게 나의 '살아 있는' 순교자가 되라고 말씀하신 것입니다. 하지만 이는 우리가 그리스도를 알 때 오는 더할 수 없는 기쁨과 부활의 확신을 가짐으로 하나님과 함께 영원한 즐거움을 누릴 수 있으리라는 것을 기억한다면 그리 어려운 일이 절대 아닙니다. 이와 같은 확신이 있기에 바울은 이렇게 말할 수 있었습니다. "이는 내게 사는 것이 그리스도니 죽는 것도 유익함이라"(빌 1:21).

우리도 이렇게 말할 수 있습니까? 우리에게 주어진 일이 무엇이든, 어디에서든, 환자를 진찰하든, 수술을 하든, 임상검사를 하든, 사무실에서 실험실에서, 접수처 또는 다른 어떤 부서에서든 일할 때 이 말씀과 함께할 수 있겠습니까? 우리는 "내 몸 안에 계신 예수님이 드러나기 원합니다. 그 어떤 대가를 치르더라도 내 몸으로 예수님이 명예를 받으시기 원합니다"라고 말할 수 있습니까?

시골마을로 왕진을 가서 주민과 함께

간호사 심전도 교육을 담당했던 주보선 선교사와 함께

열·여·섯

부활한
몸에 대한
해부학

그는 만물을 자기에게 복종하게 하실 수 있는 자의 역사로 우리의 낮은 몸을 자기 영광의 몸의 형체와 같이 변하게 하시리라(빌 3:21).

암 전문의의 한 사람으로서 저는 죽음에 대해서 많은 생각을 했습니다. 그렇다고 음울하거나 두려워했다기보다 '주님께서 우리에게 계시하신 사후의 삶을 다시 한 번 연구해볼 필요가 있겠다'는 생각을 했습니다. 주님의 부활은 기독교 신앙의 핵심입니다. 모두가 주지하다시피 그리스도의 부활이 거짓이라면 우리의 믿음은 헛될 것입니다. 그리스도의 시신 처리에 관한 확실한 기록이 고대 로마의 공문서에서 발견된다면 혹은 어느 고고학자가 아리마대 요셉의 소유임이 확실한 무덤에서 인간의 유골 한 구를 발견한다면 예수 그리스도의 교회는 치명적인 타격을 입을 것입니다. 그리스도의 부활을 부정하려는 노력이 있었습니다만 무덤이 비어 있었다는 역사적 사실은 지금까지 반기독교적 세력들을 망연자실하게 만들고 있습니다. 사도 바울이 고린도 교인들에게 보낸 서신에서 알 수 있듯이 그리스도는 실제로 부활하셨습니다.

이러한 사실을 바탕으로 연구해보고자 하나 여기서는 그리스도 부활의 진위를 주요 쟁점으로 거론하지 않겠습니다. 제가 알기에 대부분의 그리스도인들은 부활을 받아들입니다. 여기서는 부활의 사건이 우리에게 어떤 의미를 주는지 잘 생각해보고자 합니다. 그러므로 예수 그리스도의 부활을 전제로 한 그 다음 문제, 즉 예수님의 부활이 아닌 그 부활에서 비롯된 우리의 부활을 탐구해보기로 합시다. 예수님은 말씀하셨습니다.

나는 부활이요 생명이니 나를 믿는 자는 죽어도 살겠고(요 11:25).

참으로 놀라운 말씀입니다. 우리는 어떤 종류의 생명을 갖게 될까요? 바울은 고린도전서 15장 35절에서 "죽은 자들이 어떻게 다시 살아나며 어떠한 몸으로 오느냐"(고전 15:35)라고 묻는 자들을 어리석다고 했지만 그럼에도 시간을 할애하여 이 질문에 대해 답을 들려줍니다.

문득 에이브러햄 링컨의 말이 생각납니다. 그는 "발언을 함으로써 모든 의혹을 씻기보다 입을 다물고 있으면서 바보 소리를 듣는 편이 낫다"고 말했습니다.

자, 의심을 버리기는 하겠지만 바울의 대답이 우리의 소망과 복음을 세상에 전하는 데 매우 중요한 것이기 때문에 질문을 한번 해보겠습니다. 저는 이번 장에 '부활한 몸에 대한 해부학'라는 제목을 붙였습니다. 해부학은 유기체의 구조를 연구하는 학문입니다.

수련의들은 제가 해부학을 좋아한다는 것을 압니다. 비단 저뿐 아니라 외과의사라면 복잡하게 연동하는 인체 구조를 해부하는 데 관심이 없을 수 없습니다. 인간의 육체는 소신경과 주요 혈관, 그리고 숨겨진 장기의 접근로를 열어주는 무혈관층 등으로 구성되어 있습니다만 우리가 여기서 다루려는 주제는 부활한 몸입니다. 현재 알려진 바로는 부활한 몸에는 장기와 조직, 세포, 세포내기관이 없다고 합니다.

그러나 감히 말씀드리건대 부활한 몸은 창조주의 지고한 지성을 반영하는, 새로 창조된 유기적 조직을 갖고 있습니다. 이 유기적 조직은 우리가 현재 갖고 있는 육체와 동일한 기능을 수행합니다.

바울은 부활한 몸의 특성으로 네 가지를 언급하고 있는데 이는 우리가 간절히 바라는 특성이기도 합니다. 우리가 이들을 연구하는 목적은, 주님의 부활에서 좀처럼 믿기지 않는 것을 애써 믿어보기 위해서라거나 우리의 육신이 소멸해버릴 것이라는 두려움에서 어떻게든 벗어나려고 하나의 멋진 발상을 만들어 그것에 필사적으로 매달려보기 위함이 아닙니다. 부활한 몸에 대한 생각은 단순히 필사적으로 매달리는 소망 그 이상의 것으로 우리의 삶을 변화시킬 수 있는 즐거운 기대입니다. 부활한 몸에 관해서 바울이 말한 네 가지 특성은 불멸성, 영광, 능력, 영성입니다.

그런데 이 해부학적 구조를 논하기 전에 우선 우리가 이야기하려는 주제가 '인간성'임을 명확히 해두어야겠습니다. 유령은 해부할 수 없는 것입니다. 여기서 우리는 한 육체, 즉 우리 의사들에게 친숙한 신체와는 완전히 다른 육체이기는 하지만 정체를 식별할 수 있고 개인적 특성을 가진 진짜 몸에 대한 특성들을 이야기해보고자 합니다.

부활하신 예수님은 사방이 꽉 막힌 좁은 굴속 잠긴 문 안에 갇혀 있지 않고 벽을 뚫고 나오듯 걸어 나와 제자들 앞에 나타나셨습니다. 실제로 이것은 현실적으로 아주 불가능한 일이 아닙니다. 타당성의 여지가 있습니다.

알다시피 원자와 분자가 생성하는 구조물은 단단하게 보이지만 실제로 매우 헐겁게 뭉쳐져 있습니다. 가령 제가 벽 속으로 걸어 들어간다고 상정할 때 벽 안에 들어 있는 원자핵과 충돌하는 것은 저의 원자핵이 아니라 제 원자를 둘러 싼 전자기의 힘에 의한 충격일 가능성이 많습니다. 그런데 이 원자는 벽 속에 들어 있는 각개 원자의 입자들을 둘러싼 원자에 의해 구축됩니다. 부활한 그리스도의 몸은 그러한 전자기의 힘에 종속되지 않는 듯 했으나 분명한 몸이었습니다.

제자들은 예수님을 알아보았습니다. 하지만 언제나 그런 것은 아니었습니다. 나중에 자기들이 아는 '분' 임을 알아차리긴 했지만 엠마오로 가는 길에서는 바로 알아보지 못했습니다. 막달라 마리아도 자기가 본 이가 정원사가 아님을 깨닫고 '나의 주인님!' 하며 소리쳤습니다. 예수님의 상처를 직접 만져보고 나서야 정말 그분의 몸이라는 것을 인정했던 도마가 가질 수밖에 없던 생각이 대중 심리적인 문제는 아니었을 것입니다.

성경에 따르면 우리도 부활하신 그리스도처럼 영화로운 몸을 입게 될 것입니다. 형체가 불분명하고 흐릿한 수증기가 되어 영원한 시간 동안 힘없이 떠다니다가 다른 유령들과 결합해 안개 뭉치에 묻혀버리지 않을까 염려할 필요가 없습니다. 우리는 예수님의 영광스런 몸과 같은 육체를 갖게 될 것입니다. 천국에 등록된 장자들의 거대한 모임의 일원으로 부활한 성인들과 사랑하는 사람들을 서로 알아보고 의사소통하게 될 것입니다.

변화산 위에서 일어났던 부활의 '예고편'이 생각납니까? 변모하신 예수님은 모세와 엘리야와 함께 제자들 앞에 나타나셨을 뿐 아니라 그들과 함께 예루살렘에서 성취될 '탈(脫) 육신'에 관해 말씀을 나누셨습니다. 모세와 엘리야는 유령이 아니라 분명 사람이었습니다. 인간의 불멸성은 바울만 언급했던 것이 아니라 구약의 욥기에서 신약의 요한계시록에 이르기까지 성경 전체를 통해 상정되고 있습니다.

> 내가 알기에는 나의 대속자가 살아 계시니 마침내 그가 땅 위에 서실 것이라 내 가죽이 벗김을 당한 뒤에도 내가 육체 밖에서 하나님을 보리라(욥 19:25).

> 예수께서 이르시되 나는 부활이요 생명이니 나를 믿는 자는 죽어도 살겠고(요 11:25).

> 또 네가 뿌리는 것은 장래의 형체를 뿌리는 것이 아니요 다만 밀이나 다른 것의 알맹이뿐이로되 하나님이 그 뜻대로 그에게 형체를 주시되 각 종자에게 그 형체를 주시느니라(고전 15:37-38)

> 사랑하는 자들아 우리가 지금은 하나님의 자녀라 장래에 어떻게 될지는 아직 나타나지 아니하였으나 그가 나타나시면 우리가 그

와 같을 줄을 아는 것은 그의 참모습 그대로 볼 것이기 때문이니 (요일 3:2).

그렇다면 하나님께서 우리를 위해 준비하시는 몸에는 어떤 특징이 있을까요?

불멸성

의사인 우리는 생명을 지탱하는 여러 가지 신체 조직이 서서히 쇠퇴하고 죽음에 이르는 과정을 주로 봅니다. 사실 건강이란 죽음과 부패를 통제하는 인간 유기체의 능력을 가늠할 수 있게 해주는 척도 중 하나입니다.

우리는 죽음과 생명의 균형을 끊임없이 깨뜨리려는 신체 안팎의 위협과 맞서 싸우고 몸 안에서 발생하는 악성종양의 돌연변이 수천 개를 자기도 모르는 사이에 파괴하며 살아갑니다. 그러나 이내 면역력이 떨어지고 순환계가 제 기능을 못하게 되면 산소 부족으로 신체 조직이 점점 손상을 입고 결국 죽음에 이르게 됩니다. 우리 몸은 구조와 기능 면에서 점차 퇴행하도록 설계되어 있습니다. 부패의 노예인 셈입니다. 그래서 고통과 눈물, 슬픔, 고난을 겪는 것입니다. 하지만 부활한 몸의 첫 번째 특징은 부패가 없다는 것입니다.

참으로 이 장막에 있는 우리가 짐 진 것 같이 탄식하는 것은 벗고자 함이 아니요 오히려 덧입고자 함이니 죽을 것이 생명에 삼킨 바 되게 하려 함이라(고후 5:4).

죽은 자의 부활도 그와 같으니 썩을 것으로 심고 썩지 아니할 것으로 다시 살아나며(고전 15:42).

새롭게 부활한 몸은 결코 죽지 않습니다. 부패나 퇴행의 지배를 받지 않습니다. 환자에게 얼마나 큰 희망입니까? 몸에 화상을 입은 사람, 암에 걸려 신체의 일부를 절단한 사람, 소아마비로 장애를 입은 사람, 중풍으로 마비된 사람, 통증으로 고생하는 사람 등에게 정말 큰 기대가 아닐 수 없습니다.

확실하게 어떠한 몸을 입게 될지는 아직 알 수 없습니다. 부활한 몸 안에서 어떤 인체 조직이 작동을 하게 될지, 이들 조직들이 신학적 원리로 규명하고 측정될 수 있는지, 아니면 오로지 하나님의 사랑만으로 해석이 가능한 건지 우리는 아직 모릅니다. 그러나 이 몸은 그리스도의 부활을 목격한 500여 명의 증인들 말대로 영원히 썩지 않을 실제의 몸입니다.

영광

죽은 자의 부활도 그와 같으니 썩을 것으로 심고 썩지 아니할 것으로 다시 살아나며(고전 15:42-45).

C. S. 루이스는 그의 책 「영광의 무게」에서 영원한 상급의 개념에 대해 고심했습니다. 영광에 대한 전형적인 현대의 관점들은 그에게 별다른 감흥을 불러일으키지 못했습니다. 그에게 제시된 두 가지 개념 중 하나는 사악해보이고 하나는 우스꽝스러웠기 때문입니다. 그는 "현대적 관점에서 영광은 명성과 광휘를 떠올리게 한다"면서 명성을 탐하는 마음은 경쟁적 열정과 유사하기 때문에 하늘의 것이라기보다 지옥에 속한다고 볼 수 있고, 광휘 하면 무슨 살아 있는 전구를 보는 느낌 같지 않느냐고 반문했습니다.

루이스는 어린아이와 같지 아니하면 천국에 들어갈 수 없다는 그리스도의 가르침을 묵상하다가 어린아이들(제멋대로인 아이가 아니라 착한 아이)은 칭찬을 들을 때 조금도 숨김없이 기쁨을 마음껏 드러낸다는 것을 깨달았습니다. 결국 중요한 것은 우리가 하나님을 어떻게 생각하는가가 아니라 그분이 우리를 어떻게 바라보시는가입니다! 루이스의 말에 좀 더 귀를 기울여봅시다.

영광에 관한 약속은 거의 믿기지 않을 만큼 놀라운 것이며 그리스도의 역사로만 가능한 것이다. 우리 중 극히 일부의 사람들, 그 영광을 진정으로 갈망하는 사람들만 하나님 앞에서 그분의 시험을 통과하여 그분의 승인을 받고 그분을 기쁘시게 해드릴 것이다. 화가가 자신의 작품을 감상하며 즐거워하듯 혹은 아버지가 아들을 향해 흐뭇한 미소를 머금듯, 우리 인간이 하나님의 행복을 구성하는 하나의 성분이 된다는 것, 그분을 감히 기쁘시게 할 수 있다는 것은 인간이 도저히 감당할 수 없는 영광의 무게인 셈이다. 불가능하다고 해도 과언이 아닌 이 영광은 그러나 엄연한 사실이다.

수년 전 아내가 수술을 받기 위해 몸 전체에 깁스를 하고 미국으로 떠날 때 시편 16장 11절 말씀을 읽게 되었습니다. "주께서 생명의 길을 내게 보이시리니 주의 앞에는 충만한 기쁨이 있고 주의 오른쪽에는 영원한 즐거움이 있나이다."

영광이란 하나님의 행복을 구성하는 하나의 성분이 되어 충만한 기쁨을 느끼는 극치의 경험입니다. 우리의 몸은 그리스도의 영광으로 옷 입혀져 영화롭게 되고 아름다움의 창조주요, 사랑의 작가이신 하나님의 임재 안에서 그분의 광채로 뒤덮일 것입니다.

능력

약한 것으로 심고 강한 것으로 다시 살아나며(고전 15:43).

우리의 부활한 몸이 우리에게 의의 옷을 입히시는 그리스도에게서 비롯되는 것처럼 우리가 체험할 능력도 그리스도에게서 나올 것입니다.

그는 만물을 자기에게 복종하게 하실 수 있는 자의 역사로 우리의 낮은 몸을 자기 영광의 몸의 형체와 같이 변하게 하시리라(빌 3:21).

전에도 언급했다시피 우리를 부패의 속박에서 자유롭게 하는 것은 능력입니다. 그리스도가 자기를 대적하여 매도하는 사망과 죄의 세력을 격파하고 삼켜버리신 것도 능력입니다. 다시 오실 예수 그리스도와 함께 우리가 이 세상을 통치할 수 있는 것도 능력입니다. 우리는 만유를 통치하시는 그리스도와 더불어 자유롭게 움직일 것이기 때문에 시간과 공간에 조금도 제한 받지 않습니다.

예수님의 죽음을 목도한 제자들이 얼마 후 자신들이 모인 곳에 홀연히 나타나 말씀하시고 그물이 찢어지도록 고기를 낚으리라 예언하시고 자신들과 함께 떡을 떼시는 예수님을 뵈올 때 가졌던 경외심을 상상할 수 있겠습니까? 부활한 예수님은 물리적인 육신과 능력을 갖고 있었던 실제의 인물이었습니다. 만유의 창조자께서 갈릴리 해변에 나타나 손님으로 제자들과 함께 아침식사를 하셨습니다. 우리의 몸은 그분처럼 동일하게 부활할 것입니다.

영성

> 육의 몸으로 심고 신령한 몸으로 다시 살아나나니(고전 15:44).

우리는 초인간적, 초자연적 존재가 되도록 예정되어 있습니다. 첫 번째 인간 아담은 땅의 흙으로 지음 받았지만 두 번째 사람의 인간성은 하늘의 형상을 지닌 천상의 사람이 되도록 되어 있습니다.

그렇다면 이생에 속한 자연적 인간의 성품과 부활한 초자연적 인간의 성품에는 어떠한 관련이 있을까요? 이 점은 아직도 명료하게 밝혀지지 않았습니다. 신경과학자들도 뇌와 정신, 또는 정신과 혼을 나누지 못하고 있으며 사실 두 영역을 구분하는 것이 가능한지조차 알 수 없습니다.

인간의 두뇌는 뉴런의 동계와 여러 가지 복잡한 구조로 상호 연결된 100억 이상의 뉴런(신경단위)으로 배열되어 있는데, 이는 현대과학으로 분석하거나 기술할 수 없을 만큼 대단히 복잡하다.
- C. D. 가이스터

그리스도인들은 우리 자신이 생물학적인 기계 이상의 존재임을 압니다. 또 병리학자들이 메스와 현미경으로 탐색하여 기술할 수 있는 것은 우리의 껍데기나 시체일 뿐이라는 것, 신경세포가 소멸하더라도 인간이 지닌 사고의 역동성, 개념화, 표현력, 의사소통의 기능은 인간이 지닌 생명력의 일부로서 신경세포가 소멸한다 해도 죽지 않는다는 사실을 알고 있다.

우리는 이미 변화산상에서 예수님이 엘리야, 모세와 더불어 말씀하셨던 광경을 '부활의 예고편'이라는 개념으로 논의해봤습니다. 예수님이 엘리야, 모세와 나누었던 대화는 지극히 이성적인 소통이었습니다. 훗날 예수님이 부활하신 후 엠마오로 가던 제자들과 대화를 나눌 때도 성경을 인용하여 설득하고 강권하고 강해하고, 성경 말씀에 대한 이성적 설명을 통해 그들에게 확신을 심어주셨습니다. 뿐만 아니라 부활하신 예수님은 갈릴리 해변에서 베드로와 요한에게 그분의 사랑을 표현하기도 하셨습니다.

네가 나를 사랑하느냐… 내 양을 치라(요 21:16).

'생명력'(life force)이라는 말은 영화 〈스타워즈〉에서 루크 스카이워커가 할 것 같은 대사처럼 들립니다. 그러나 다음 성경구절은 최후의 아담(궁극적인 인간, 즉 예수 그리스도)이 생명을 주는 영이 되었다는 생각을 뒷받침하고 있습니다.

예수님은 말씀하셨습니다.

아버지께서 죽은 자들을 일으켜 살리심 같이 아들도 자기가 원하는 자들을 살리느니라(요 5:21).

부활이 우리에게 소망을 준다는 의미에서 본다면 단순히 그리스도의 부활만이 이를 가능하게 하는 것은 아닙니다. 왜냐하면 몸의 부활이라는 것이 가능하게 되었고 이에 대한 선례가 생겼고 하나님께서 하실 수 있다는 확신을 우리가 가졌기 때문입니다. 우리의 부활은 예수님의 부활이 있었기에 가능합니다. 그분은 우리에게 새로운 영적 생명을 공급하시는 바로 그 근원이 되시기 때문입니다.

죽음의 장막 너머

저는 죽음의 장막 너머에 있는 현실을 좀 알 것도 같지만 확실히 이해하지는 못합니다. 사후 우리가 새로운 피조물로 부활하는 순서가 어떠한지 정확히 이해하지는 못하지만 우리는 다소 암시적으로는 알고 있습니다.

- 우리 개인의 삶은 부패의 영역을 초월해 영원할 것입니다.
- 우리의 성품은 하나님과 함께 행복을 누리게 되는 영광을 기뻐하게 될 것입니다.
- 우리는 부활의 능력을 위임받고 역동적인 새로운 역할을 감당하게 될 것입니다.
- 우리의 성품은 영적 지시를 따르게 되고 그림자처럼 희미한 우리의 존재는 보다 현실적이 될 것입니다. 부활 후 우리는 진리와 사랑과 선함의 영원한 근원에 더 가까워질 것이기 때문입니다.

부활한 몸에 대한 우리의 설명이 고대 이집트인이나 수메르인들이 기술한 것처럼 극히 기초적인 해부학적 설명으로 들릴지도 모르며, 현대 해부학의 아버지인 베살리우스의 시대의 설명과 결코 비교되어서는 안 되겠지만 여기 몇 가지 매우 중요한 생각들을 펼쳐보겠습니다.

부활 후 우리는 영원히 썩지 않을 몸으로, 지금은 희미하게만 인식되는 영광에 참여하고 하늘나라의 계단식 원형극장에 앉아 어둠의 세력과 대항하는 전투의 진척 상황을 지켜보며 박수를 보낼 것입니다. 또 우리의 지적 능력이 확장되고 기쁨이 충만해지며 하나님의 권속들과 교제함으로써 하나의 장엄한 영적 모임이 이뤄질 것입니다.

뿐만 아니라 지금보다 더 현실적이 될 것입니다. C. S. 루이스는 '나니아 시리즈'에서 이 개념을 발전시켰는데 그에 따르면 모든 것이 보다 물질적이 되고 조밀해지며 치열하게 될 것이라는 것입니다. 이는 단지 추측으로 들릴 수도 있습니다만 부활한 그리스도의 등장에 대해 언급하는 몇몇 짧은 배경 속에서 지금 우리가 느끼는 것보다 훨씬 더 현실적으로 성경구절은 이를 뒷받침하고 있습니다.

자연스럽게 주된 현실이라고 생각하는 이 물질적 세계에 우리는 너무 익숙해져 있습니다. 하지만 저는 더 이상 그렇다고 확신하지 않습니다. 우리는 콘크리트 건물과 전자 생의학 기구류에 둘러싸인 세상에 살고 있지만 새롭게 발전한 물리학과 수학은 진리가 반드시 우리의 육체적 감각과 부합하는 것만은 아니라고 말해줍니다. 병원에서 우리가 구한 생명들이 물리적 신체의 현실성보다 훨씬 더 실재적입니다. 우리는 의료적 관점에서 지극히 물리적인 매개변수에 대처하느라 전전긍긍하면서 죽었을 때 육체적 씨앗으로 깨어나는 보다 위대한 영적 실재를 흔히 간과하고 맙니다.

R. K. 로빈슨은 유머감각과 유쾌한 기운이 넘치는 저의 절친한 친구로, 하늘나라에 갈 때까지 저와 의료선교를 함께했습니다. 그는 자신이 불치병에 걸렸음을 알았습니다. 그는 단순히 담대한 게 아니었습니다. 하나님과 단지 화락(和樂)한 게 아니었습니다. 그는 열렬한 기대감으로 꽉 차 있었습니다. 예수님과 얼굴을 마주할 날을 간절히 고대했습니다. 작년 3월 어느 날 오후 그가 육체의 옷을 벗었을 때 유족들 사이에는 오히려 기쁨이 돌았습니다. 자녀들과 부인은 그가 사랑한 주님이 임재하시는 세상으로 들어갔으며 한낱 그림자에 불과한 이 세상을 떠나 보다 위대한 세계로 갔다는 사실에 행복해 했습니다.

이 자리에서 간곡한 권면을 하나 해보고 싶습니다. 예수님을 좀 더 상세하게 잘 알아봅시다. 우리의 3차원적인 육체의 생명이 때가 되어 4차원적인 하나님 사랑이라는 보다 위대한 실재에 흡수될 때, 기대에 찬 부푼 가슴을 안고 예수님께 나아갈 수 있도록 합시다.

열·일·곱

삶의
심포니

여기 내 형제 중에 지극히 작은 자 하나에게 한 것이 곧 내게 한 것이니라(마 25:40).

1986년 12월 9일 고 씨 부부 사이에 미숙아가 태어났습니다. 출생시 몸무게가 1,160그램에 불과했던 이 신생아는 히알린막증(폐의 표면활성인자가 발달하지 못해 생기는 신생아질병-옮긴이)로 피부가 푸르스름한 빛으로 변했습니다. 혈액가스 측정 결과 산소부족과 이산화탄소 축적이 심해서 호흡치료를 시행하기로 했습니다만, 다음날 폐 한쪽이 극도로 쇠약해지는 바람에 흉관 삽입으로 폐를 확장해야 했습니다. 신생아의 심장이 멎었고 우리는 디기탈리스제제(강심제)를 투약해야 했습니다. 나흘째 되던 날 정맥을 통한 영양공급이 시작되었지만 6주가 될 무렵 다시 히알린막증이 나타났고 말썽을 일으키던 폐가 기능을 하지 않는다는 것을 발견하게 되었습니다. 흉관을 다시 삽입하여 폐를 확장했는데 이번에는 흉부 엑스레이 판독 결과 폐렴이 발견되었습니다.

다행히도 열흘째 되는 날, 아기는 위에 연결된 관을 통해 음식을 충분히 흡수할 만큼 건강을 회복했습니다. 태어난 지 58일째 되는 날에는 드디어 처음으로 젖을 빨기 시작했습니다. 생후 70일이 되는 날에는 체중이 2,370그램으로 늘어나 퇴원을 하게 되었습니다. 이후 소아과 진찰실에서 여러 가지 추적 검사를 실시했으며 행동과 언어 발달이 정상이라는 진단을 받았습니다. 고 씨 부부는 어린 딸 은경이를 매우 대견스러워하며, 아이는 무럭무럭 잘 자라고 있습니다.

이 일화를 들려드린 이유는 예수병원의 소아과 분야, 특히 신생아 치료분야에서 새로운 차원의 의료서비스가 시작되었다는 점을 알리기 위함입니다.

1985년, 캘리포니아 애너하임 출신의 닥터 짐 헤이우드 내외가 신생아 전문 치료 분야에서 봉사하기 위해 예수병원으로 부임해오면서 이야기가 시작됩니다. 닥터 헤이우드는 신생아 전문의이고 그의 부인은 마취사로 두 사람 모두 그리스도의 헌신된 종이었습니다. 그들은 한국에 머무는 동안 예수병원의 소아과 전문의들과 마취사들에게 새로운 개념의 의술을 가르쳐주었습니다. 그뿐만 아니라 소아과 전문의 가운데 이오경에게 신생아 치료에 대한 사명감을 느낄 수 있도록 동기를 부여해주었습니다.

동양에서는 생명의 가치가 그리 높지 않았습니다. 생존하기에 급급한 한국 사회에서 영아들은 출생 후 100일이 지나도록 이름을 얻지 못하는 경우가 다반사입니다. 아마도 생존력을 입증할 수 있는 100일이라는 기간을 통과하지 못하면 진정한 인간으로 취급받지 못하는 것 같습니다. 신생아가 버텨내어 생존력을 증명하게 되면 이름을 갖게 되었고 그렇지 못할 경우 사랑은 그것으로 끝이었습니다. 쌍둥이가 태어나면 튼튼한 영아에게만 젖꼭지를 물리고 다른 영아에게는 물만 먹여서 굶어 죽게 내버려두는 경우도 빈번했습니다. 예수병원에서 실시한 사망률 조사를 보면 미숙아 비율이 상당히 높은 것을 발견할 수 있습니다. 우리가 전문의 짐 헤이우드를 초빙하여 신생아 소아과를 신설한 것도 이러한 현실을 염려했기 때문입니다.

헤이우드 부부에게서 깊은 인상을 받았던 전문의 이오경은 미숙아와 난산 후에 태어난 신생아, 그리고 선천성 장애아 등 작고 연약한 파편 같은 생명을 위해 싸우리라는 소명의식을 느꼈습니다. 은혜와 단비라는 두 아이의 어머니이기도 한 그녀는 의사인 남편과 함께 한국에서 흔하게 볼 수 있는 인공유산 관행에 대항해서 싸웠습니다. 그들은 생명에 무감각한 사회에서 생명을 지키려는 투사들이었습니다.

암 전문의인 제가 보았을 때 암 환자들도 역시 동양에서 무관심과 멸시의 대상입니다. 우리는 1-2킬로그램 남짓한 영아건, 온몸에 퍼진 악창으로 역겨운 냄새를 풍기며 피를 흘리는 걸인이건 예수님의 형제자매라면 '지극히 작은 자'라도 구해내기 위해 투쟁하는 군사입니다.

주목해야 할 점은 헤이우드 의사 내외가 부임한 지 1년 만에 예수병원의 영아 사망률이 절반으로 뚝 떨어졌다는 사실입니다. 의사 이오경이 새롭게 발견한 신념은 이제 단지 이론에 불과한 것이 아니었습니다. 자신의 소명을 감당하기 위하여 수많은 밤을 새워가며 위험율이 높은 신생아들의 주요 증상을 주시하고 매 호흡을 관찰하고 맥박을 재고 신생아를 갑작스럽게 사망하게 만들 수도 있는 산소 부족이나 합병증이 발생하는지 증거를 찾으려 무진 애를 썼습니다. 잠깐 짚어보고 쓱 지나칠 수 있는 순간적인 상황이겠지만 수많은 시간과 나날을 보내야 할 수도 있습니다. 신생아 중환자실에서 생명을 지키기 위해 헌신하면서 분투하는 의사와 간호사들은 누구에게도 칭송받지 못하고 있는 영웅들이지만 오로지 하나님 앞에서 인정받기 위해 소리 없이 열심히 일하고 있습니다.

1986년 한국정부는 세계은행에서 모자보건 기금을 받았지만 도움이 절실히 필요한 극빈자 임산부들을 상대로 프로그램을 시행할 능력이 없었기 때문에 '민영부문' 특히 기독교의 전통과 사명을 가진 병원들에게 프로그램을 시행해달라고 요청했습니다. 예수병원은 영광스럽게도 전라북도 지역의 종합모자보건센터로 지정되었고 병원 시설을 확장하여 현대화된 분만실과 신생아실을 설치하는 한편 전라북도 내에 개설되어 있는 10여 개의 분만소를 감독하고 지원하는 책임을 맡게 되었습니다. 우리는 이를 병원뿐 아니라 전라북도 전역에 생명의 존엄성과 하나님의 인자하심을 널리 알릴 할 수 있는 기회로 삼았습니다. 사실 생명의 존엄성과 하나님의 인자하심을 선포함은 예수님의 복음을 한국에 두루 전하는 데 필연적 귀결이기 때문입니다.

정부는 세계은행에서 받는 기금으로 우리에게 장기대출 혜택을 제공하여 모자보건센터 설립 비용을 충당하는 데 사용하도록 했습니다. 그러나 이 기금만으로 새로운 분만실, 산모 병동, 신생아실, 미숙아 집중치료실 등을 건축하는 데 들어가는 비용을 감당할 수 없어서 결국 미국의 의료자선재단에도 도움을 요청했습니다.

이번 일을 겪으면서 저는 의료선교에 있어 생명에 대한 존엄성이 얼마나 중요한가를 뒷받침해주는 신념을 갖게 되었습니다. 우선 이 신념을 소개하기에 앞서 서아프리카 랑바레네에 병원을 세우고 의료선교에 앞장선 알베르트 슈바이처에게 경의를 표하고 싶습니다. 그는 '생명에 대한 경외'라는 개념을 바탕으로 의료선교와 인도주의적인 철학에 길이 남을 만한 공헌을 했습니다. 그의 이름은 단지 유럽이나 북아메리카뿐만 아니라 전 세계 사람들 입에 최고의 윤리적 규범이 되는 사람으로 늘 오르내리게 되었습니다.

슈바이처 박사가 언제나 마음에 품었던 이상은 숭고한 희생정신과 속죄의 의무, 모든 육체적 생명에 대한 경외였습니다. 하지만 그가 추구했던 윤리체계에는 빠진 것이 하나 있습니다. 그는 인간이든 동물이든 모든 형태의 생명체를 동등하게 취급함으로써 자신이 돌봐야 할 환자의 인간성을 생각하지 못했습니다. 그에게 인간의 생명은 인간만이 가지고 있는 고유한 특성을 상실한 채 단지 살아 있는 모든 생명체 중의 하나가 되어버린 셈입니다.

예수 그리스도의 제자인 우리는 철학에 만족해서는 안 됩니다. 아무리 이타적인 철학이라도 모든 형태의 생명을 존중해야 한다는 주장은 인간 생명의 초월적 가치를 보지 못하게 하기 때문입니다. 우리는 신념의 근거를 성경의 진리, 주님이 몸소 보여주신 사역, 놀라운 주님의 희생이 보여주는 의미에 두어야 합니다. 자, 인간의 존엄성을 지지해주는 불변의 기초를 다시

한 번 상기하기 위해서 성경을 살펴봅시다. 성경은 선교 방침과 치유사역에 지대하게 관련된 가르침과 실제로 우리가 그리스도의 제자로서 개입하게 되는 모든 인간관계에 있어서 중요한 가르침을 제공합니다.

그렇다면 이 방대한 성경을 하나의 심포니로 가정하여 이에 속한 4개의 악장으로 분류해 검토해보겠습니다. 첫 번째와 두 번째는 전 인류에 해당하는 보편적인 주제이고, 나머지 둘은 특별히 예수 그리스도를 따르는 사람들에게 적용됩니다.

1악장 : 하나님의 형상대로

심포니의 첫 악장은 이렇게 시작됩니다.

> 하나님이 자기 형상 곧 하나님의 형상대로 사람을 창조하시되 남자와 여자를 창조하시고(창 1:27).

하나님은 땅에 있는 흙으로 사람을 짓고 그 코에 생기를 불어넣어 살아 있는 존재로 만드셨습니다. 한글 성경에는 이 대목에서 '생령'이라는 말을 썼습니다. 인간은 생명을 지닌 다른 형태의 어떤 피조물보다 우월한 존재로 만들어졌습니다. 또 지표와 대기를 구성하는 원자, 분자 등의 물질로 몸이 이뤄졌지만 기본적으로 영적인 존재이며 하나님의 인격을 닮았습니다.

창세기를 보면 우리의 인격이 하나님의 인격에서 비롯된다고 나옵니다. 즉 인간은 하나님의 섭정으로 임명되었기 때문에 지구상의 생태학적 영역을 위임 통치해야 할 책임이 있으며, 하나님을 추구하는 가운데 그분의 뜻을 분별하고 찾아내야 할 의무가 있습니다. 또 주어진 시공간에서 제한적으로나마 중요한 문제를 결정하기 위해 자유의지를 행사하며 그에 대한 책임도 져야 합니다. 인간은 사랑의 관계를 통해 가정을 이루고 공동체 내에서 형제자매를 돌봅니다.

한 가지 덧붙여 말씀 드리자면 기독신앙은 모든 인류를 존귀하게 여기라고 가르치고 있습니다. 하나님은 원수에게도, 심지어 우리의 믿음을 핍박하고 우리가 신성시하는 것을 파괴하려는 사람들에게도 존중하는 마음을 품으라고 가르치십니다. 우리를 대적하는 사람들에게 다가가 대화의 문을 열기 위해서는 그들을 존귀하게 여기는 마음을 우선 품어야 하는데, 이 마음은 그들도 역시 하나님의 형상을 지니고 있다는 점을 인정해야 비로소 가질 수 있습니다.

대적들의 형상이 하도 더럽혀져 그들 안에 신성한 불꽃이 완전히 사그라진 상태일지라도 하나님은 분명하게 말씀하십니다. 인류의 구성원 한 사람 한 사람에게 하나님의 특성을 반영하는 인격을 심으셨다고 말입니다.

파나마의 악명 높은 군부독재자 마누엘 노리에가를 어떻게 대해야 합니까? 엄청난 인명을 앗아감으로써 '원자탄보다 무서운 존재'로 평가되는 팔레스타인의 테러리스트 아부 니달, 이슬람 종교지도자인 호메이니, 메데인에서 코카인을 국제적으로 불법 판매하는 마약상들, 그 밖의 폭력과 살인을 행하는 악인들을 어떻게 취급해야 합니까? 우리는 그들에게 욕설을 퍼붓거나 모욕을 줄 수 없습니다. 그들도 하나님께서 그분의 형상대로 지으신 피조물입니다.

비록 그들이 하나님께 대항하여 그분의 형상을 훼손시켰다 할지라도 우리는 성령님께서 어떤 방법으로든 그들에게 다가가 그들과 소통하실 수 있다는 가능성을 배제해서는 안 됩니다. 그들이 하나님을 시인하는지, 희미하게나마 양심의 빛을 간직하고 있는지 그 여부와 상관없이 우리는 그들도 한때 하나님의 형상으로 인침 받았다는 사실을 기억해야 합니다. 이것이야말로 인간의 존엄성을 뒷받침해주는 첫 번째 기초입니다.

자, 그렇다면 이제 하나님의 작품 제1번의 2악장으로 들어갑시다.

2악장 : 영화와 존귀를 받도록 만들어지다

대부분의 심포니 2악장이 서정적이고 명상적이듯이 여기서 우리는 하나님의 가슴에 깃든 아름다움을 경탄하는 마음으로 노래하게 됩니다.

> 주의 손가락으로 만드신 주의 하늘과 주께서 베풀어 두신 달과 별들을 내가 보오니 사람이 무엇이기에 주께서 그를 생각하시며 인자가 무엇이기에 주께서 그를 돌보시나이까 그를 하나님보다 조금 못하게 하시고 영화와 존귀로 관을 씌우셨나이다(시 8:3-5)

인류는 이 행성을 돌보고 경작할 뿐 아니라 '모든 소와 양과 들짐승, 공중의 새와 바다의 물고기' 등 하나님께서 친히 만드신 것들을 다스리라는 사명을 위임 받았습니다. 하나님은 인간에게 영화와 존귀의 관을 씌우셨습니다.

우리의 아버지 하나님은 목적의 하나님이십니다. 그분의 창조 설계도에 따르면 인간은 하나님의 귀중한 보배요, 그분의 최고 걸작입니다. "지금 우리가 만물이 아직 그에게 복종하고 있는 것을 보지 못하고"(히 2:8)라는 말씀을 보면 인간을 향한 하나님의 위대한 계획이 훼방 받았음을 알 수 있습니다(아마도 성경에서 인간에 대해 가장 평가절하한 대목일 것입니다!).

최고의 창조력을 발휘하여 인간을 어느 것에도 비할 수 없는 존재로 만드시겠다는 하나님의 숨이 막힐 만큼 놀라운 계획은 아직도 성취되지 않았습니다. 달 착륙에 성공한 인류지만 스스로의 고난을 통제할 능력이 없을 뿐더러 하나님이 만드신 것들을 제대로 다스리지 못하고 있으며 그분의 약속이 성취되는 것도 보지 못하고 있습니다. 그분께 칭찬을 받으려면 한참 멀었습니다. 그러나 우리는 예수님을 봅니다. 예수님은 천사보다 조금 못 하게 지어져 고난을 받으시고 종국에 영화와 존귀의 관을 쓰셨습니다. 예수님은 인간을 대표하고, 그분의 열매가 되고, 하나님께서 우리 인간을 부활시키는 데 선두주자가 되어 하나님의 목적을 완성하셨습니다. 하나님은 우리가 예수님 안에서, 그분이 예비하신 영화와 존귀를 진정으로 경험하기를 원하십니다.

　예수님에게서 영광과 존귀의 면류관을 볼 수 있는 이유는 무엇입니까? 그분은 온 인류의 죽음을 맛보기 위해 몸소 죽음의 고통을 당하신 분이기 때문입니다. 우리가 예수님의 영광에 환호할 수 있는 이유는, 그분이 실제로 부활하심으로 인류의 부활을 예표하셨고 우리도 그분처럼 될 것이기 때문입니다.

3악장 : 하나님의 무한한 사랑으로 대속되다

하나님은 아무도 멸망하지 않고 모두 회개의 자리에 나오기 원하십니다.

하나님은 모든 사람이 구원을 받으며 진리를 아는 데에 이르기를 원하시느니라 하나님은 한 분이시요 또 하나님과 사람 사이에 중보자도 한 분이시니 곧 사람이신 그리스도 예수라(딤전 2:4-5).

하나님이 세상을 이처럼 사랑하사 독생자를 주셨으니 이는 그를 믿는 자마다 멸망하지 않고 영생을 얻게 하려 하심이라(요 3:16).

우리가 이 방대한 인류 중에서 가장 작은 조각 하나를 위해 투쟁하는 이유는, 그 작은 조각이 하나님의 형상을 닮은 자녀이며 영화와 존귀를 받기로 예정된 하나님의 무한한 사랑의 대상일 수 있다는 잠재성을 인정하기 때문입니다.

'무한'이라고 하면 측량의 범위와 이해력을 넘어선 그 무엇을 암시하기 때문에 자칫 추상적 개념으로 치부될 위험이 있습니다. 하지만 그리스도의 대속적 사랑은 고통스러울 정도로 구체적이고 소름 끼칠 정도로 현실적입니다. 예수님께서 치른 대가는 매우 비쌌고, 영웅적인 행위는 참으로 비극적이었으며,

짊어져야 했던 죄의 무게를 단순히 무한한 사랑이라고만 표현할 수밖에 없다는 점이 저를 매우 괴롭게 합니다. 그분의 사랑은 말로 다 형용할 수 없기 때문입니다.

인간의 복잡한 신체 구조를 공부한 우리 의사들도, 전능한 창조주 하나님께서 자비와 사랑을 거부하려는 죄 많은 인간들에게 그분의 무한한 사랑을 알리기 위한 노력의 일환으로 엄청난 비용이 요구되는 급진적인 화해의 방법, 즉 인간의 몸을 십자가에 매다는 방법을 선택하셨다는 데 상당한 외경심을 느낍니다.

인류의 몸을 대표하는 완전한 유기체인 하나님의 독생자, 예수님의 몸은 비록 그분의 복잡한 신체적 메커니즘이 부분적으로만 이해된다 해도 그분이 당한 폭력과 고초는 철저히 지상에 속한 경험이었습니다. 손목에 못이 박히고 살점이 찢기는 고통, 채찍이 휘둘릴 때마다 받는 충격, 가느다란 손목으로 몸의 무게를 지탱하느라 가슴을 팽팽하게 앞으로 당기는 바람에 흉부 근육이 마비되고 간헐적인 질식이 반복되는 고통은 우리 인간이 짐작하고도 남습니다.

십자가가 아니고는 그 어떤 것으로도 인간의 죄를 사할 수 없음을 아셨던 하나님께서 독생자 예수를 희생시키고 그분의 몸을 십자가 위에서 철저히 내치셨습니다. 하지만 동시에 하나님은 구원의 은혜와 그분의 무한한 사랑을 표현하는 가장 고귀한 수단으로 인간의 육신을 영화롭게 하셨습니다. 히브리서 기자는 다음과 같이 말합니다.

오직 나를 위하여 한 몸을 예비하셨도다… 하나님의 뜻을 행하러 왔나이다(히 10:5-7).

나 무슨 말로 주께 다 감사드리랴
끝없는 주의 사랑 한없이 고마워
보잘것없는 나를 주의 것 삼으사
주님만 사랑하며 나 살게 하소서
(버나드 클레보, 찬송가 '오 거룩하신 주님')

내재하시는 치유의 영

하나님의 형상으로 인침 받고 영화와 존귀를 누리도록 계획된 모든 인간은 그리스도의 측량할 수 없는 사랑을 입었습니다. 그러나 모든 사람이 그리스도를 믿고 그분의 사랑과 용서를 받아들이는 것은 아닙니다.

하나님이 그들로 하여금 이 비밀의 영광이 이방인 가운데 얼마나 풍성한지를 알게 하려 하심이라 이 비밀은 너희 안에 계신 그리스도시니 곧 영광의 소망이니라(골 1:27).

영접하는 자 곧 그 이름을 믿는 자들에게는 하나님의 자녀가 되는 권세를 주셨으니(요 1:12).

심포니 마지막 주제인 승리는 제3악장에 있는 예수님의 수난으로부터 출현하기 시작합니다. 인간 생명의 존엄성은 우리가 직접 체험하여 봄으로 확증됩니다. 그리스도는 우리의 마음을 거처로 삼으셔서 우리 성령을 모시는 성소가 되게 합니다.

예수님은 살아나셔서 지금 하나님의 우편에 앉아 계십니다. 그리고 그분의 영을 보내어 손으로 지은 성전이 아니라 그분을 따르는 사람들의 몸 안에 거하게 하십니다. 자기를 내주신 그분의 사랑을 우리 안에서 보게 되는 것입니다. 우리는 그리스도와 함께 죽고 살아서 측량할 수 없는 하나님의 사랑을 우리 안에서 드러내 보여야 합니다. 또 의지할 곳 없는 사람들에게 그 사랑을 넘치도록 쏟아 부어주어야 합니다.

이것이 인간의 생명에 존엄성을 부여하는 최종적인 신비입니다. 하나님은 모든 사람들 사이에서만 거하시는 게 아니라 각 사람 안에도 거주하십니다. 그리하여 하나님은 그분의 백성들의 몸과 인격과 영 안에서 높임과 찬양을 받으십니다.

선교현장에서 우리가 행해야 하는 모든 것은, 애끓는 하나님의 사랑에 대한 증언이요 간증입니다. 증거되는 복음은 궁극적으로 하나님의 특성을 얼마만큼 드러내느냐에 따라 그 신빙성이 결정됩니다. 따라서 하나님의 사랑을 인정하는 첫걸음은 소외된 사람들을 사랑하는 것입니다.

한국의 전주를 비롯한 세계 도처의 선교 거점에서 인간 생명의 존엄성이 선포되는 이유, 그리고 모자보건센터가 단순히 의료사업 중의 하나가 아닌 이유가 바로 여기에 있습니다. 우리는 인간의 생명을 신성한 것으로 만드시는 하나님에 대한 믿음을 증거해 보이기 위해 부름을 받았습니다. 온갖 분쟁과 혼란의 소용돌이 가운데서도 예수병원에 근무하는 하나님의 사람들은 사랑의 깃발을 높이 올릴 것입니다.

더러는 우리의 방침을 조소하고 우리의 연약함을 비웃는 사람들이 있겠지만 그들도 어린아기 한 명의 생명을 구하기 위하여 노력을 아끼지 않는 우리의 긍휼적인 사랑의 수고에 대해서 아무런 답변을 하지 못할 것입니다. 폭력과 테러로 강퍅해진 세상 사람들도 18개월 된 제시카 맥클루어가 우물에서 구조되는 장면을 지켜보며 감동의 눈물을 흘렸다. 군인의 총부리와 사탄의 연합 세력 앞에서 사랑은 무력하고 비현실적인 것처럼 보입니다.

그러나 언젠가는 이름도 없이 빛도 없이 묵묵히 헌신의 섬김을 실천한 하나님의 백성들에게서 하나님의 사랑이 드러나고 그 사랑이 사탄의 견고한 진을 무너뜨리고 세상을 혼돈에서 구원할 것입니다. 마침내 하나님의 사랑은 마지막 전투를 승리로 이끌 것입니다. 승리의 소식이 만천하에 선포되면 천군천사들의 승전가가 울려 퍼지고 하나님의 영원한 통치가 시작되겠지요.

세상 나라가 우리 하나님과 그리스도의 나라가 되어 하나님이 길이길이 다스리실 것이다(계 11:15, 현대인의성경).

열·여·덟

목자
견습생

또 우리에 들지 아니한 다른 양들이 내게 있어 내가 인도하여야 할 터이니 그들도 내 음성을 듣고 한 무리가 되어 한 목자에게 있으리라(요 10:16).

저는 영국을 두 차례 방문했는데 갈 때마다 웨스트민스터 사원에 있는 데이비드 리빙스턴 무덤에 찾아가 비문에 적힌 요한복음 10장 말씀을 읽어보았습니다. 1841년 케이프타운을 방문한 리빙스턴은 이 말씀에 깊이 영감을 받고 아프리카 대륙의 심장부에서 32년 동안 의료사역과 탐험을 했다고 합니다. 그는 한 곳에 머무르기를 좋아하지 않는 성격 탓에 병원과 진료소 밖을 나돌며 지형을 관찰하고 지도를 작성하고 말라리아와 체체파리를 관찰한 내용을 기록했습니다. 그러면서 점점 의학에서 노예무역 근절 쪽으로 관심을 기울이게 되었습니다.

그는 쇠사슬에 묶여 노동을 하던 남자들과 여자들과 어린아이들을 직접 풀어주기도 했습니다. 그는 에이브러햄 링컨이 제창한 '노예해방령'에 깊은 감명을 받아 각 서방제국에게 노예제 폐지의 당위성을 역설했습니다. 리빙스턴의 가장 위대한 업적을 들어본다면 전 세계인들의 양심에 호소하여 아프리카의 고난과 그 땅에 사는 사람들에게 관심을 갖도록 한 것입니다. 그의 시신은 성경말씀이 새겨진 석관에 담겨 웨스트민스터에 안치되었지만 그의 마음은 그가 살던 탕가니카의 나무 밑에 잠들어 있습니다.

이 장의 말씀에서 우리는 세계선교와 관련하여 무엇을 배울 수 있을까요? 대목자장이신 예수님은 어떤 분이었는지, 하나님의 흩어진 양이 얼마나 많고 이 양들을 모으기 위해 목자 견습생인 우리가 어떤 역할을 해야 하는지, 세상의 암양과 숫양은 누구인지, 선진국이든 후진국이든 산업화된 도시든 후미진 농촌이든, 최첨단 기술을 누리는 문명인이든 유목민이든 그곳에서 잃어버린 양들을 찾기 위해 우리가 무엇을 해야 할지 생각해야 합니다.

예수님의 은유가 진부하다고 생각됩니까? 예수님께서 말씀하신 '다른 양들', 즉 존재 자체가 무의미한 매일의 삶 속에서 절망과 소외와 방황과 외로움을 느끼는 사람들을 우리는 어떻게 돌볼 수 있을까요?

선한 목자

예로부터 히브리 사람들은 돌보시고 위로하시고 안전한 곳으로 인도하시고 고난에 처한 자들을 일으켜 세우시고 위험에서 건지시는 하나님을 경험해왔습니다. 시편과 이사야서, 예레미야서는 대목자장들이 백성에게 자비를 베풀며 그들의 생명과 재산을 안전하게 지켜야 할 의무가 있다고 적고 있습니다. 하지만 그들은 불의하거나 권력을 남용하는 일이 잦았습니다. 그래서 주님은 예레미야를 통해 선언하셨습니다.

내 목장의 양떼를 멸하며 흩어지게 하는 목자에게 화 있으리라 (렘 23:1).

미가는 이스라엘이 망할 때 목자가 온다고 예언했습니다. "여호와의 능력과 그의 하나님 여호와의 이름의 위엄을 의지하고 서서 목축하니 그들이 거주할 것이라 이제 그가 창대하여 땅 끝까지 미치리라"(미 5:4). 예수님은 구약에 나온 목자의 가르침을 인용하며 자신을 '선한 목자'라고 말씀하셨습니다. 이는 우리 안에 모여 있든, 사방에 흩어져 있든 자신에게 위탁된 양들을 진리와 자비로 이끄시는 대목자장인 왕에 대한 예언을 성취하신 것입니다.

그리스도는 '또 다른 양들'에 대해서도 언급하고 계십니다. 이들은 보다 확대된 영역에 속한 양들로, 데이비드 리빙스턴이 일평생 관심을 두었던 대상입니다. 그들은 하나님을 알지도 못할 뿐더러 우주를 창조한 하나님께서 친히 육신을 입고 이 땅에 오셔서 고난 받는 종과 섬김의 본이 되시고 인간의 죄를 대속하는 유일한 희생제물이 되시며 하나님의 공의와 사랑을 온전히 드러내기 위해 기꺼이 자신의 생명을 내어주셨다는 소식을, 또 죽은 자 가운데서 살아나 믿는 자들에게 부활의 소망이 되셨다는 소식을 듣지 못한 사람들입니다.

복음은 문화와 인종과 시대를 초월하여 증거됩니다. 미국인들은 지리적으로 광대한 땅에서 풍요롭게 사는 축복을 받았지만 언어와 전통, 또는 지역적으로 소외된 사람들의 사고방식을 이해해보려고 애쓰는 사람이 그리 많지 않습니다. '사막의 폭풍 작전'과 '희망 회복 작전'(각기 걸프전쟁과 소말리아 내전 당시 미군이 수행했던 군사작전-옮긴이)을 통하여 우리는 이 세상 저 편 문화가 다른 곳에 사는 사람들은 어쩌면 우리와 다른 생각을 하면서 살 수도 있다는 사실을 깨닫게 되었습니다.

그러나 기독교 신앙은 문화를 초월합니다. 우리는 예수 외에 구원이 없다고 믿습니다. 세계 전체 인구 중 3분의 1이 그리스도를 주님으로 영접하지 않고 있습니다. 아직 복음을 접하지 못한 사람들이 20억 이상입니다. 지구상에는 1만 1천 개의 알려지지 않은 종족들이 있는데 미지의 종족이란 그들 언어로 번역된 성경이나 교회가 없을 뿐 아니라 복음을 전달할 어떤 수단도 없는 집단을 말합니다.

우리는 타인의 고난과 영적인 가난에 좀처럼 관심을 두지 않습니다. 수백만 명, 수십억 명이나 되는 사람이 고통을 겪어도 우리는 자신과 무관하다고, 자신의 책임 밖 문제라고 치부해버리곤 합니다. 그러나 하나님의 관심 밖에 있는 사람은 지구상에 단 한 명도 없습니다. 전 세계 인구의 99퍼센트가 그분의 나라에 속해 있다고 해도 잃어버린 한 마리의 양을 찾기까지 하나님은 만족하지 않으십니다. 그분은 방황하는 한 마리 양을 찾기 위해 예수님을 이 땅에 보내셨습니다.

예수님은 "이와 같이 이 작은 자 중의 하나라도 잃는 것은 하늘에 계신 너희 아버지의 뜻이 아니니라"(마 18:14)고 말씀하셨습니다. 안타깝게도 일부 목사들은 '잃은 양들'에 대한 언급을 꺼리기도 합니다. 그러나 예수님은 그러지 않으셨습니다. 우리는 우리 속에 있지 않고 벗어나 방황하는 양들을 그분께로 데려와서 그분의 목소리를 듣게 하고, 푸른 초장으로 인도하여 영적 쉼과 성장을 맛보게 하고, 위험을 헤치고 통과하여 의의 길을 걷게 하며, 그들의 머리에 기름을 부어 사탄의 독에서 보호해주어야 합니다.

선한 목자라면 생명을 걸고 자기 양들을 지킵니다. 하나님께서 한 마리의 양이라도 잃지 않기를 바라시는데 우리가 어찌 게으름을 피울 수 있겠습니까?

흩어진 양떼

우리는 그리스도가 자신의 몫으로 여기고 드러내시는 엄청난 인간애를 보고 너무나 깜짝 놀라서 당황하기까지 합니다. 게다가 하나님의 관점이 우리와 다르다는 점을 이해하기도 쉽지 않습니다. 하나님은 모든 인간을 동일하게 사랑하시며, 아버지가 자녀를 하나하나 고유하게 사랑하시듯 모든 사람이 각자 그분 앞으로 나오기를 원하십니다.

마태복음 9장에 나오는 예수님의 사역부터 이야기해보겠습니다. 예수님은 중풍병 환자를 고치시고 혈루증 앓던 여자의 피를 멎게 하시고 죽은 소녀를 일으키셨습니다. 또 소경 두 명의 눈을 열어주시고 벙어리 된 자의 입을 여시는 등 마을을 두루 다니며 모든 병과 모든 약한 것을 고치셨습니다. 예수님은 기진하여 쓰러질 만큼 피곤하셨겠지만 무리를 향한 '민망함' 때문에 자기 몸을 좀처럼 돌보지 않으셨습니다. 한국어로 '민망'이란 '답답하고 딱하여 안타깝게 여기다'는 뜻입니다.

우리는 수십억 사람들 중 한 개인을 대수롭잖게 생각하지만 하나님은 숫자에 압도되는 분이 아닙니다. 하늘의 별만큼 무수한 인간 피조물을 광대한 섭리와 긍휼로 다스리시지만 그중 어린이 한 명, 여자나 남자 한 명을 결코 잊지 않으십니다. 너덜너덜하게 해진 신발을 신고 황무지를 걸으시는 예수님의 발자취를 뒤따라 가보면 우리는 군중을 향한 그분의 긍휼이 인류의 깨어진 조각 하나라도 회복시키려는 치유와 전도사역으로 나타남을 알 수 있습니다.

제가 의료사역에 굳은 확신을 갖고 실천하는 것도 예수님께서 치유사역을 몸소 보여주셨기 때문입니다. 의료사역의 가치를 굳이 강조할 필요가 없습니다. 예수 그리스도가 보여주신 것만으로 충분히 그 가치와 효과가 입증되기 때문입니다. 일부 선교학자들은 의료사역을 복음전도 혹은 교회개척의 수단 정도로 생각하고 어떤 사람들은 사회정의 구현이라는 관점에서 보건 서비스를 강조합니다. 하지만 저는 예수님께서 병든 자들을 치유하셨다는 단 하나의 이유만으로 이 사역에 헌신하기로 결심했습니다.

예수님께서 소경 바디매오를 그냥 지나치셨다면, 베데스다

연못의 오래된 병자를 일으키지 않으셨다면, 죽은 야이로의 딸을 일으키지 않으셨다면, 하나님의 성품은 얼마나 왜곡되게 증거되었을까요?

가버나움의 중풍병자가 친구들의 도움을 받아 지붕에 뚫린 구멍을 통과하여 예수님 앞에 내려왔던 사건을 생각해보십시다. 예수님이 "작은 자야 네 죄가 사함을 받았느니라" 하고만 말씀한 뒤 아무 일이 일어나지 않았다고 상상해보십시오. 무진 애를 써서 중풍병자를 데리고 온 네 명의 친구들이, 여전히 낫지 않고 마비된 상태로 누워 있는 환자를 데리고 다시 집으로 돌아가야 한다면 과연 기뻐했을까요?

나병환자가 예수님 앞에 꿇어 엎드려 "원하시면 저를 깨끗하게 하실 수 있나이다"라고 간구할 때 "미안합니다만 일정이 너무 바빠서 도와드릴 수가 없군요!"라고 예수님께서 말씀하셨다면 우리는 긍휼이 넘치는 하나님을 도저히 생각할 수 없을 것입니다. 그리스도의 이름으로 치유를 행할 때 사람들은 하나님의 긍휼을 보고 신뢰하게 됩니다.

예수님은 괴롭힘을 당하고 목자 없이 유리하는 무력한 군중을 향해 연민의 정을 느끼셨습니다.

매리와 저는 예수병원에서 36년간 봉사했습니다. 이 병원은 진단, 치료, 재활, 예방, 교육, 훈련, 임상연구, 전도, 교회개척, 해외의료선교 등 상당히 다양한 보건 진료 프로그램을 운영하는 의료기관입니다. 현대식으로 지어진 병원에서 100여 명의 기독의사들이 근무합니다. 좀 달리 표현해본다면, 이 병원은 그리스도를 증거하기 위해 모인 의료 제자들의 공동 집합체입니다. 병원의 사역이나 시설에 대해 여러 통계자료를 들어 설명해드리고 싶지만 내원하는 환자를 섬기는 것이 우리의 근본 목적이기 때문에 여기에서는 고통을 당하고 소외된 무력한 사람들의 사례를 간략하게 소개하는 데 그치도록 하겠습니다.

고통 당하는 사람들

입원하는 환자 중 대략 3분의 1에 속하는 사람들은 응급실을 통해 들어옵니다. 우리는 애초에 외상성 상해 환자를 전문적으로 치료하려는 생각은 없었습니다만 응급환자라면 누구도 돌려보내지 않겠다는 원칙을 고수했습니다. 입원비를 감당할 능력이 없든, 보험에 가입되지 않았든, 환자의 신원이 불분명하든 말입니다. 이러한 소문이 퍼지자 한 해 동안 1만 4천 건에 달하는 환자 가운데 대부분이 복부 질환이나 출혈, 두부 손상, 복합 골절, 흉부 외상, 뇌졸중 등의 심각한 외상 환자들이었습니다.

김남영 씨가 응급실에 실려 왔을 때 그의 몸은 75퍼센트가 화상으로 손상된 상태였습니다. 열악한 근로환경과 저임금, 부당한 경영 관행에 분노한 나머지 온몸에 등유를 뒤집어쓰고 분

신자살을 시도했던 것입니다. 절망에 휩싸였던 것인지, 사회 부조리에 맞서는 순교자가 되기로 결심했던 것인지 그의 동기를 정확히 모릅니다만 이 남자는 자신의 몸을 완전히 소각시켜 버리는 데 거의 성공한 셈이었습니다. 임상적인 관점에서 신체의 75퍼센트가 3도 화상으로 손상된 경우 생존 가능성은 거의 희박하다고 볼 수 있습니다. 저는 화상 쇼크와 피부의 부패를 수습하고 경축을 교정하기 위한 광범위한 피부이식을 하기 위해 제가 알고 있는 모든 의료 전략을 동원했습니다. 그는 결국 감사할 줄 아는 사람이 되어 퇴원했고 1년 후 믿음이 굳건한 그리스도인으로 성장했습니다.

진교홍이라는 열두 살 소년은 화재로 집을 잃고 심각한 화상을 입은 채 병원에 실려 왔습니다. 다른 곳에서 1차로 화상 치료를 받았지만 목 아래와 얼굴 부위에 피부이식을 시도조차 하지 않아 예수병원을 찾았을 때는 턱이 거의 가슴에 달라붙고 아랫입술과 눈꺼풀이 아래쪽에서 잡아당기듯 흉이 져서 얼굴이 시종일관 찌푸린 표정을 하고 있었습니다. 우리는 화상 부위를 덮기 위해 복부의 부드러운 피부의 일부를 떼어내고 그 피부의 순환을 유지하기 위해 팔목으로 옮겼다가 턱과 목으로 다시 옮겼습니다. 이렇게 40번에 걸친 성형 재건술을 시술해야 했습니다.

이것은 수년 전의 일이었습니다. 지금 교홍이는 대학을 졸

업하고 대학생선교회(CCC)에서 헌신적으로 활동하며 신앙 간증을 위해 일본으로 선교여행도 다녀왔습니다. 교홍이 가족들은 그가 예수병원에서 정상인의 모습을 찾고 그리스도인이 되어 돌아왔기 때문에 예수님께 감사한 마음을 갖고 있습니다.

외상 환자들에게 있어 공통점은 그들이 피해자라는 것입니다. 종종 생명이 위험할 정도로 심하게 다치기도 합니다. 이를 전 세계적인 차원에서 한번 해석해봅시다. 이라크, 에티오피아, 에리트레아에서 발생한 사고를 생각해봅시다. 우리가 살고 있는 도시에 만연한 폭력, 마약 밀매자, 약탈자, 유탄 피해자들을 생각해봅시다. 예수님은 고통받고 있는 자들에게 연민을 갖고 계십니다.

무력한 사람들

저와 매리가 첫 번째 안식년을 마치고 돌아온 1961년, 암 환자 치료 프로그램이 예수병원에서 시작되었습니다. 한국 땅에 처음 부임했을 당시 종양이 많이 자랐는데도 가난과 무지와 종전 후 폐허로 변한 땅에서의 절망스러운 삶 때문에 종양을 그대로 방치하는 환자들을 보며 우리 부부는 언젠가 암센터를 건립하기로 결심했습니다.

1958년 매리가 두 차례에 걸친 척추 수술을 받는 동안 저는 뉴욕의 메모리얼 슬로안-케터링 암센터에서 2년 동안 종양외과 분야에서 근무했습니다. 한국에 복귀한 후 암 환자 등록사업을 시작하고 종양진찰실을 개설하여 암 환자 관리를 하게 되었고 이를 위해 예수병원의 정책들을 조정했습니다. 그때부터 제 환자 진료는 암치료 분야에 중점을 두게 된 것 같습니다. 저는 뉴욕에서 배운 혁신적인 수술법을 한국 특유의 치료 현장에 응용하고 방사선과 화학요법이라는 신기술을 소개하려고 노력했습니다. 또 암 치료에 적용할 수 있는 기독교적 철학을 확립하는 데 힘썼습니다.

김영애 씨는 다섯 살 때 어머니를 잃었습니다. 아버지가 재혼한 뒤 김 씨와 그 자매들은 집에서 내쫓겨 모두 남의 집에서 더부살이를 해야 했고 수년간 서로의 얼굴을 기억조차 못하는 사이가 되었습니다. 김영애 씨가 열다섯 살 되던 해 구강암이 발병했습니다. 제대로 치료를 받지 못한 탓에 암 세포가 목 부위로 퍼져나가 몰골이 흉하게 변했고 그녀는 결국 일하던 집에서도 쫓겨났습니다.

그녀는 죽을 생각으로 산에 있는 기도원을 찾아갔습니다. 그러나 그곳에서 자기 같은 환자를 치료하는 병원이 있다는 소식을 듣고 예수병원의 '종양진찰실'로 저를 찾아왔습니다. 조직검사 결과 미분화성육종으로 판명되었습니다. 처음에는 종양을 제거하기가 불가능해 보였지만 10개월에 걸친 방사선과 화학치료를 마친 후 수술을 받았습니다. 병인 부위는 거의 제거할 수 있었지만 두개골 기저에 붙어 있는 부분은 완전히 떼어낼 수 없어 추가로 화학요법을 시술했습니다.

이후 김영애 씨는 전주에 있는 의상실에서 양재기술을 배웠고 결혼도 했으며 버는 돈으로 시어머니를 모셨습니다. 병원 사회사업과에서 처음에 이 환자를 저에게 보낼 때에는 이 환자가 자신의 품위와 존엄성을 되찾을 수 있을지 의구심을 가졌습니다. 하지만 사회사업과의 환자 상담 보고서에는 "이 환자는 다른 사람들로부터 존중을 받고 있으며 최선을 다해 그리스도를 믿고 있다"라고 적혀 있습니다.

저에게 암은 사탄의 원형입니다. 암은 복제를 조절할 수 없고 아무런 기능이 없는 세포로 그 복제를 막을 수 없는 신세포라고 정의를 내릴 수 있습니다. 병이 진단될 때까지 모르게 진행되고 심각해지기 때문에 '기만적'이라고 서술되기도 하며 몸속의 세포 성장을 지배하는 정상적인 통제를 벗어나 걷잡을 수 없이 반항적으로 자라기 때문에 '완전히 이기적'이라고도 일컬어지며, 숙주가 파괴될 때까지 양분을 빨아 먹고 자라는 아무런 기능이 없는 세포이기 때문에 '기생적'이라고 표현되기도 합니다.

저는 암과 싸울 때 이를 박멸하거나 몰아내야 할 마귀로 간주합니다. 하나님은 세상에 있는 악마에 대항하여 격분하는 마음을 갖고 있다고 믿으며 이 싸움을 통하여 그분과 제가 함께

할 수 있기 때문입니다.

하지만 김영애 환자의 사례를 다시 생각해볼 때 과연 어느 쪽이 몹쓸 암인지 궁금해집니다. 아직 학교에 들어가지도 못한 어린 나이의 딸내미들을 남의 집에서 종노릇하도록 유기했던 무책임한 아버지인지, 아니면 그 딸아이의 목에 생긴 종양인지 생각해봅니다. 소녀의 목에 불거져 나와 생명을 위협하는 암덩이인지, 아니면 보기 흉하게 변한 소녀를 집에서 쫓아낸 주인 아저씨의 마음인지 의문을 가져봅니다.

암 환자들에게 있어 공통점은 '무력함'입니다. 인간 스스로는 내면에 있는 이 적으로부터 벗어날 수 없습니다. 혼자서는 자기를 파멸시킬 수도 있는 이 적을 몰아낼 수 없습니다. 이 세상에는 무력함의 표적이 되는 또 다른 피해자들도 있습니다. 아마도 가장 무시무시한 것은 에이즈, 즉 후천성면역결핍증이지 않은가 싶습니다. 에이즈가 콩고 민주공화국을 휩쓸어 동네, 도시 그리고 인구 상당수에 속하는 30퍼센트 정도가 에이즈가 감염되었다고 합니다. 예수님은 무력한 사람들을 측은하게 여기고 연민을 느끼십니다.

소외된 사람들

'목자 없는 양떼'라는 말은 길 잃은 자, 소외된 자, 버림받은 자라는 뜻을 내포합니다. 소아과 의사인 존 윌슨은 우리의 시

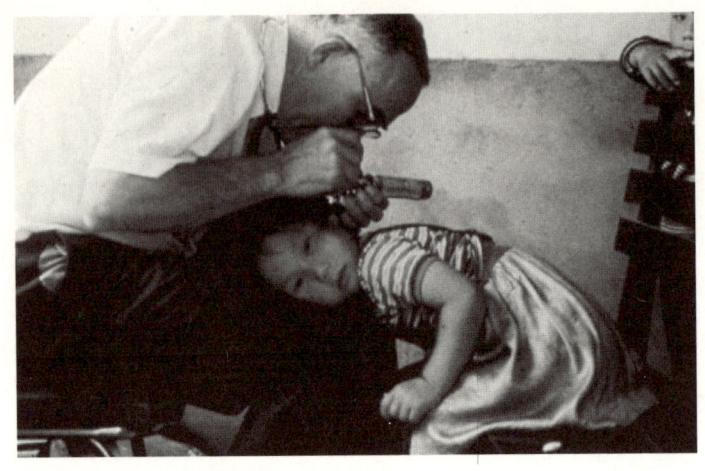

어린이 환자를 진찰하고 있는 닥터 존 윌슨 선교사

야를 병원이라는 테두리를 넘어서 더 멀리 볼 수 있도록 넓혀 주었습니다. 우리는 그저 내원하는 환자들을 돌보느라 바쁜 업무를 감당하는 것으로만 만족스러워하고 있었습니다.

  윌슨 의사는 산간벽지와 외딴 섬, 시골 가난한 마을에 사는 사람들은 무지하고 가난하고 수치스러워서 아파도 병원에 오지도 못하는 경우가 많다는 사실을 알았습니다. 시골 사람들은 보건과 위생에 대한 기본 원칙과 배설물 폐수의 위험성에 대하여 잘 알지 못했습니다. 자녀들의 얼굴에 대고 기침을 하면 폐병을 옮기게 된다는 것, 자녀들이 전염병에 걸리지 않도록 예방주사를 맞아야 한다는 것을 알지 못했습니다.

대부분의 가정이 1인당 연간 수입이 150달러밖에 안 되어 시골사람들은 가난했습니다. 초기의 설문 조사에 의하면 심각한 병에 걸렸을 때 시골사람들 중 단 6.5 퍼센트만이 의사를 찾았습니다. 그들은 질병이나 사망의 위험을 꾹 참아내는 것으로 받아들였습니다. 의료비를 걱정했습니다. 무료 진료를 받으러 오는 것을 무척 쑥스럽고 수치스러워했습니다.

존 윌슨은 한국에서 자랐습니다. 그는 제2차 세계대전 후 한국이 일본 식민지에서 벗어난 초기에 한국에 주둔한 미군의 공중보건의로 근무하며 콜레라와 장티푸스 박멸에 종사하기도 했습니다. 그는 시골에 사는 어린이들이 가난과 무지로 방치되어 있어 우리가 그들에게 다가가 손을 내밀어야지 그렇지 않고 엄마들이 병원에 데려오기만 기다리고 있으면 결국 많은 아이들이 죽고 만다는 사실을 감지했습니다. 윌슨 의사는 지역사회 보건과를 개설하도록 우리를 설득했습니다.

몇 년 후 우리는 두 개의 면 소재지를 관할하는 대망의 지역사회 프로그램을 고산에 설립하고 그 사업의 완료를 보고했고 전주에서 북쪽으로 40킬로미터 떨어진 태백산맥 기슭에 고산 분원을 개설하게 됩니다. 고산은 주위 5개면 소재지의 시장이 서는 중심지로 주민 수는 거의 3만 명에 이르며 보건 및 질병예방 공동 사업에 있어서 우리의 동반자입니다.

이 프로그램은 아이들에게 예방주사를 주고, 산모들에게 간단한 의료진료를 제공하고, 응급환자를 돌보고, 환자들이 저렴한 비용으로 입원치료를 할 수 있도록 하고 마을 보건의료 종사자들을 수련하고 지역 지도자들에게 기본 위생, 영양, 가족계획에 대하여 교육하고, 그 지역 안에 사는 장애인들을 위하여 재활 서비스를 개발하는 것을 포괄하고 있습니다.

사람들은 희망을 가지는 법과 자신의 건강은 자신이 책임을 져야 한다는 것을 배웠으며 먼지가 자욱하게 낀 길 가운데서 자기들을 만나주고 농가에 들어가 열병에 걸린 어린아이, 중풍에 걸려 마비된 환자, 산통을 겪는 산모를 보살피는 주님을 믿게 되었습니다.

한국 시골사람들의 공통점은 의료 전문 분야, 정부 그리고 국가의 정책을 결정하는 사람들로부터 소외되고 있다는 것입니다. 하지만 세계적으로 망각되고 무시당해온 소말리아, 보스니아 또는 고원지대에 사는 크루드 족 피난민처럼 완전히 잊히거나 위태로운 상태에 놓여 있지는 않았습니다. 목자 없는 양들을 돌봐주시고 먹이시고 말씀해주시고 보호해주시는 예수님은 소외된 사람들을 측은하게 여기십니다.

사랑의 서약

이 우리 안에 들지 아니한 다른 양들이 내게 있다(요 10:16).

예수님은 하나님의 왕국을 선포하고 하나님의 진리를 가르치는 데 헌신했을 뿐만 아니라 하나님의 성품을 나타내고 그같이 행하셨습니다. 예수님은 종종 양들을 먹이고 돌보고 자기의 삶을 기꺼이 바쳐 위험으로부터 양들을 보호하는 선한 양치기의 개념을 사용하셨습니다.

감당하기엔 너무 벅찬 힘에 짓밟히고 뭉개져 괴롭힘을 당할 위험이 있습니다. 내면의 공격으로 무력해질 위험이 있습니다. 간과되고 소외되며 보잘것없는 존재로 잊힐 위험이 있습니다. 우리가 말한 것들이 이와 같은 위험들입니다. 하지만 가장 심각한 위험은 죄로 인한 것인데 그 무엇보다도 창조주의 영광을 나눌 수 있는 자격을 상실하는 것입니다. 죄의 문제, 우리가 소외되는 궁극적 원인, 무력함, 상실감, 이런 것들 때문에 예수님은 목숨을 바쳐야 했습니다.

조금 전 제가 질문을 드렸습니다. 고난과 소외와 가난 속에서 고통받는 사람들, 존재 자체가 무의미하고 아무런 희망 없이 생존만을 위해 살아가는 사람들을 우리가 어떻게 돌볼 수 있을까요? 우리가 어떻게 희망과 가치, 용서와 무관하게 살아가는 수많은 사람들에게 소망을 가져다줄 수 있을까요?

쉽게 대답할 수 없는 질문입니다. 이같은 부류의 문제를 해결할 수 있는 엄청난 국제적 차원의 노력을 우리 교단 자체로는 맡아서 감당해낼 수 없습니다. 인간적으로 말하면 아무런 해답이 없기는 하지만 하나님의 섭리 안에서는 두 가지 희망적인 요인이 있습니다.

- 점점 확장되는 성령의 능력
- 점점 전염되는 그리스도의 사랑

닥터 와일리 포사이스는 제가 영웅으로 삼은 이 중 한 명입니다. 그는 한국에서 의료선교사로 일하다가 그만 강도에게 공격을 받아 두개골에 부상을 입었는데 상처가 곪는 바람에 선교활동을 중단하고 미국으로 돌아가야만 했습니다. 치료를 받기 위해 미국으로 돌아온 닥터 와일리 포사이스는 자신의 사역이 흠과 실수투성이였음을 고백하면서 "비록 불완전한 헌신이었지만 그리스도의 이름으로, 그리스도를 위해 겸손한 마음으로 행했던 사랑의 수고가 그분에게 결코 헛되지 않으리라 믿을 뿐"이라고 말했습니다. 닥터 포사이스의 사역은 비록 짧았지만 예수병원이 생존할 수 있는 유산으로 남았고, 나병환자 사역의 시초가 되었으며, 무수히 많은 어린이들에게 소망을 심어주어 한국에서 추앙받고 있습니다.

하나님의 셈법은 우리의 미약한 수고를 우리가 상상할 수 없을 만큼 여러 곱절로 계산해주시는 것입니다. 우리 교단의 재정적 위기가 만유를 다스리는 주님의 능력을 위축시킬 수 없습니다. 우리가 가장 먼저 해야 할 일은 복음에 빚진 자로서 하나님의 강권적인 사랑과 주권적 계획에 순종하면서 우리에게 위임된 청지기의 사명을 우선순위대로 수행하는 것입니다.

요한복음의 끝 부분을 보면, 십자가 상에서 무시무시한 고난을 당하시고 자신의 목숨까지 바치는 엄청난 대가를 치러 우리를 용서받게 하신 예수님께서 죽은 지 사흘 만에 무덤에서 부활하십니다.

또 갈릴리 해변에서 제자들과 만나는 장면이 나옵니다. 예수님은 아침 식사 후에 조용히 대화하기 위하여 제자 베드로와 만납니다. 베드로는 제자가 되기를 거의 포기한 상태였습니다. 예수님은 이런 베드로를 한쪽으로 데려가 유대감뿐 아니라 사도 정신까지 회복시켜주십니다.

요한의 아들 시몬아 네가 이 사람들보다 나를 더 사랑하느냐(요 21:15).

예수님은 이 질문을 세 번이나 반복하셨습니다. 이에 베드로는 예수님을 세 번 부인한 자신의 죄를 속죄하듯 예수님의 질문에 세 번 대답해야 했습니다. 그가 예수님에 대한 사랑의 서약을 비탄에 젖은 가슴으로 맹세하자 예수님은 말씀하셨습니다.

내 어린 양을 먹이라
내 양을 치라
내 양을 먹이라
(요 21:15, 16, 17).

대목자장인 예수님은 하늘에 계신 하나님 아버지에게로 가셔야 했습니다. 그분의 우편에 앉으셔야 했습니다. 이제 양 무리는 제자들의 몫이 되었습니다. 하나님께 속했지만 세상에 흩어져 방황하는 양들을 이제 제자들이 하나님의 우리 속으로 이끌어야 하는 것입니다.

예수님은 제자들에게 이 막대한 임무를 맡기고 가시밭에 걸린 어린 양들을 구해내고 늑대에게 겁먹은 암양들을 진정시키고 멀리 나가 방황하는 고집 센 숫양들을 찾아나서는 목자 견습생으로 세우셨습니다. 그리고 훈련에 들어가기에 앞서 예수님은 그들에게 단 하나, 사랑의 서약을 요구하셨습니다.

하나님께 하는 약속은 서약입니다. 선교에는 오직 한 가지 동기만이 있을 뿐입니다. 교회가 정식으로 파송한 선교사든, 이웃들을 심방하여 전도하는 제자이든 자신을 선교에 쏟아 부을 때는 그리스도만이 그 이유가 되어야 합니다. 우리는 모두 시험을 치르는 소명을 받았고 서약을 지켜야만 합니다. 예수님은 다음의 세 가지 질문으로 시험하셨습니다.

네가 이 사람들보다 나를 (진정) 더 사랑하느냐?
네가 나를 (진정) 사랑하느냐?
네가 나를 사랑하느냐?

성경학자들에 의하면 예수님은 베드로에게 물으실 때, 그가 진실한 마음으로 '사랑' 이라는 단어를 입에 올릴 수 있도록 질문의 강도를 조절하셨다고 합니다. 예수님은 우리가 지금 서 있는 이곳에서 우리를 부르십니다. 우리는 우리가 이해할 수 있고 우리가 드릴 수 있다고 생각하는 차원에서 하나님께 우리의 전부를 드립니다. 그러나 우리가 베드로의 위대한 고백에 함께 참여할 때 비로소 예수님은 그분의 흩어진 양을 우리에게 맡기십니다.

우리는 그리스도를 위하여 세상에 무엇을 줄 수 있습니까? 우리의 손에 든 것은 무엇입니까? 아직도 생명을 구할 수 있는 기술이 없습니까? 우리는 무슨 생각을 하고 있습니까? 고난에 처한 자, 무력한 자, 세상에서 방황하는 사람들에게 삶의 의미와 존엄성에 대한 소망을 가져다줄 깨달음은 없을까요?

우리는 마음에 무엇을 품고 있습니까? 그리스도의 십자가와 부활을 통해 하나님과 인류가 화해를 이루었다는 복된 소식이 있지 않습니까?

우리의 심령에는 무엇이 있습니까? 비참한 이 세상 사람들에게 보여주길 열망하는 그리스도에 대한 불타는 사랑이 있지 않습니까?

하나님께서 우리에게 맡기신 소임은 철회되지 않습니다. 그분은 잃어버린 양을 찾는 목자 견습생이 되라고 우리를 부르십니다. 거동이 힘든 사람, 도시 빈민가에 갇힌 사람, 에이즈에 걸린 사람, 술과 마약에 중독된 사람, 길거리에 부랑하는 사람, 오지에 사는 종족들, 피난 및 망명 온 사람, 볼모로 잡힌 사람, 전쟁 과부와 고아 등 희망을 잃어버린 사람들을 섬기라고 부르십니다. 그리스도가 말씀하시는 약속은 바로 이 고통 받는 사람들, 무력한 사람들 그리고 소외된 사람들을 위한 것입니다.

그들도 내 음성을 듣고
한 무리가 되어 한 목자에게 있으리라(요 10:16).

열·아·홉

상한 갈대를
꺾지
아니하며

상한 갈대를 꺾지 아니하며 꺼져가는 등불을 끄지 아니하고(사 42:3).

우리 부부가 한국 땅에서 의료선교를 시작할 무렵, 서울 영락교회의 한경직 목사님에게 이 장의 본문에 관한 설교를 듣는 큰 특권을 누렸습니다. 한 목사님은 이사야서에 있는 하나님의 이 말씀이 곧 이 나라를 회복시키는 하나님의 약속이라고 했습니다. 나중에 저는 암 환자를 보살피는 사역에 좀 더 깊이 관여하게 되면서 이 말씀이 한국의 분단 현실에만 해당되는 게 아니라 한국의 상한 백성들, 특히 사형선고를 받은 것과 다름없는 암 환자들에게도 적용된다고 생각하게 되었습니다.

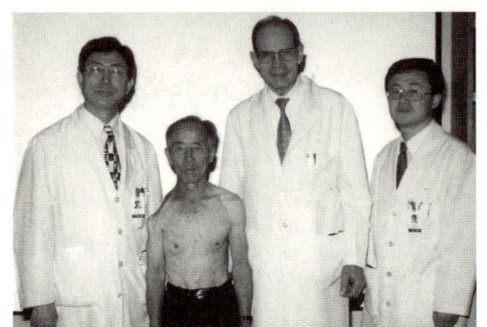

병원 재직시 「상한 갈대」의 주인공 최병호 씨와 함께

은퇴 후 한국 방문시 다시 최병호 씨를 만나서

한 목사님의 설교를 떠올리자니 공산당원들에게 고문당하고 훗날 암과 사투를 벌여야 했던 한국인 농부 최병호 씨가 생각납니다. 그의 삶을 통해 볼 수 있었던 고난이라는 신비도 생각납니다. 최병호 씨는 제게 한국 기독교 신앙의 상징 같은 분이 되었습니다. 그는 반목과 증오의 세력으로부터 잔인하게 짓이겨진, 작고 연약한 갈대 같은 분이었습니다. 공사당원들은 이분을 때리고 발로 차서 어깨뼈를 부러뜨리는 심한 부상을 입힌 채 치료하지 않고 감옥에 가둬버렸습니다. 상처는 곪아 터져 고름이 흘렀고 17년 후 암이 되어버렸습니다. 그가 절망 가운데 찾은 곳이 예수병원이었습니다. 결국 그는 수술 후 암을 치료받고 영혼도 그리스도 안에서 새 생명을 얻었습니다.

사망의 몸에서 누가 나를 건지랴

한국에서 암은 기독교 신앙에 대한 도전이었습니다. 한국에서 암에 걸렸다고 하면 희망 없는 사회에서 사형선고를 받은 것이나 다름없었기 때문입니다. 이러한 환자를 돌보는 것을 제 소명으로 삼게 되었습니다. 하나님은 저에게 뉴욕의 메모리얼 암센터에서 종양외과 수련을 더 받을 수 있도록 인도하셨고, 이제는 연간 1천 명 이상의 암 환자를 치료하는 예수병원에 암 환자 치료 프로그램을 시작하도록 해주셨습니다.

우리의 목적은 예수 그리스도의 인자하심을 전하는 증인으로서 절망에 빠진 사람들에게 소망을 가져다주는 것입니다. 암 외에도 폭력과 영양실조, 콜레라 전염병, 이제는 에이즈 등 인간을 괴롭히는 문제가 우리 지구를 가득 채우고 있습니다. 신문이나 텔레비전에 보도되는 인간의 고통을 너무 많이 목격한 탓으로 우리의 눈과 귀는 무감각해졌습니다.

최근 보도에 따르면 보스니아, 르완다, 체첸 등지에서 전쟁 사상자와 난민들이 속출하고 있습니다. 왜 이토록 고통스럽고 잔인한 일들이 벌어지는 걸까요? 언제까지 이 참혹한 일이 계속될까요? 잔혹한 21세기를 살아가는 인간들의 삶에서는 성스러움을 찾아볼 수 없습니다. 피난민 수용소와 다 타버린 마을의 폐허 속에서, 미국의 콘크리트로 뒤덮인 도시에서 살려달라고 절망적으로 애원하는 소리가 아득하게 들려오는 듯합니다.

"오, 주님! 얼마나 더 견뎌야 하나요?"

"누가 이 사망의 몸에서 우리를 건져낼 수 있겠습니까?"

저는 은퇴한 후 노스캐롤라이나 주 애쉬빌 보훈병원에서 근무했습니다. 그곳에서 자신의 두려움을 담대하게 속에 감추고 "누가 이 사망의 몸에서 나를 건져낼 수 있겠습니까?"라면서 필사적으로 희망을 찾아보려고 애쓰는 절망적인 환자들을 많이 목격했습니다.

우리의 적, 암과의 사투

암과 전쟁을 치르는 동안 저는 사탄의 힘에 대해서 많이 배웠습니다. 말했듯이 암은 사탄의 질병이니까요. 암은 '아무 유용한 기능을 하지 않는 새로운 세포가 몸의 통제를 벗어나 비정상적인 방식으로 증식되는 것'을 말합니다. 비유적으로 말하자면, 좀처럼 다루기 힘들게 변한 세포 하나가 통제할 수 없을 정도로 비정상적인 재생산을 계속하면서 만들어낸 세포들에게 자기와 동일한 증식 성향을 물려주는데 각 세포들은 이틀에 한 번씩 증식을 계속합니다. 일정 기간이 지나 덩어리 안에 있던 세포들이 터져 나오면서 몸의 다른 부위로 옮겨가는 것을 전이라고 합니다. 대개 종양은 9-10배로 커질 때까지 발견되지 않고 그만큼 자라는 기간은 40일에서 140일로 각기 다릅니다. 수류탄처럼 언제 터질지 모르는 암 세포들은 수개월 심지어 수년 동안 몸에 웅크리고 있는 체내의 반역자들인 셈입니다.

암은 다음과 같은 세 가지 특징을 갖고 있습니다.

음흉성

- 자기 존재를 알리는 '방울뱀 경고'가 없다.
- 진단이 가능한 시점까지 증상이 없는 긴 사전임상 기간을 갖는다.

- 급속하게 증식하는 종양조차 발견되는 데 1년 이상 걸린다.

자율성
- 다양한 유형의 암이 있는데 암은 증식하는 것을 정상적으로 통제할 수 없다.
- 공격적인 종양은 무자비하고 그 확산을 통제할 수 없다.

기생성
- 조직과 그것의 유용한 기능을 상실한다.
- 종양 세포는 몸에 달라붙어 먹고 살지만 몸에 유용한 효과는 아무것도 없다.

암은 제게 사탄의 전형입니다. 여기서는 인간 개인이 처한 곤경이라는 문제로 축소하여 우리 세상에 만연해 있는 악에 대하여 재고해봅시다. 우리 중 대부분은 어쩌면 체내에 암 세포를 보유하고 있었을 수 있지만, 반항적인 세포가 단지 소수였을 때엔 우리 몸의 방어기제로 인해 박멸되었을 것입니다.

그런데 영적인 차원에서 볼 때 우리는 모두 '암 환자'입니다. 악과 탐욕과 증오를 우리 안에 품고 있기 때문입니다. 우리는 간간이 사탄의 파멸적인 힘에 사로잡혀 영적 죽음이 진행되는데도 저항하지 못할 때가 있습니다. 성경은 죄책이나 증오라는 정신적인 암으로 우리의 삶 전체가 형성된다면 구제불능이라고 가르칩니다. 사람은 자신을 스스로 구제할 힘이 없습니다. 우리는 모두 사도 바울이 느끼는 울분을 공감할 수 있습니다. 바울은 다음과 같이 울부짖습니다.

> 오호라 나는 곤고한 사람이로다 이 사망의 몸에서 누가 나를 건져내랴(롬 7:24).

사도 바울은 답을 알고 있었습니다. 이 답은 바로 우리는 각자 믿음으로 경청하고 선포해야 한다는 것입니다. 영적인 암을 치료할 수 있는 방법이 있습니다. 과학적인 공동체에서 제공하는 자료나 종양외과 의사의 의술로 구할 수 있는 것이 아닙니다. 이같이 영혼의 암을 앓고 있는 환자는 인간 실존에 대한 궁극적인 의문에 직면하기 위하여 자기 내면의 심연까지 들어가야 합니다. 믿음으로 그리스도의 십자가를 붙들어야 합니다. 사도 바울은 이 문제에 다음과 같이 답했습니다.

> 우리 주 예수 그리스도로 말미암아 하나님께 감사하리로다(롬 7:25).

그리스도는 그분의 생명을 주고 사망의 몸에서 우리를 건져내셨습니다! 그리스도는 우주의 모든 암들, 모든 악과 고통과 불의와 두려움과 절망을 스스로 지고, 구원을 외치는 모든 사람의 부패함을 자기 몸으로 떠맡으셨습니다.

하나님이 죄를 알지도 못하신 이를 우리를 대신하여 죄로 삼으신 것은 우리로 하여금 그 안에서 하나님의 의가 되게 하려 하심이라(고후 5:21).

그가 찔림은 우리의 허물 때문이요 그가 상함은 우리의 죄악 때문이라 그가 징계를 받으므로 우리는 평화를 누리고 그가 채찍에 맞으므로 우리는 나음을 받았도다(사 53:5).

우리는 증오의 '들짐승'에게 짓밟혔든, 악의 왕자의 힘에 굴복해버린 죄인들에게 유린당했든 모두 상처받은 갈대입니다. 하지만 우리는 은혜로 구원받았고 그리스도가 십자가를 지신 대가로 치유를 받은 죄인들입니다. 우리는 모두 지금은 금방이라도 꺼질 듯 희미하게 타오르는 심지에 불과하지만, 등잔에 있는 그을음을 말끔하게 제거할 때 성령의 능력으로 밝은 빛을 발하게 될 것입니다.

상한 갈대를 꺾지 아니하며 꺼져가는 심지를 끄지 아니하기를 심판하여 이길 때까지 하리니 또한 이방들이 그의 이름을 바라리라 함을 이루려 하심이라(마 12:20-21).

애쉬빌 보훈병원에서 근무할 때 저는 자신의 연약함에 곤혹스러워하며 절망하고 하나님께 분노하는 환자들을 많이 만났습니다. "왜 하필이면 접니까?"라고 그들이 항의할 때면 그들이 도대체 하나님을 믿는 사람들인지 아닌지 고개가 갸우뚱해질 정도였습니다.

재향군인들은 특권 의식이 강했습니다. 나라를 위해 봉사했기 때문에 자신은 안락한 삶을 누릴 자격이 있다고 여겼습니다. '인자하신 하나님이라면 왜 나를 병들게 할까'라는 태도를 보였습니다. 우리 중에 많은 사람들이 이와 다를 바가 별로 없습니다. '왜 이런 변이 나에게 일어나는가? 즐거움이 가득한 삶, 여유로운 삶을 원했고 그렇게 되려고 열심히 일도 했는데… 왜 나인가?' 그들의 당황스러운 분노는 현세가 전부라는 그들의 사고방식과 정면으로 상충합니다. 그러나 하나님을 신뢰하는 사람들은 이생이 다만 삶의 시작이요, 궁극적인 본향이 아님을 압니다. 우리의 본향은 다음과 같은 곳입니다.

모든 것은 눈으로 보지 못하고 귀로 듣지 못하고 사람의 마음으로 생각하지도 못하였다(고전 2:9).

저는 뉴올리언스에 있는 튜래인대학교에 다닐 때 복음성가를 부르는 사중창단으로 활동하면서 주일 아침마다 라디오 프로그램에 출연했습니다. 그때 불렀던 오래된 복음성가 가사가 계속 생각납니다.

> 죄 많은 이 세상은 내 집 아니네
> 내 모든 보화는 저 하늘에 있네
> 저 천국문을 열고 나를 부르네
> 나는 이 세상에 정들 수 없도다

바울은 같은 내용을 고린도후서 4장 16-18절에서 더욱 잘 표현했습니다.

> 그러므로 우리는 낙심하지 아니하노니 우리의 겉사람은 낡아지나 우리의 속사람은 날로 새로워지도다 우리가 잠시 받는 환난의 경한 것이 지극히 크고 영원한 영광의 중한 것을 우리에게 이루게 함이니 우리가 주목하는 것은 보이는 것이 아니요 보이지 않는 것이니 보이는 것은 잠깐이요 보이지 않는 것은 영원함이라 (고후 4:16-18).

하지만 아직 이야기의 끝은 아닙니다. 우리는 우리의 소망을 예수 그리스도의 십자가에 둡니다. 우리의 죄, 우리를 향한 비난, 이기심조차 정당화하는 기만, 자만심, 냉혹함, 탐욕, 부정부패 이런 모든 것들을 예수님께서 짊어 지셨습니다. 우리에게 불리하게 적용되는 규범 문서와 하나님의 율법을 위반하는 죄목들을 주님의 십자가에 모두 못 박음으로 없애주셨습니다. "이는 너희가 죽었고 너희 생명이 그리스도와 함께 하나님 안에 감추어졌음이라"(골 3:3-4).

그러나 우리가 이 세상에 머물러 있는 동안 우리는 그리스도의 고난에 참여하도록 되어 있습니다. 베드로는 이 점에 대해서 매우 명료하게 기록했습니다.

> 사랑하는 자들아 너희를 연단하려고 오는 불 시험을 이상한 일 당하는 것 같이 이상히 여기지 말고 오히려 너희가 그리스도의 고난에 참여하는 것으로 즐거워하라 이는 그의 영광을 나타내실 때에 너희로 즐거워하고 기뻐하게 하려 함이라(벧전 4:12-13).

그리스도의 치욕은 우리의 승리가 된다

그런즉 우리도 그의 치욕을 짊어지고 영문 밖으로 그에게 나아가자(히 13:13).

제가 처음 한국에 도착했을 당시만 해도 대부분의 도시에 옛 성문이 남아 있었습니다. 옛날에는 이 성문이 위험한 시골 지역에서 안전한 도시 구역으로 들어오는 유일한 통로였습니다. 소수의 성문이 남아 있기는 하지만 이제는 지난 역사, 즉 성벽을 넘어서면 강도나 폭도들에게 공격을 받을 위험을 무릅써야 했던 과거를 상징하면서 도회지에 길게 드러누워 있습니다.

예수님이 사시던 시대에도 도시의 성벽은 안전과 위험, 문명과 혼돈, 질서와 무질서의 분계선이었습니다. 죄수들을 처형하거나 제물로 사용한 동물들의 잔해를 불사르는 곳도 '영문 밖'이었습니다. 예수님도 "자기 피로써 백성을 거룩하게 하려고 성문 밖에서" 죽임을 당하셨습니다.

히브리서 기자는 버림받은 자들에게 그리스도의 죽음이 얼마나 중요한지 알고 있으며 이를 적고 있습니다. 누구에게도 옹호받지 못하는 사람들이 난민 수용소에서 수천 명이나 죽어가고 인명을 구조하려는 구호단체는 몇 안 되고 도움이 필요한 사람들은 너무 많아서 혼란스러운 오늘날 우리에게 이 말씀은 굉장히 중요합니다.

제가 지적했듯이 예수님은 이 세상에서 사회적으로 혜택을 받지 못하고 사는 사람들을 잘 인식하고 계실 뿐만 아니라 자랑스럽게 당신의 치욕과 낙인을 지고 영문 밖으로 나오라고 우리를 초청하십니다.

하나님은 상한 갈대를 꺾지 않으실 뿐만 아니라 그리스도의 십자가로 우리를 치유해준다고 가르치십니다. 우리는 상한 갈대일 뿐만 아니라 희미하게 깜빡이는 등불이었습니다. 우리의 아버지 하나님은 우리가 부러진 줄기라고 해서 꺾어 내버리는 게 아니라 우리를 치유해주십니다. 그을음이 나는 등불 같은 우리의 삶을 꺼버리는 대신에 고쳐주십니다. 까매진 심지를 잘 다듬어 어두운 세상에서 더욱 더 밝은 빛을 내라고 우리 삶에 그분의 불꽃을 지펴주십니다.

하나님은 예수님이 받은 십자가의 치욕을 우리가 짊어지고 안전하고 평안한 우리의 문화권 밖으로 나와 예수님과 함께하라고 청하십니다. 하나님은 쏟아지는 비난을 자랑스럽게 짊어지고 골고다로 나오라고 요청하십니다. 예수님의 이름으로 방황하는 자, 부족한 자를 돌보는 치욕을 지라는 것입니다. 예수님의 구원 사역에 참여하며 함께 비난받으라고 말씀하시는 것입니다.

하나님은 긍휼이 많으신 분입니다.

상처 입은 갈대를 꺾지 않으시는 분입니다.

희미하게 타는 심지를 끄지 않으시는 분입니다.

하나님은 또한 거룩하신 분입니다.

그분은 우리에게 말씀하십니다. "나의 제자가 되려면 먼저 네 삶에 그리스도의 성흔을 간직하라."

화 있을진저, 화 있을진저!
편안하게 앉아 탄식하는 자들에게,
무사함에 취해, 먼 곳의 불을 바라보며
어둑한 하늘 아래, 속삭이는 나무들 아래에서
평화로운 기슭과 시냇가에 앉아
안일을 즐기는 자들에게…
거룩한 격통이 그들의 세속의 삶을 휘저어 놓는다.
살아본 적이 없기에 죽지도 않은 자들…
사랑을 행하는 자에게 하나님은
그렇게도 무서운 평안을,
그렇게도 슬픈 만족을 보내지 않으신다.
그러나 그런 영혼들에게 당신의 이름을 주신다.
불의 흔적으로 그들을 알아보신다.
그러니 슬픔을 두려워 말라
고뇌를 두려워 말라.
아파 오는 가슴, 조이고 기진한 표정
이것이 상징, 그리고 이것이 표지
이것으로 하나님은 너를 택하신다,
성스러운 들판으로.
- 스티븐 필립스의 '슬픔과 하나님'

사택 앞뜰에서 예수병원을 바라보는 설 선교사 내외

감·수·인·의·글

1982년 봄, 당시 예수병원장인 설대위 선교사님과 함께 일하게 된 것은 내 인생에 귀중한 역사의 시작이었다. 병원장실에 들어서며 느꼈던 그의 첫 인상은 준엄하다 못해 차갑기까지 했다. 책상 위에 서류들은 계단식으로 차곡차곡 놓여 있고 책장 속에는 두꺼운 의료 전문서적들이 가지런히 정리되어 있어 꼼꼼하고 정갈한 성격이 한눈에 들어왔다. 의자 위에 앉아 있어도 서 있는 내 키를 넘을 것 같은 훤칠한 키에 말끔한 얼굴을 한 선교사님과의 첫 대면에 나는 주눅마저 들었다.

하지만 이렇게 시작된 인연은 하루하루가 신앙적으로 성장하는 시간이었고 도전과 배움의 연속이었다. 선교사님의 설교 원고를 번역할 때면 선교사님은 자신이 특별히 좋아하는 한글 단어를 또박또박 써주셨고, 왜 그 단어를 꼭 써야 하는지 철학적, 과학적으로 해박한 신학자가 되어 설명해주셨다. 병원 행정을 위해 공문을 보내고 사무용품 주문을 할 때에도 아주 체계적으로 설명을 해주시고 부족하다 싶으면 자를 대고 그림까지 그려 보여주셨다. 집무실 벽에 걸려 있는 작은 연못과 소나무를 소재로 한 그림 두 점은 선교사님이 화가로서 지닌 솜씨와 동양적인 취향을 말해주었다. 크리스마스가 다가오면 환자들과 직원들을 위해 설매리 사모님과 함께 작은 선물을 손수 준비하고 하나하나 포장해서 나눠주기도 하셨다.

오래 걸린 수술을 끝낸 후에는 '소생약'이라고 부르는 달고 따뜻한 커피를 사시사철 즐겼고, 사람들이 이런저런 문젯거리를 들고 와서 하소연을 하면 묵묵히 다 들어주며 특유의 억양으로 "연구해봅시다"라고 말씀하고선 문밖까지 나와 따뜻한 미소로 배웅하셨다. 그러면 아직 답은 없지만 모두들 힘을 얻어 원장실 문을 나섰다. 선교사님은 병원 운영상 중요한 시점에서 결단해야 하는 상황이 오면 조용히 앉아 생각하다가 용감한 군인처럼 단호히 결정을 내리고 이를 대범하게 밀고 나가셨다. 무엇보다 존경스러웠던 것은 "이웃을 내 몸과 같이 사랑하라"는 하나님의 말씀을 실천하시는 모습이었다. 특히 환자들을 돌보시는 모습이 아주 헌신적이었다. 진찰하기 전 환자들의 손을 일일이 잡고 선생님이라 부르며 격려해주고, 말기 암 환자가 마지막이 될지도 모를 진찰을 받으러 오면 성경책을 쥐어주며 요한복음 3장 16절을 펴서 읽어주셨다. 그야말로 예수님을 닮아가는 삶을 사는 귀한 본이 되어주셨다.

1990년 선교사님은 예수병원 사역을 마치고 미국으로 은퇴하셨지만, 그분의 마음은 돌아가실 때까지 늘 한국과 예수병원과 암 환자들에 대한 사랑으로 가득했다. 이 책의 영·한글 원고를 대조하고 교정하면서 글 속에 줄줄이 새겨진 선교사님의 예수님에 대한 사랑을 절실하게 느낄 수 있었다. 또 예수병원에 대한 특별한 사랑과 소망, 암 환자들에 대한 긍휼과 연민, 특히 의과대학을 설립하고 기독교인 의사를 배출하여 예수님의 사랑을 환자들에게 전하고자 했던 비전을 다 이루지 못한 안타까운 마음이 글 곳곳에 배어 있음을 보았다. 생전에 노환으로 거의 모든 기억을 놓고도 예수병원이라는 이름을 끝까지 잊지 않고 기도하셨던 그 소리가 지금도 귀에 쟁쟁하게 들린다.

이 책에 수록된 선교사님의 삶이 담긴 글들을 대하는 모든 이들이, 하나님을 경외하는 종으로서 평생을 한국 의료선교에 바치셨고 의료사역뿐만 아니라 자신이 감당한 모든 사역에 오직 예수님의 명예만 드러나길 소망하셨던 설대위 선교사님을 더 가까이 알게 되기를 원한다. 우리의 삶 또한 자신의 명예와 욕망을 이루기 위한 몸부림이 아니라, 우리의 온몸과 온 맘이 하나님의 뜻과 예수님의 이름을 드러내는 삶으로 전환되는 귀중한 기회가 되기를 소망한다.

정인숙
(미국 인디애나 주 노터데임
세인트메리대학 교육학과 교수)

설대위, 설매리 선교사 부부 묘지
(노스캐롤라이나 주 블랙마운틴)

주·요·연·표

1925. 4. 4.	미국 플로리다 주 브래덴톤 출생
1925-1934	선교사였던 부모와 칠레 산티아고 거주
1935-1940	선교사였던 부모와 콜롬비아 보고타 거주
1940-1943	이모와 플로리다 주 브래덴톤 거주
1943	브래덴톤 매내티 카운티 고등학교 졸업
1943-1948	루이지애나 주 뉴올리언스 튜래인의과대학 졸업
1949	뉴올리언스 채리티병원 인턴 수료
1949. 5. 18.	매리 배첼러와 결혼
1949-1950	미해군 군의관 복무
1950-1953	뉴올리언스 채리티병원 외과 전공의 수료
1953	미국 남장로교 장로 피택, 한국 파송 선교사로 임명
1954	미국 남장로교 소속 의료선교사로 전주 예수병원에 파송
1958-1960	뉴욕 메모리얼 슬로안-케터링 암센터에서 암/종양외과 수련
1961	예수병원에 종양진찰실 개설
1964	한국 최초로 암 환자 등록사업 시작
1969	예수병원 병원장으로 임명, 전주 시온교회 장로 장립
1973-1974	텍사스 주 휴스톤 M. D. 앤더슨 암센터에서 두경부종양 외과 수련
1978	국민훈장 목련장 수상(대한민국 대통령)
1984-1986	대한두경부종양학회 창립 및 초대 회장 역임
1976-1990	예수대학교(구. 예수병원 간호전문대학) 이사
1986	예수병원 부설 기독의학 연구원 설립
1987-1990	예수병원 의료원장, 기독의학연구원장
1991-1997	노스캐롤라이나 주 애쉬빌 보훈병원 외과 전문의 근무
1990-2003	노스캐롤라이나 주 몬트리트와 블랙마운틴 거주
1997	한미 우호상 수상(한미우호협회)
1998	외국인 최초 상허 대상 수상(건국대학교), 모교 튜래인대학교로부터 공로상 수상, 몬트리트대학교 명예 박사 학위 수여
2001	인도장 금장(대한적십자사)
2004	미국 장로교 재단에서 벨-맥캐이 상 수상. 알라바마 주 버밍햄 이사
2004. 11. 20.	알라바마 주 버밍햄에서 소천, 부인 설매리 여사(2009년 9월 28일 소천)와 노스캐롤라이나 주 블랙마운틴에 나란히 안장됨